Märchen, Mythen, Träume

Erich Fromm

Märchen, Mythen, Träume

Eine Einführung in das Verständnis einer vergessenen Sprache

Deutsche Verlags-Anstalt

Titel der amerikanischen Originalausgabe:
The Forgotten Language.
An Introduction to the Understanding of Dreams, Fairy Tales and Myths.
New York 1951 (Rinehart and Co., Inc.).

Unter dem Titel: *Märchen, Mythen, Träume.*
Eine Einführung zum Verständnis von Träumen, Märchen und Mythen,
1957 beim Diana Verlag, Zürich, erstmals in deutscher Sprache erschienen

Aus dem Amerikanischen neu übersetzt von Liselotte und Ernst Mickel

CIP-Kurztitelaufnahme der Deutschen Bibliothek

Fromm, Erich:
Märchen, Mythen, Träume: e. Einf. in d. Verstä[illegible]is e. vergessenen Sprache /
Erich Fromm.
[Aus d. Amerikan. neu übers. von Liselott[illegible]. Ernst Mickel]. –
Stuttgart: Deutsche Verlags-Anstalt, 19[illegible].
Einheitssacht.: The forgotten langua[illegible]dt.⟩
ISBN 3-421-01943-6

Verantwortlicher [illegible]or: Ursel Locke
Satz: IBV Lic[illegible] KG, Berlin
Druck und [illegible]arbeit: Mohndruck Graphische Betriebe GmbH, Gütersloh

INHALT

Ein ungedeuteter Traum gleicht einem ungelesenen Brief.

Talmud, Berachot 55a

Der Schlaf entkleidet uns des Kostüms der äußeren Umstände.
Er wappnet uns mit einer schrecklichen Freiheit,
so daß jeder Wille sofort in die Tat umgesetzt wird.
Ein darin geübter Mensch liest seine Träume,
um sich selbst kennenzulernen;
jedoch nicht die Einzelheiten, sondern die Qualität.

Emerson

VORWORT

Diesem Buch liegen Vorlesungen zugrunde, die ich bei Einführungskursen für graduierte Studenten gehalten habe, welche zur weiteren Ausbildung das William Alanson White Institute of Psychiatry besuchten sowie vor nichtgraduierten Studenten im Bennington College. Es richtet sich an einen ähnlichen Leserkreis, an Studenten der Psychiatrie und Psychologie sowie an interessierte Laien. Wie aus dem Untertitel hervorgeht, handelt es sich um eine *Einführung* in das Verständnis der symbolischen Sprache. Aus diesem Grund beschäftigt es sich auch nicht mit vielen der verwickelteren Probleme auf diesem Gebiet. Ich gehe beispielsweise auf Freuds Theorie nur im Hinblick auf seine »Traumdeutung« ein und lasse die schwierigen Probleme, die er in seinen späteren Schriften entwickelte, unberücksichtigt. Ich setze mich auch nicht mit jenen Aspekten der Symbolsprache auseinander, die zwar zum vollen Verständnis der einschlägigen Probleme dazugehörten, die aber die allgemeine Information voraussetzen, welche diese Seiten zu vermitteln versuchen. All diesen weitergehenden Fragen möchte ich in einer späteren Veröffentlichung nachgehen.

Ich spreche im Titel ausdrücklich von einer Einführung in das *Verständnis* einer vergessenen Sprache und nicht, wie sonst üblich, von ihrer *Deutung*. Wenn – wie ich auf den folgenden Seiten zu zeigen versuche – die symbolische Sprache eine eigenständige Sprache ist, wenn sie tatsächlich die einzige universale Sprache ist, die die Menschheit jemals entwickelt hat, so geht es darum, sie zu verstehen, und nicht darum, sie zu deuten, so als ob man es mit einem künstlich hergestellten Geheimcode zu tun hätte. Nicht nur für den Psychotherapeuten, der seelische Störungen zu beheben versucht, sondern für jeden, der mit sich selbst in Berührung kommen möchte, ist es wichtig, diese Symbolsprache verstehen zu können. Deshalb sollte auf unseren höheren Schulen und auf den Universitäten ebenso wie der Unterricht in anderen »Fremdsprachen«, so auch der Unterricht in der Symbolsprache in den Lehrplan aufgenommen werden. Dieses Buch möchte zur Verwirklichung dieses Zieles einen Beitrag leisten.

Mein Dank gilt Dr. Edward S. Tauber, der das Manuskript gelesen hat und mir mit seiner konstruktiven Kritik und seinen Anregungen eine große Hilfe war.

Erich Fromm, 1951

1

EINLEITUNG

Wenn es stimmt, daß die Fähigkeit zu staunen der Anfang aller Weisheit ist, dann wirft das ein trauriges Licht auf die Weisheit des heutigen Menschen. Wir mögen über eine noch so hohe literarische und allgemeine Bildung verfügen, die Gabe, über etwas staunen zu können, haben wir verloren. Alles wird als bekannt vorausgesetzt, und wenn wir selbst nicht darüber Bescheid wissen, so gibt es irgendeinen Spezialisten, dessen Aufgabe es ist, das zu wissen, was wir selbst nicht wissen. Sich über etwas zu wundern, ist geradezu peinlich und gilt als Zeichen dafür, daß man geistig nicht auf der Höhe ist. Sogar unsere Kinder sind nur selten von etwas überrascht, oder sie versuchen es sich wenigstens nicht anmerken zu lassen. Mit zunehmendem Alter verlieren wir dann immer mehr die Fähigkeit, uns noch über etwas zu wundern. Uns kommt es darauf an, immer die richtige Antwort bereit zu haben; daß man die richtigen Fragen zu stellen weiß, gilt vergleichsweise als weit weniger wichtig.

Diese Einstellung könnte einer der Gründe dafür sein, daß eine der erstaunlichsten Erscheinungen in unserem Leben, nämlich unsere Träume, uns so wenig Anlaß zum Staunen und Fragen geben. Wir alle träumen; wir verstehen unsere Träume nicht und verhalten uns doch so, als ob im Schlaf nicht etwas Seltsames in uns vorginge, seltsam wenigstens verglichen mit unserem logischen, zweckorientierten Denken im wachen Zustand.

Wenn wir wach sind, sind wir aktive, vernünftige Wesen, eifrig darauf bedacht, das zu bekommen, was wir haben möchten, und bereit, uns gegen Angriffe zu wehren. Wir handeln und beobachten; wir sehen die Dinge um uns herum vielleicht nicht so, wie sie wirklich sind, aber doch wenigstens so, daß wir sie nutzen und handhaben können. Freilich besit-

zen wir nicht viel Vorstellungsvermögen – und sofern wir keine Kinder oder Dichter sind, beschränkt sich dieses meist darauf, die Geschichte und Pläne unserer alltäglichen Erlebnisse zu wiederholen. Wir sind tüchtig, doch dabei phantasiearm. Wir bezeichnen das, was wir tagsüber beobachten, als »die Wirklichkeit« und sind stolz auf unseren »Realismus«, der uns in die Lage versetzt, sie so geschickt zu handhaben.
Wenn wir schlafen, erwachen wir zu einer anderen Daseinsform. Wir träumen. Wir erfinden Geschichten, die sich nie ereignet haben und für die es im wirklichen Leben manchmal keine Entsprechung gibt. Manchmal sind wir der Held, manchmal der Bösewicht; manchmal erleben wir die herrlichsten Dinge und sind glücklich; oft werden wir in höchsten Schrecken versetzt. Doch welche Rolle wir auch immer im Traum spielen, *wir* sind der Autor, es ist *unser* Traum, *wir* haben die Handlung erfunden.
Die meisten unserer Träume haben ein Merkmal gemeinsam: Sie richten sich nicht nach den Gesetzen der Logik, die unser waches Denken beherrschen. Die Kategorien von Raum und Zeit werden außer acht gelassen. Verstorbene sehen wir lebendig; viele Jahre zurückliegende Ereignisse erleben wir als gegenwärtig. Wir träumen von zwei Ereignissen, als ob sie sich gleichzeitig abspielten, während das in Wirklichkeit völlig unmöglich wäre. Ebensowenig kümmern wir uns um die Gesetze des Raumes. Es fällt uns keineswegs schwer, uns im Nu an einen fernen Ort zu begeben, an zwei Orten gleichzeitig zu sein, zwei Personen in eine zu verschmelzen oder eine Person plötzlich in eine andere zu verwandeln. Im Traum sind wir tatsächlich Schöpfer einer Welt, in der Zeit und Raum, die allen Betätigungen unseres Körpers Grenzen setzen, keine Macht besitzen.
Merkwürdig an unseren Träumen ist auch, daß wir uns an Begebenheiten und an Personen erinnern, an die wir jahrelang nicht mehr gedacht haben und die uns im wachen Zustand niemals mehr eingefallen wären. Im Traum tauchen sie plötzlich als gute Bekannte auf, an die wir oft gedacht haben. Es ist, als ob wir im Schlaf das große Reservoir von Erfahrungen und Erinnerungen anzapften, von dessen Existenz wir tagsüber nichts wissen.
Aber trotz all dieser merkwürdigen Eigenschaften sind unsere Träume – solange wir träumen – für uns ebenso wirklich wie nur irgendein Erleb-

nis unseres wachen Lebens. Im Traum gibt es kein »als ob«. Der Traum ist gegenwärtiges, reales Erleben, und das so sehr, daß er uns zwei Fragen nahelegt: Was ist Wirklichkeit? Woher wissen wir, daß das, was wir träumen, unwirklich und das, was wir wachend erleben, wirklich ist? Ein chinesischer Dichter hat das treffend ausgedrückt: »Ich habe letzte Nacht geträumt, ich sei ein Schmetterling, und jetzt weiß ich nicht, ob ich ein Mensch bin, der träumt, er sei ein Schmetterling, oder ob ich vielleicht ein Schmetterling bin, der jetzt träumt, er sei ein Mensch.«

All diese erregenden, lebhaften nächtlichen Erlebnisse verschwinden nicht nur, wenn wir aufwachen, es fällt uns sogar außerordentlich schwer, uns daran zu erinnern. Die meisten vergessen wir so gründlich, daß wir uns nicht einmal mehr daran erinnern, in dieser anderen Welt gelebt zu haben. An manche Träume erinnern wir uns im Augenblick des Erwachens noch undeutlich, und im nächsten Augenblick schon können wir sie uns nicht mehr ins Gedächtnis zurückrufen. An einige wenige erinnern wir uns tatsächlich, und diese Träume meinen wir, wenn wir sagen: »Ich habe einen Traum gehabt.« Es ist, als ob wohlwollende oder böse Geister uns besucht hätten und bei Tagesanbruch plötzlich verschwunden wären; wir können uns kaum noch daran erinnern, daß sie da waren und wie intensiv wir uns mit ihnen beschäftigt haben.

Vielleicht noch erstaunlicher als alles bisher Erwähnte ist die Ähnlichkeit der Erzeugnisse unserer Kreativität im Schlaf mit den ältesten Schöpfungen der Menschheit – den *Mythen.* Allerdings machen uns die Mythen heute kein allzu großes Kopfzerbrechen mehr. Wenn sie dadurch, daß sie in unsere Religion eingingen, respektabel geworden sind, zollen wir ihnen eine konventionelle, oberflächliche Anerkennung als Teil einer ehrwürdigen Tradition. Besitzen sie diese traditionelle Autorität nicht, so sehen wir in ihnen kindliche Ausdrucksformen der Ideen von noch nicht durch die Wissenschaft aufgeklärten Menschen. Jedenfalls gehören die Mythen – ob ignoriert, verachtet oder respektiert – einer Welt an, die unserem heutigen Denken völlig fremd ist. Dennoch bleibt die Tatsache bestehen, daß viele unserer Träume sowohl ihrem Stil als auch ihrem Inhalt nach den Mythen ähnlich sind, und wenn sie uns auch beim Erwachen seltsam und weit hergeholt vorkommen, so besitzen wir doch im Schlaf die Fähigkeit, diese mythenähnlichen Schöpfungen hervorzubringen.

Auch im Mythos gibt es dramatische Begebenheiten, die in einer von den Gesetzen von Zeit und Raum beherrschten Welt unmöglich wären: Der Held verläßt Vaterhaus und Vaterland, um die Welt zu erretten, oder er flieht vor seinem Auftrag und lebt im Bauch eines großen Fisches; er stirbt und wird wiedergeboren; der mythische Vogel verbrennt und steigt aus der Asche wieder hervor – schöner als zuvor.

Natürlich haben die verschiedenen Völker unterschiedliche Mythen geschaffen, wie ja auch verschiedene Menschen unterschiedliche Träume träumen. Aber trotz all dieser Unterschiede haben alle Mythen und Träume eines gemeinsam: Alle sind in der gleichen Sprache – der *symbolischen Sprache* geschrieben.

Die Mythen der Babylonier, Inder, Ägypter, Hebräer und Griechen sind in der gleichen Sprache geschrieben wie die der Aschantis und Irokesen. Die Träume eines heutigen Einwohners von New York oder Paris sind die gleichen wie die, welche von Menschen berichtet werden, die vor ein paar tausend Jahren in Athen oder Jerusalem lebten. Die Träume antiker und moderner Menschen sind in der gleichen Sprache geschrieben wie die Mythen, deren Urheber zu Beginn der Geschichte lebten.

Die Symbolsprache ist eine Sprache, in der innere Erfahrungen, Gefühle und Gedanken so ausgedrückt werden, als ob es sich um sinnliche Wahrnehmungen, um Ereignisse in der Außenwelt handelte. Es ist eine Sprache, die eine andere Logik hat als unsere Alltagssprache, die wir tagsüber sprechen, eine Logik, in der nicht Zeit und Raum die dominierenden Kategorien sind, sondern Intensität und Assoziation. Es ist die einzige universale Sprache, welche die Menschheit je entwickelt hat und die für alle Kulturen im Verlauf der Geschichte die gleiche ist. Es ist eine Sprache sozusagen mit eigener Grammatik und Syntax, eine Sprache, die man verstehen muß, wenn man die Bedeutung von Mythen, Märchen und Träumen verstehen will.

Aber der moderne Mensch hat diese Sprache vergessen, nicht wenn er schläft, aber wenn er wach ist. Ist es wichtig für uns, daß wir diese Sprache auch im wachen Zustand verstehen?

Für die Menschen vergangener Zeiten, die in den großen Kulturen des Ostens und Westens lebten, gab es keinen Zweifel, wie die Frage zu beantworten ist. Für sie gehörten Mythen und Träume zu den bedeutungsvollsten Ausdrucksformen des Geistes, und sie nicht zu verstehen, wäre gleichbedeutend gewesen mit Analphabetentum. Erst in den letzten Jahrhunderten hat sich in der westlichen Kultur diese Einstellung geändert. Man hielt jetzt die Mythen bestenfalls für naive Erzeugnisse des vorwissenschaftlichen Denkens, die erfunden wurden, lange bevor der Mensch seine großen Entdeckungen über die Natur gemacht und sie einigermaßen zu beherrschen gelernt hatte.

Die Träume kamen im Urteil der modernen Aufklärung noch schlechter weg. Man hielt sie für schlechthin sinnlos und der Beachtung erwachsener Menschen nicht wert, die eifrig mit so wichtigen Dingen wie der Herstellung von Maschinen beschäftigt waren und sich für »Realisten« hielten, weil sie nichts weiter sahen als die Realität von Dingen, die man erobern und gebrauchen konnte – Realisten, die für jedes Automodell eine spezielle Bezeichnung, aber für die Liebe mit ihren höchst verschiedenartigen Gefühlserlebnissen nur ein einziges Wort besitzen.

Es kommt hinzu, daß wir unseren Träumen vielleicht wohlwollender gegenüberstünden, wenn es sich bei allen um angenehme Phantasien handelte, in denen unsere Herzenswünsche erfüllt werden. Aber viele hinterlassen eine beklommene Stimmung; oft sind es Albträume, und wir sind beim Erwachen dankbar, nur geträumt zu haben. Andere Träume wieder sind zwar keine Albträume, doch beunruhigen sie uns aus anderen Gründen. Sie passen nicht recht zu der Person, für die wir uns tagsüber halten. Wir träumen, wie wir Menschen hassen, die wir zu schätzen glauben, und lieben jemanden, an dem wir kein Interesse zu haben meinen. Wir träumen von unserem Ehrgeiz, wo wir doch von unserer Bescheidenheit so fest überzeugt sind. Wir träumen, wir seien unterwürfig und ordneten uns anderen unter, wo wir doch auf unsere Unabhängigkeit so stolz sind. Aber das Allerschlimmste ist, daß wir unsere Träume nicht verstehen, obwohl wir als wache Menschen überzeugt sind, alles begreifen zu können, wenn wir uns nur damit beschäftigen. Statt daß wir uns mit einem so überwältigenden Beweis der Begrenztheit unseres Verstandes abfinden, werfen wir lieber den Träumen vor, sie seien sinnlos.

In den letzten Jahrzehnten ist es zu einer tiefgreifenden Änderung dieser Einstellung zu den Mythen und Träumen gekommen. Dieser Wandel wurde hauptsächlich durch die Arbeiten von Freud in die Wege geleitet. Nachdem dieser zunächst nur versucht hatte, neurotischen Patienten zu helfen, die Gründe für ihre Erkrankung zu verstehen, erkannte er den Traum als ein universales menschliches Phänomen, das auf gleiche Weise bei kranken wie bei gesunden Menschen zu finden ist. Er fand, daß Träume sich im wesentlichen nicht von Mythen und Märchen unterscheiden und daß man – versteht man einmal die Sprache der Träume – auch die der Mythen und Märchen verstehen kann. Die Arbeit der Anthropologen lenkte die Aufmerksamkeit erneut auf die Mythen. Man sammelte und erforschte sie, und einigen auf diesem Gebiet bahnbrechenden Gelehrten gelang es mit ihrer Hilfe, wie vor ihnen J. J. Bachofen, ein neues Licht auf die Vorgeschichte der Menschheit zu werfen.

Aber noch immer steckt die Erforschung der Mythen und Träume in den Kinderschuhen. Verschiedenes steht ihr im Wege: Einmal ist es ein gewisser Dogmatismus und eine gewisse Sturheit verschiedener psychoanalytischer Schulen, die sämtlich behaupten, sie allein verständen die symbolische Sprache richtig. So verlieren wir den Blick für die Vielseitigkeit der Symbolsprache und versuchen, sie in das Prokrustesbett einer einzigen Bedeutung zu zwängen.

Ein weiteres Hindernis ist die immer noch verbreitete Meinung, die Traumdeutung sei nur legitim, wenn der Psychiater sie bei der Behandlung neurotischer Patienten anwende. Ich halte im Gegenteil die Symbolsprache für die einzige Fremdsprache, die jeder von uns lernen sollte. Wenn wir sie verstehen, kommen wir mit dem Mythos in Berührung, der eine der bedeutsamsten Quellen der Weisheit ist, wir lernen die tieferen Schichten unserer eigenen Persönlichkeit kennen. Tatsächlich verhilft sie uns zum Verständnis einer Erfahrungsebene, die deshalb spezifisch menschlich ist, weil sie nach Inhalt und Stil der ganzen Menschheit gemeinsam ist.

Der Talmud (Berachot 55 a) sagt: »Ein ungedeuteter Traum gleicht einem ungelesenen Brief.« Tatsächlich sind sowohl Träume wie Mythen wichtige Mitteilungen von uns selbst an uns selbst. Wenn wir diese Sprache nicht verstehen, verlieren wir einen großen Teil von dem, was wir in den Stunden wissen und uns sagen, in denen wir nicht damit beschäftigt sind, die Außenwelt zu beherrschen.

2

DAS WESEN DER SYMBOLISCHEN SPRACHE

Nehmen wir einmal an, wir wollten jemandem den Unterschied im Geschmack von weißem und rotem Wein klarmachen. Das dürfte uns recht einfach vorkommen. Wir kennen ja den Unterschied sehr gut, weshalb sollte es uns dann schwerfallen, ihn einem anderen zu beschreiben? Dennoch dürfte es uns die größten Schwierigkeiten machen, den Geschmacksunterschied in Worte zu fassen. Schließlich werden wir vermutlich der Sache ein Ende bereiten, indem wir sagen: »Ach was, ich kann dir das nicht erklären. Trink einfach erst ein Glas Rotwein und dann ein Glas Weißwein, dann wirst du den Unterschied schon merken.« Es fällt uns nicht schwer, jemandem die komplizierteste Maschine zu erklären, aber zur Beschreibung einer einfachen Geschmacksempfindung fehlen uns offenbar die Worte.

Sehen wir uns nicht der gleichen Schwierigkeit gegenüber, wenn wir ein Gefühlserlebnis zu beschreiben versuchen? Nehmen wir eine Stimmung, in der man sich verloren und im Stich gelassen fühlt, in der die Welt grau in grau scheint, in der sie uns beängstigend, wenn auch nicht gerade bedrohlich vorkommt. Man möchte einem Freund diese Stimmung beschreiben, aber auch da sucht man vergebens nach Worten und hat schließlich das Gefühl, nichts von dem, was man sagte, gebe die vielfältigen Stimmungsnuancen richtig wieder. In der folgenden Nacht hat man dann einen Traum. Man sieht sich kurz vor Tagesanbruch in den Außenbezirken einer Stadt; die Straßen sind noch leer, nur ein Milchwagen ist zu sehen, die Häuser machen einen armseligen Eindruck, die Gegend kommt uns fremd vor, wir vermissen die üblichen Verkehrsmittel, die uns wieder in vertraute Bezirke bringen könnten, wo wir uns zu Hause fühlen. Wachen wir dann auf und erinnern uns an den Traum, dann fällt uns ein, daß das Gefühl, das wir im Traum hatten, genau das graue, trostlose Gefühl war, das wir tags zuvor unserem Freund vergeblich zu beschreiben versuchten. Es ist nur ein Bild, zu dessen Wahrnehmung wir kaum eine Sekunde brauchten, und trotzdem ist dieses Bild eine lebendigere und genauere Beschreibung, als jene, die wir hätten geben können, wenn wir lang und breit *darüber* gesprochen hätten. Das im Traum wahrgenommene Bild ist ein *Symbol* für etwas, das wir fühlten.

Was ist ein Symbol? Ein Symbol wird oft definiert als »etwas, das stellvertretend für etwas anderes steht«. Diese Definition kommt uns ziemlich nichtssagend vor. Sie wird jedoch interessanter, wenn wir uns mit jenen Symbolen befassen, die Sinneswahrnehmungen – etwa Sehen, Hören, Riechen und Berühren – betreffen und die stellvertretend für etwas »anderes« stehen, das eine innere Erfahrung, ein Gefühl oder ein Gedanke ist. Ein Symbol dieser Art ist etwas außerhalb von uns selbst; was es symbolisiert, ist etwas in uns. Die Symbolsprache ist die Sprache, in der wir innere Erfahrungen so zum Ausdruck bringen, als ob es sich dabei um Sinneswahrnehmungen handelte, um etwas, was wir tun, oder um etwas, was uns in der Welt der Dinge widerfährt. Die Symbolsprache ist eine Sprache, in der die Außenwelt ein Symbol der Innenwelt, ein Symbol unserer Seele und unseres Geistes ist.

Wenn wir ein Symbol definieren als »etwas, das stellvertretend für etwas anderes steht«, dann lautet die entscheidende Frage: *»Welcher besondere Zusammenhang besteht zwischen dem Symbol und dem, was es symbolisiert?«*

Wenn wir diese Frage beantworten wollen, müssen wir zwischen drei Arten von Symbolen unterscheiden: dem *konventionellen,* dem *zufälligen* und dem *universalen* Symbol. Wie sich sogleich herausstellen wird, drücken nur die beiden letzteren Arten von Symbolen innere Erfahrungen so aus, als ob es sich um Sinneswahrnehmungen handelte, und nur sie weisen die Merkmale der Symbolsprache auf.

Das *konventionelle* Symbol ist uns von den drei Arten das geläufigste, da wir es in unserer Alltagssprache gebrauchen. Wenn wir das Wort »Tisch« geschrieben sehen oder wenn wir das Lautgebilde »Tisch« hören, dann stehen die Buchstaben T-I-S-C-H stellvertretend für etwas anderes, nämlich für den Gegenstand Tisch, den wir sehen, berühren und benutzen. Welcher Zusammenhang besteht nun zwischen dem *Wort*

»Tisch« und dem *Gegenstand* »Tisch«? Besteht eine innere Beziehung zwischen ihnen? Offensichtlich ist dies nicht der Fall. Der Gegenstand Tisch hat mit dem Lautgebilde Tisch nichts zu tun, und der einzige Grund, weshalb das Wort den Gegenstand symbolisiert, ist die Übereinkunft, diesen besonderen Gegenstand mit diesem besonderen Namen zu bezeichnen. Wir lernen diesen Zusammenhang als Kinder dadurch, daß wir das Wort immer wieder im Zusammenhang mit dem Gegenstand hören, so daß schließlich eine bleibende Assoziation entsteht und wir nicht erst nachzudenken brauchen, um die richtige Bezeichnung zu finden.

Es gibt jedoch gewisse Wörter, bei denen die Assoziation nicht nur konventioneller Art ist. Wenn wir zum Beispiel »Pfui« sagen, vollführen wir mit unseren Lippen eine Bewegung, die bewirkt, daß wir die Luft rasch ausstoßen. Es ist dies ein Ausdruck des Abscheus, an dem unser Mund sich beteiligt. Durch dieses schnelle Ausstoßen von Luft drücken wir unsere Absicht nachahmend aus, etwas von uns zu stoßen, es aus unserem Körper zu entfernen. In diesem Fall – wie in einigen anderen Fällen – steht das Symbol in einem inneren Zusammenhang mit dem Gefühl, das es symbolisiert. Aber selbst wenn wir annehmen, daß ursprünglich viele – oder sogar alle Wörter – ihren Ursprung in einem solchen inneren Zusammenhang zwischen dem Symbol und dem Symbolisierten haben, so besitzen doch die meisten Wörter für uns heute diese Bedeutung nicht mehr, wenn wir eine Sprache lernen.

Wörter sind nicht die einzigen Beispiele für konventionelle Symbole, wenn sie auch die häufigsten und die uns geläufigsten sind. Auch Bilder können konventionelle Symbole sein. Eine Flagge kann zum Beispiel ein bestimmtes Land symbolisieren, obwohl zwischen ihren Farben und dem Land, das sie repräsentieren, kein Zusammenhang besteht. Sie wurden als Wahrzeichen des betreffenden Landes akzeptiert, und wir übersetzen den visuellen Eindruck der Flagge in unsere Vorstellung von dem betreffenden Land – auch dies wiederum aus konventionellen Gründen. Gewisse bildhafte Symbole sind nicht ausschließlich konventionell, wie zum Beispiel das Kreuz. Das Kreuz kann ein rein konventionelles Symbol der christlichen Kirche sein und unterscheidet sich in dieser Hinsicht nicht von der Flagge. Aber die besondere Bedeutung des Kreuzes, die sich auf Jesu Tod oder noch darüber hinaus auf die gegenseitige Durchdringung der materiellen und der geistigen Ebene bezieht, hebt die Beziehung zwischen diesem Symbol und dem, was es symbolisiert, auf eine höhere Ebene als die der nur konventionellen Symbole.

Das genaue Gegenteil des konventionellen Symbols ist das *zufällige* Symbol. Allerdings haben beide eines miteinander gemeinsam, daß nämlich zwischen dem Symbol und dem, was es symbolisiert, keine innere Beziehung besteht. Nehmen wir beispielsweise an, jemand habe in einer bestimmten Stadt ein betrübliches Erlebnis gehabt. Hört er dann den Namen dieser Stadt, so wird er ihn leicht mit einer niedergedrückten Stimmung in Verbindung bringen, genauso wie er ihn mit einer fröhlichen Stimmung in Zusammenhang brächte, falls er dort ein glückliches Erlebnis gehabt hätte. Natürlich hat die Stadt an sich nichts Trauriges oder Fröhliches an sich. Es ist das mit ihr verbundene persönliche Erlebnis, das sie zu einem Symbol dieser Stimmung macht. Zur gleichen Reaktion kann es in Verbindung mit einem bestimmten Haus, einer Straße, einem Kleid, einer gewissen Szenerie oder irgend etwas sonst kommen, was irgendwann einmal mit einer spezifischen Stimmung in Zusammenhang gestanden hat.

Wir könnten zum Beispiel träumen, wir befänden uns in einer bestimmten Stadt. Möglicherweise ist im Traum keine bestimmte Stimmung mit ihr verbunden; wir sehen nur eine Straße oder auch nur einfach den Namen der Stadt. Wir fragen uns, weshalb uns im Schlaf ausgerechnet diese Stadt eingefallen ist, und entdecken vielleicht, daß wir in einer Stimmung eingeschlafen sind, die der ähnlich war, welche diese Stadt für uns symbolisiert. Das Bild im Traum repräsentiert diese Stimmung, die Stadt »steht stellvertretend« für die einst in ihr erlebte Stimmung. Hier ist der Zusammenhang zwischen dem Symbol und dem symbolisierten Erlebnis rein zufällig.

Im Gegensatz zum konventionellen Symbol kann am zufälligen Symbol kein anderer teilhaben, es sei denn, wir erzählten ihm unsere mit dem Symbol zusammenhängenden Erlebnisse. Aus diesem Grund kommen zufällige Symbole nur selten in Mythen, Märchen oder in Kunstwerken vor, die in einer symbolischen Sprache abgefaßt sind, denn sie sind nicht mitteilbar, außer wenn der Verfasser jedem von ihm benutzten Symbol einen entsprechenden Kommentar beifügt. In Träumen dagegen kommen zufällige Symbole häufig vor. Ich werde an späterer Stelle in diesem

Buch noch auf die Methode zu sprechen kommen, wie man sie verstehen lernen kann.

Beim *universalen* Symbol dagegen besteht eine innere Beziehung zwischen dem Symbol und dem, was es repräsentiert. Wir haben bereits als Beispiel den Traum in den Außenbezirken der Stadt angeführt. Das sinnliche Erlebnis einer verlassenen, fremden, armseligen Gegend besitzt tatsächlich eine deutliche Verwandtschaft mit einer trostlosen, angstvollen Stimmung. Wenn wir niemals in den Außenbezirken einer Stadt gewesen wären, kämen wir natürlich nie auf dieses Symbol, so wie ja auch das Wort »Tisch« für uns sinnlos wäre, wenn wir nie einen Tisch gesehen hätten. Außenbezirke einer Stadt können nur für Stadtbewohner einen Symbolwert haben, nicht aber für Menschen, die in einer Kultur ohne große Städte leben. Viele andere universale Symbole sind in der Erfahrung eines jeden Menschen verwurzelt. Nehmen wir zum Beispiel das Symbol des Feuers. Wir sind von bestimmten Eigenschaften des Feuers im Kamin fasziniert, vor allem von seiner Lebendigkeit. Es verändert und bewegt sich die ganze Zeit und besitzt doch eine gewisse Beständigkeit. Es bleibt das gleiche, ohne gleich zu bleiben. Es macht den Eindruck von Kraft, von Energie, von Anmut und Leichtigkeit. Es ist, als ob es tanzte und eine unerschöpfliche Energiequelle besäße. Wenn wir uns des Feuers als eines Symbols bedienen, dann beschreiben wir innere Erlebnisse, die durch die gleichen Elemente gekennzeichnet sind, die wir beim Anblick des Feuers sinnlich wahrnehmen: Wir haben ein Gefühl von Kraft, Leichtigkeit, Bewegung, Anmut und Fröhlichkeit – wobei in unserem Gefühl einmal das eine, einmal das andere dieser Elemente dominiert.

In gewisser Hinsicht ähnlich und doch auch wieder anders ist das Symbol des Wassers – des Meeres oder eines Flusses. Auch hier finden wir die Mischung von ständiger Bewegung und gleichzeitiger Beständigkeit. Auch hier empfinden wir das Lebendige, die Kontinuität, die Energie. Aber ein Unterschied ist vorhanden: Während das Feuer etwas Abenteuerliches, Behendes, Aufregendes an sich hat, ist das Wasser ruhig, langsam und stetig. Dem Feuer ist ein Element der Überraschung eigen, während das Waser etwas Voraussagbares an sich hat. Das Wasser symbolisiert ebenfalls eine lebhafte Stimmung, doch ist sie »schwerer«, »gemächlicher« und eher beruhigend als aufregend.

Daß eine Erscheinung aus der physikalischen Welt ein inneres Erlebnis adäquat ausdrücken kann, daß die Welt der Dinge ein Symbol für die Welt der Seele sein kann, ist nicht weiter verwunderlich. Wir alle wissen, daß unsere Seele sich in unserem Körper ausdrückt. Das Blut steigt uns zu Kopf, wenn wir wütend sind, und es entweicht aus dem Kopf, wenn wir Angst haben; unser Herz schlägt schneller, wenn wir uns ärgern, und unser gesamter Körper hat einen anderen Tonus, wenn wir glücklich sind, als wenn wir traurig sind. Unsere Stimmung kommt in unserem Gesichtsausdruck, und unsere Einstellung und unsere Gefühle kommen in unseren Bewegungen und Gesten so genau zum Ausdruck, daß andere sie deutlicher aus unserem Benehmen als aus unseren Worten ablesen. Der Körper ist in der Tat ein Symbol – und keine Allegorie – der Seele. Ein tiefes, echtes Gefühl, ja sogar ein echt empfundener Gedanke findet seinen Ausdruck in unserem gesamten Organismus. Beim universalen Symbol treffen wir auf den gleichen Zusammenhang zwischen seelischen und körperlichen Erlebnissen. Gewisse körperliche Erscheinungen deuten durch ihre ganze Art auf gewisse emotionale und seelische Erlebnisse hin, und wir drücken unsere emotionalen Erfahrungen in der Sprache körperlicher Erlebnisse, d. h. symbolisch, aus.
Das universale Symbol ist das einzige, bei dem die Beziehung zwischen dem Symbol und dem, was es symbolisiert, nicht zufällig, sondern ihm immanent ist. Es wurzelt in der Erfahrung von der inneren Beziehung zwischen Emotion oder Gedanke einerseits und der sinnlichen Erfahrung andererseits. Man kann es deshalb als universal bezeichnen, weil es allen Menschen gemeinsam ist, und dies nicht nur im Gegensatz zu dem rein zufälligen Symbol, das seiner Natur nach rein persönlich ist, sondern auch im Gegensatz zum konventionellen Symbol, das sich auf eine Gruppe von Menschen beschränkt, die die gleiche Übereinkunft getroffen haben. Das universale Symbol ist in den Eigenschaften unseres Körpers, unserer Sinne und unseres Geistes verwurzelt, die allen Menschen gemeinsam und daher nicht auf einzelne Individuen oder spezifische Gruppen beschränkt sind. Tatsächlich ist das universale Symbol die einzige von der ganzen Menschheit entwickelte Sprache, eine Sprache, die wieder vergessen wurde, bevor sie sich zu einer konventionellen Universalsprache entwickeln konnte.
Wir brauchen daher nicht von einer gattungsmäßigen Vererbung zu

sprechen, um den universalen Charakter von Symbolen zu erklären. Jedes menschliche Wesen, das ja seine wesentlichen körperlichen und geistig-seelischen Merkmale mit der übrigen Menschheit teilt, kann die Symbolsprache sprechen und verstehen, die sich auf diese gemeinsamen Eigenschaften gründet. Genauso wie wir das Weinen nicht erst erlernen müssen, wenn wir traurig sind, oder das Erröten, wenn wir uns ärgern, und genauso wie diese Reaktionen nicht auf eine bestimmte Rasse oder Bevölkerungsgruppe beschränkt sind, muß man auch die symbolische Sprache nicht erst erlernen, und sie beschränkt sich nicht auf irgendeinen Teil der menschlichen Gattung. Deshalb ist die Symbolsprache, so wie sie in Mythen und Träumen vorkommt, in allen Kulturen – den sogenannten primitiven Kulturen wie auch in den hochentwickelten der Ägypter und Griechen – anzutreffen. Überdies sind die in diesen verschiedenen Kulturen gebrauchten Symbole einander so auffallend ähnlich, weil sie alle auf die gleichen Sinneswahrnehmungen und emotionalen Erfahrungen zurückgehen, die den Menschen aller Kulturen gemeinsam sind. Zusätzliche Beweise dafür haben neuere Experimente erbracht, bei denen Menschen, die von der Theorie der Traumdeutung nichts wußten, unter Hypnose in der Lage waren, die Symbolik ihrer Träume ohne Schwierigkeiten zu verstehen. Als sie dann aus der Hypnose erwachten und aufgefordert wurden, dieselben Träume zu deuten, erklärten sie verwirrt: »Sie haben überhaupt keine Bedeutung – sie sind reiner Unsinn.«

Diese Feststellung bedarf jedoch einer Qualifizierung. Es gibt auch einige Symbole, die in den verschiedenen Kulturen entsprechend ihrer realitätsbezogenen Bedeutung einen jeweils unterschiedlichen Sinn haben. So ist beispielsweise die Funktion und dementsprechend auch die Bedeutung der Sonne in den nordischen Ländern eine andere als in den Tropen. In den nordischen Ländern, wo Wasser reichlich vorhanden ist, hängt alles Wachstum von der ausreichenden Sonnenbestrahlung ab. Die Sonne ist daher eine warme, lebenspendende, beschützende, liebende Macht. Im Nahen Osten, wo die Sonneneinstrahlung viel stärker ist, ist die Sonne eine gefährliche, ja bedrohliche Macht, vor der sich der Mensch schützen muß, während das Wasser als die Quelle allen Lebens und als wichtigste Voraussetzung für das Wachstum empfunden wird. Wir können von Dialekten der universalen Symbolsprache sprechen, die

durch den Unterschied in den Naturgegebenheiten bedingt sind, welche dazu führen, daß bestimmte Symbole in den verschiedenen Regionen der Erde eine unterschiedliche Bedeutung haben.
Etwas ganz anderes als diese »symbolischen Dialekte« ist die Tatsache, daß viele Symbole entsprechend den verschiedenartigen Erlebnissen, die mit ein und derselben Naturerscheinung verbunden sein können, mehr als eine Bedeutung haben. Kommen wir noch einmal auf das Symbol des Feuers zurück. Wenn wir das Feuer im Kamin beobachten, wo es Wohlbehagen ausstrahlt, dann drückt es eine lebhafte warme und angenehme Stimmung aus. Sehen wir dagegen ein Gebäude oder einen Wald brennen, dann ist es für uns ein drohendes, schreckliches Erlebnis, das uns die Machtlosigkeit des Menschen den Elementen der Natur gegenüber empfinden läßt. Daher kann das Feuer sowohl innere Lebendigkeit und Glück als auch Angst, Machtlosigkeit und eigene destruktive Neigungen symbolisieren. Das gleiche gilt für das Symbol Wasser. Das Wasser kann eine äußerst destruktive Macht sein, wenn es vom Sturm aufgepeitscht wird oder wenn ein angeschwollener Fluß über die Ufer tritt. Daher kann es symbolisch Grauen und Chaos und andererseits auch Trost und Frieden bedeuten.
Ein anderes einschlägiges Beispiel ist das Symbol eines Tales. Das von Bergen eingeschlossene Tal kann in uns ein Gefühl der Sicherheit und des Behagens, des Geborgenseins vor allen äußeren Gefahren wecken. Aber die schützenden Berge können auch Mauern sein, die uns isolieren und hindern, aus dem Tal herauszukommen, weshalb das Tal auch zu einem Symbol des Eingekerkertseins werden kann. Die spezielle Bedeutung eines Symbols kann jeweils nur aus dem gesamten Kontext heraus verstanden werden, in dem es auftaucht, und unter Berücksichtigung der vorherrschenden Erfahrungen des Menschen, der sich dieses Symbols bedient. Bei der Erörterung der Traumsymbole werden wir hierauf noch zurückkommen.
Ein gutes Beispiel für die Funktion des universalen Symbols ist eine in der Symbolsprache geschriebene Geschichte, die fast jeder in unserem westlichen Kulturbereich kennt: das Buch Jona. Jona hat Gottes Stimme vernommen, die ihm gebietet, nach Ninive zu gehen und den Bewohnern zu verkünden, sie sollten von ihrem bösen Wandel ablassen, weil sie sonst vom Untergang bedroht seien. Jona kann Gottes Stimme nicht

überhören, was ihn zum Propheten macht. Aber er ist ein Prophet wider Willen, und obgleich er weiß, was er tun sollte, versucht er, sich dem Befehl Gottes (man könnte auch sagen, der Stimme seines Gewissens) zu entziehen. Er ist ein Mensch, der kein Herz für seine Mitmenschen hat. Er ist ein Mensch mit einem starken Gefühl für Gesetz und Ordnung, doch fehlt ihm die Liebe. (Vgl. E. Fromm, 1947a; GA II, S. 65f., wo ich die Jona-Geschichte unter dem Gesichtspunkt der Bedeutung von Liebe aufgreife.) Wie wird nun das, was sich im Innern von Jona abspielt, in der Geschichte dargestellt?

Wir erfahren, daß Jona nach Jafo hinabgeht und dort ein Schiff findet, das nach Tarschisch fährt. Als er sich jedoch mitten auf dem Meer befindet, erhebt sich ein gewaltiger Sturm, und während alle anderen voller Angst und Aufregung sind, steigt Jona in den unteren Teil des Schiffes hinab und fällt in einen tiefen Schlaf. Die Seeleute, die glauben, Gott habe den Sturm geschickt, weil sich jemand auf dem Schiff befindet, der bestraft werden soll, wecken Jona, der ihnen zuvor erzählt hatte, daß er vor Jahwes Gebot auf der Flucht sei. Er sagt ihnen, sie sollten ihn nehmen und ins Meer werfen, damit dieses sich beruhige. Die Seeleute (die einen bemerkenswerten Sinn für Menschlichkeit erkennen lassen, da sie zunächst alles andere versuchen, bevor sie seiner Anweisung nachkommen), nehmen schließlich Jona und werfen ihn ins Meer, das sofort zu toben aufhört. Jona wird von einem großen Fisch verschlungen, in dessen Bauch er drei Tage und drei Nächte zubringt. Er betet im Bauch des Fisches zu Gott, er möge ihn aus seinem Gefängnis befreien, und der Herr befiehlt dem Fisch, Jona ans Land zu speien. Nun begibt sich Jona nach Ninive, erfüllt Gottes Befehl und rettet so die Bewohner der Stadt.

Die Geschichte wird erzählt, als ob die Dinge sich wirklich so zugetragen hätten. Sie ist jedoch in symbolischer Sprache geschrieben, und alle darin als real geschilderten Ereignisse sind Symbole für die inneren Erfahrungen des Helden. Wir treffen auf eine Reihe aufeinanderfolgender Symbole: die Besteigung des Schiffes, das Hinabsteigen in den Bauch des Schiffes, das Einschlafen, der Aufenthalt im Meer und im Bauch des Fisches. Alle diese Symbole stehen stellvertretend für die gleiche innere Erfahrung: den Zustand der Geborgenheit und Isolierung eines Menschen, der sich aus Gründen der eigenen Sicherheit von der Kommunikation mit anderen Menschen zurückzieht. Sie repräsentieren einen Zustand, den man auch mit einem anderen Symbol, nämlich dem des Fötus im Mutterleib ausdrücken könnte. So verschieden der Rumpf eines Schiffes, der tiefe Schlaf, das Meer und der Bauch eines Fisches realistisch gesehen auch sein mögen, so sind sie doch Ausdruck der gleichen inneren Erfahrung, jener Mischung aus Geborgenheit und Absonderung.

In der manifesten Geschichte ereignen sich die Dinge in Raum und Zeit: *zuerst* geht er in den Rumpf des Schiffes; *dann* schläft der Held ein; *dann* wird er ins Meer geworfen; *dann* wird er vom Fisch verschlungen. Eines geschieht nach dem anderen, und wenn sich auch einiges ereignet, was offensichtlich nicht der Wirklichkeit entsprechen kann, so besitzt die Geschichte doch in bezug auf Zeit und Raum ihre eigene folgerichtige Logik. Und wenn wir begreifen, daß es nicht die Absicht des Verfassers war, uns den Ablauf äußerer Ereignisse zu berichten, sondern daß er das innere Erlebnis eines Mannes schildern wollte, der zwischen seinem Gewissen und dem Wunsch, seiner inneren Stimme zu entfliehen, hin- und hergerissen wurde, dann wird uns klar, daß seine verschiedenen aufeinanderfolgenden Handlungen alle die gleiche ihn beherrschende Stimmung ausdrücken und daß die *zeitliche Abfolge* die *wachsende Intensität* des gleichen Gefühls ausdrückt. Indem Jona versucht, sich der Pflicht seinen Mitmenschen gegenüber zu entziehen, sondert er sich mehr und mehr von ihnen ab, bis schließlich im Bauch des Fisches das Gefühl der Geborgenheit so sehr dem Gefühl des Eingekerkertseins weicht, daß er es nicht länger erträgt und Gott bitten muß, ihn aus dem Gefängnis zu befreien, in das er sich selbst hineingebracht hat. (Es ist dies ein für die Neurose äußerst charakteristischer Mechanismus. Der Betreffende nimmt zur Abwehr einer Gefahr eine bestimmte Haltung ein, die dann jedoch weit über ihre ursprüngliche Abwehrfunktion hinauswächst und zu einem neurotischen Symptom wird, von dem der Betreffende sich zu befreien versucht.) So endet Jonas Flucht in die Geborgenheit der Isolation in der Qual des Eingesperrtseins, und er greift sein Leben dort wieder auf, wo er zu entrinnen versuchte.

Es gibt noch einen weiteren Unterschied zwischen der Logik der manifesten und der Logik der latenten Erzählung. In der manifesten Erzählung besteht ein logischer Kausalzusammenhang zwischen den äußeren

Ereignissen. Jona will übers Meer fahren, *weil* er vor Gott fliehen will, er schläft ein, *weil* er müde ist, er wird über Bord geworfen, *weil* man ihn für die Ursache des Sturmes hält, und er wird von dem Fisch verschlungen, *weil* es im Meer menschenfressende Fische gibt. Ein Ereignis ergibt sich aus dem vorhergehenden. (Der letzte Teil der Geschichte ist zwar unrealistisch, aber nicht unlogisch.) In der latenten Geschichte herrscht dagegen eine andere Art von Logik. Die verschiedenen Ereignisse stehen durch ihre Assoziation mit derselben inneren Erfahrung miteinander in Verbindung. Was als kausale Abfolge äußerer Ereignisse erscheint, steht stellvertretend für Ereignisse, die aufgrund ihrer Assoziation mit inneren Erlebnissen miteinander zusammenhängen. Es ist dies ebenso logisch wie es die manifeste Geschichte ist – doch handelt es sich um eine Logik anderer Art.

Wenn wir uns jetzt der Untersuchung des Wesens der Träume zuwenden, wird uns die in der Symbolsprache herrschende Logik noch deutlicher werden.

3

DAS WESEN DER TRÄUME

Die Ansichten über das Wesen der Träume weichen im Laufe der Jahrhunderte und in den verschiedenen Kulturen erheblich voneinander ab. Aber ob jemand glaubt, Träume seien reale Erlebnisse unserer körperlosen Seele, die während des Schlafes den Körper verlassen hat, oder ob man meint, die Träume seien uns von Gott oder von bösen Geistern eingegeben, ob man in ihnen den Ausdruck unserer irrationalen Leidenschaften oder ganz im Gegenteil unserer höchsten und edelsten Kräfte sieht, eines bleibt unbestritten: Alle Träume haben einen Sinn und eine Bedeutung. Sinnvoll sind sie, weil sie eine Botschaft enthalten, die man verstehen kann, wenn man den Schlüssel zu ihrer Entzifferung besitzt. Bedeutungsvoll sind sie, weil wir nichts Nebensächliches träumen, selbst wenn es sich in einer Sprache ausdrückt, die das Bedeutsame der Traumbotschaft hinter einer nichtssagenden Fassade verbirgt.
Erst in den letzten Jahrhunderten hat man diese Ansicht radikal aufgegeben. Die Traumdeutung wurde in den Bereich des Aberglaubens verwiesen, und die Aufgeklärten und Gebildeten – ob Laien oder Wissenschaftler – zweifelten nicht daran, daß die Träume sinn- und bedeutungslose Manifestationen unserer Seele oder bestenfalls seelische Reflexe körperlicher, im Schlaf empfangener Eindrücke seien. Es war Freud, der zu Anfang des zwanzigsten Jahrhunderts die alte Auffassung neu bestätigte, daß die Träume sinn- und bedeutungsvoll sind, daß wir nichts träumen, was nicht ein wichtiger Ausdruck unseres Innenlebens ist, und daß man alle Träume verstehen kann, wenn man nur den Schlüssel dazu besitzt. Freud bezeichnete die Traumdeutung als die *via regia*, als den Königsweg zur Erkenntnis des Unbewußten (S. Freud, 1900a, S. 613) und den Traum als stärkste Kraft, die unser pathologisches wie

auch unser normales Verhalten motiviert. Neben dieser mehr allgemeinen Feststellung über das Wesen der Träume hat sich Freud nachdrücklich und etwas unnachgiebig zu einer der ältesten diesbezüglichen Theorien bekannt, daß nämlich Träume die Erfüllung irrationaler Leidenschaften seien, die wir in unserem wachen Dasein verdrängt haben.

Ich möchte an dieser Stelle noch nicht näher auf die Traumtheorien Freuds und auf solche aus früheren Zeiten eingehen, sondern in einem späteren Kapitel darauf zurückkommen. Zunächst möchte ich jetzt das Wesen des Traums erörtern, wie ich es mit Hilfe der Arbeiten Freuds und aufgrund eigener Erfahrungen als Träumender und Traumdeuter verstehen lernte.

Angesichts der Tatsache, daß es keine Äußerung der Seelentätigkeit gibt, die nicht im Traum auftaucht, glaube ich, daß die einzige Definition des Wesens des Traumes, die dieses Phänomen weder entstellt noch bagatellisiert, die allgemein gehaltene Definition ist: *Träumen ist eine sinn- und bedeutungsvolle Äußerung jeglicher Seelentätigkeit im Schlafzustand.*

Diese Definition ist zweifellos zu allgemein gehalten, als daß sie uns wesentlich zum Verständnis der Natur der Träume weiterhelfen könnte, wenn wir nicht etwas Genaueres über den »Schlafzustand« und dessen besondere Auswirkung auf unsere Seelentätigkeit sagen können. Wenn wir aber herausfinden können, welche spezifische Wirkung der Schlaf auf unsere Seelentätigkeit hat, können wir vielleicht beträchtlich mehr über das Wesen des Träumens in Erfahrung bringen.

Physiologisch betrachtet ist der Schlaf ein Zustand der chemischen Regeneration des Organismus. Während alle Tätigkeit ruht und so gut wie jede sinnliche Wahrnehmung ausgeschaltet ist, wird neue Energie gespeichert. Psychologisch gesehen unterbricht der Schlaf die für unser waches Dasein kennzeichnende Hauptfunktion: unsere Reaktion auf die Umwelt durch Wahrnehmung und Handeln. Dieser Unterschied zwischen den biologischen Funktionen von Wachen und Schlafen bedeutet tatsächlich einen Unterschied zwischen zwei Zuständen unseres Daseins.

Um die Wirkung des Schlafzustandes auf unser Seelenleben richtig beurteilen zu können, müssen wir uns zunächst mit einem allgemeinen Problem befassen: mit der gegenseitigen Abhängigkeit unserer jeweiligen Tätigkeit und des damit verbundenen Denkprozesses. Was wir denken, wird weitgehend durch das bestimmt, was wir tun und was wir vollbringen möchten. Das soll nicht heißen, daß unser Denken durch unser jeweiliges Interesse entstellt werde, sondern nur, daß es sich dementsprechend verändert.

Welche Einstellung haben zum Beispiel unterschiedliche Menschen zu einem Wald? Ein Maler, der sich in einen Wald begibt, um dort zu malen, der Eigentümer des Waldstücks, der sich darüber klar werden will, was es ihm einbringen wird, ein Offizier, der sich für das taktische Problem interessiert, wie das Gebiet zu verteidigen ist, ein Wanderer, der sich daran erfreuen will – jeder von ihnen wird eine völlig andere Einstellung zu diesem Wald haben, weil einem jeden ein anderer Aspekt desselben wichtig ist. Das Interesse des Malers wird den Formen und Farben gelten, das des Geschäftsmanns wird sich auf Größe, Alter und Anzahl der Bäume richten, der Offizier wird sich für die Sicht- und Deckungsmöglichkeiten interessieren, während es dem Wanderer auf die Waldpfade und seine körperliche Bewegung ankommt. Alle werden sich zwar in bezug auf die abstrakte Feststellung, daß sie am Rande eines Waldes stehen, einig sein, aber die Art ihres Erlebnisses, »einen Wald zu sehen«, hängt von der verschiedenartigen Tätigkeit ab, die sie im Sinn haben.

Der Unterschied zwischen den biologischen und den psychologischen Funktionen von Schlafen und Wachen ist grundsätzlich anderer Art als irgendein Unterschied zwischen anderen Tätigkeiten, und dementsprechend ist auch der Unterschied zwischen den die beiden Zustände betreffenden Begriffssystemen unvergleichlich größer. Im wachen Zustand reagieren unsere Gedanken und Gefühle in erster Linie auf die an sie gestellten Anforderungen – auf die Aufgabe, mit unserer Umwelt fertig zu werden, sie zu verändern oder uns gegen sie zur Wehr zu setzen. Zu überleben ist die Aufgabe des wachen Menschen; er ist den Gesetzen unterworfen, welche die Realität beherrschen. Das bedeutet, daß er in den Begriffen von Zeit und Raum denken muß.

Während wir schlafen, geben wir uns nicht damit ab, die Außenwelt unseren Zwecken zu unterwerfen. Wir sind hilflos, und man hat den Schlaf daher mit Recht den »Bruder des Todes« genannt. Aber wir sind auch frei, freier als im Wachen. Wir sind befreit von der Last der Arbeit, von der Aufgabe anzugreifen oder uns zu verteidigen, wir brauchen die Wirklichkeit nicht zu beobachten und zu meistern. Wir brauchen nicht auf die Außenwelt zu achten. Wir richten unseren Blick nach innen und beschäftigen uns ausschließlich mit uns selbst. Im Schlaf könnte man uns mit einem Embryo oder sogar mit einem Toten vergleichen; oder auch mit Engeln, die den Gesetzen der »Realität« nicht unterworfen sind. Im Schlaf hat das Reich der Notwendigkeit dem Reich der Freiheit Platz gemacht, in dem das »Ich bin« das einzige ist, auf das sich unsere Gedanken und Gefühle beziehen.

Während des Schlafs weist die seelische Tätigkeit eine andere Logik auf als im wachen Dasein. Im Schlaf brauche ich mich nicht um Dinge zu kümmern, die nur im Umgang mit der Wirklichkeit von Bedeutung sind. Wenn ich zum Beispiel von einem Menschen das Gefühl habe, daß er ein Feigling ist, dann kann ich von ihm träumen, er habe sich aus einem Menschen in ein Huhn verwandelt. Diese Verwandlung ist in bezug auf mein Gefühl gegenüber dieser Person sinnvoll, unsinnig ist sie nur in bezug auf meine Orientierung zur Außenwelt (in bezug darauf, was ich *realistisch* mit dem Betreffenden tun könnte). Dem Schlaferlebnis fehlt nicht die Logik, aber es handelt sich um andere logische Gesetze, die jedoch in diesem Erlebniszustand völlig gültig sind.

Schlafen und Wachen sind die beiden Pole des menschlichen Daseins. Unser waches Leben ist mit der Aufgabe ausgefüllt zu handeln, im Schlaf sind wir von dieser Aufgabe befreit. Der Schlaf hat lediglich die Funktion der Selbsterfahrung. Wachen wir aus dem Schlaf auf, so begeben wir uns wieder in den Bereich tätigen Lebens. Wir sind dann völlig auf diesen Bereich eingestellt, in welchem sich auch unser Gedächtnis bewegt: Wir erinnern uns an das, was wir zurückrufen können, in raumzeitlichen Begriffen. Die Schlafwelt ist verschwunden, und wir können uns an das, was wir darin erlebten – an unsere Träume – nur noch unter größten Schwierigkeiten erinnern. (Zum Problem der Gedächtnisfunktion in Beziehung zur Traumtätigkeit vgl. den höchst anregenden Aufsatz von E. G. Schachtel, *On Memory and Childhood Amnesia,* 1947.)

Diese Situation ist in vielen Märchen symbolisch dargestellt: In der Nacht bevölkern Gespenster und gute und böse Geister die Szene, aber wenn der Morgen dämmert, verschwinden sie, und von dem ganzen eindrucksvollen Geschehen ist nichts mehr übrig.

Aus diesen Erwägungen ergeben sich gewisse Schlußfolgerungen für das Wesen des Unbewußten:

Es ist weder Jungs mythisches Reich mit seinen aus der Gattungsgeschichte ererbten Erfahrungen, noch Freuds Sitz irrationaler libidinöser Kräfte. Wir müssen es vielmehr gemäß dem Grundsatz verstehen: »Was wir denken und fühlen, wird von dem beeinflußt, was wir tun.«

Das Bewußtsein ist die seelische Tätigkeit in dem Zustand unseres Daseins, in welchem wir uns handelnd mit der Außenwelt beschäftigen. Das Unbewußte ist das seelische Erleben im Zustand unseres Daseins, in welchem wir alle Verbindungen mit der Außenwelt abgebrochen haben, in dem wir nicht mehr bestrebt sind zu handeln und tätig zu sein, sondern in dem wir uns nur noch mit uns selbst beschäftigen. Das Unbewußte ist ein mit einer speziellen Form unseres Daseins – der Inaktivität – verbundenes Erleben, und seine charakteristischen Merkmale ergeben sich aus dem Wesen dieser Daseinsform. Die Eigenschaften des Bewußtseins sind dagegen bestimmt durch das Wesen des tätigen Handelns und durch die Überlebensfunktion des wachen Zustandes.

Das »Unbewußte« ist nur in bezug auf unseren »normalen« Zustand des Tätigseins das Unbewußte. Wenn wir vom »Unbewußten« reden, wollen wir in Wirklichkeit nur damit sagen, daß eine Erfahrung nicht in den geistig-seelischen Raum hineinpaßt, der existiert, während wir tätig sind. Wir empfinden es dann als ein geisterhaftes, störendes Element, das nur schwer zu fassen ist und an das man sich nur schwer erinnern kann. Aber wenn wir schlafen, ist uns die Welt des Tages ebenso unbewußt, wie es die Welt der Nacht in unserem wachen Erleben ist. Gewöhnlich gebrauchen wir den Begriff des »Unbewußten« nur vom Standpunkt unseres Tageserlebens aus; daher kommt darin nicht zum Ausdruck, daß sowohl das Bewßte als auch das Unbewußte nur verschiedene Seelenzustände sind, die sich auf unterschiedliche Zustände unseres Erlebens beziehen.

Man wird vermutlich dagegen einwenden, daß auch im wachen Zustand unser Denken und Fühlen nicht ganz den Einschränkungen von Zeit und Raum unterworfen ist und daß unser schöpferisches Vorstellungsvermögen es uns ermöglicht, über vergangene und zukünftige Dinge so nachzudenken, als ob sie gegenwärtig wären, und über weit entfernte Gegenstände so zu urteilen, als ob wir sie vor Augen hätten. Man wird auch einwenden, daß unser waches Fühlen nicht von der physischen Gegenwart des Objekts und auch nicht von seiner zeitlichen Koexistenz abhängt und daß aus diesem Grund das Fehlen des raum-zeitlichen Systems keine Besonderheit unseres Daseins im Schlaf im Gegensatz zum wachen Zustand ist, sondern daß es unser Denken und Fühlen im Gegensatz zu unserm tätigen Handeln kennzeichnet. Das ist mir ein willkommener Einwand, gibt er mir doch die Möglichkeit, einen wesentlichen Punkt meines Arguments klarzustellen.

Wir müssen nämlich zwischen den *Inhalten* unserer Denkprozesse und den beim Denken verwendeten *logischen Kategorien* unterscheiden. Während es zutrifft, daß die Inhalte unseres wachen Denkens nicht den Grenzen von Raum und Zeit unterworfen sind, sind die Kategorien des logischen Denkens raum-zeitlicher Natur. So kann ich beispielsweise an meinen Vater denken und feststellen, daß seine Einstellung in einer bestimmten Situation mit der meinen identisch ist. Diese Feststellung ist logisch richtig. Wenn ich andererseits behaupte: »Ich bin mein Vater«, dann ist diese Behauptung »unlogisch«, weil sie den Begriffen der physikalischen Welt nicht entspricht. Rein erlebnismäßig gesehen ist der Satz jedoch logisch, denn ich bringe darin mein Gefühl von Identität mit meinem Vater zum Ausdruck. Logische Denkprozesse im wachen Zustand sind Kategorien unterworfen, die in einer speziellen Daseinsform wurzeln – nämlich in der, in welcher wir zur Realität handelnd in Beziehung treten. In meinem schlafenden Dasein, das durch das Fehlen einer jeden auch nur potentiellen Handlung gekennzeichnet ist, kommen Kategorien zur Anwendung, die sich nur auf das Erlebnis meines Selbst beziehen. Das gleiche gilt für das Fühlen. Wenn mein Gefühl im wachen Zustand einem Menschen gilt, den ich seit zwanzig Jahren nicht gesehen habe, so bleibe ich mir immer der Tatsache bewußt, daß der Betreffende nicht anwesend ist. Wenn ich dagegen von ihm träume, dann empfinde ich ihn so, als ob er gegenwärtig wäre. Wenn ich jedoch sage, »so, als ob er gegenwärtig wäre«, drücke ich mein Gefühl in Begriffen aus, die dem »wachen Leben« entsprechen. Im schlafenden Dasein gibt es kein »als ob«; da ist der Betreffende gegenwärtig.

Ich habe auf den vorangegangenen Seiten den Versuch gemacht, die im Schlaf herrschenden Bedingungen zu beschreiben und aus dieser Beschreibung gewisse Schlüsse auf die Traumtätigkeit zu ziehen. Wir müssen jetzt noch einen Schritt weitergehen und ein spezifisches Element der dem Schlaf eigentümlichen Bedingungen untersuchen, das sich für das Verständnis der Traumprozesse als höchst bedeutsam herausstellen wird. Wir sagten, daß wir uns im Schlaf nicht damit beschäftigen, auf die äußere Realität Einfluß zu nehmen. Wir bemerken sie gar nicht und beeinflussen sie nicht, auch sind wir selbst den Einflüssen der Außenwelt nicht unterworfen. Hieraus folgt, daß es von der Beschaffenheit dieser äußeren Realität abhängt, welche Wirkung unsere Absonderung von ihr auf uns hat. Übt die Außenwelt einen im wesentlichen günstigen Einfluß auf uns aus, so dürfte das Fehlen dieses Einflusses während des Schlafes den Wert unserer Traumtätigkeit soweit herabsetzen, daß dieser Wert geringer ist als der unserer Seelentätigkeit während des Tages, wo diese günstigen Einflüsse der Außenwelt auf uns einwirken.

Aber stimmt es denn, daß der Einfluß der Realität auf uns vor allem günstig ist? Kann er nicht auch schädlich für uns sein, und können daher – wenn dieser Einfluß fehlt – nicht auch Eigenschaften in uns zum Vorschein kommen, die besser sind als die, die wir im wachen Zustand haben?

Wenn wir von der Realität außerhalb unserer selbst sprechen, so meinen wir damit nicht in erster Linie die Welt der Natur. An sich ist die Natur weder gut noch böse. Sie kann hilfreich oder gefährlich für uns sein, und wenn wir von ihr nichts wahrnehmen, so befreit uns das tatsächlich von der Aufgabe, sie zu meistern oder uns gegen sie zur Wehr zu setzen. Allerdings macht uns das weder dümmer noch gescheiter, weder besser noch schlechter. Ganz anders steht es mit der von Menschen geschaffenen Welt um uns, mit der Kultur, in der wir leben. Ihre Wirkung auf uns ist recht zwiespältig, wenn wir auch zu der Annahme neigen, daß sie sich nur zu unserem Vorteil auswirkt.

Tatsächlich spricht ja geradezu überwältigend viel dafür, daß die Kultur einen segensreichen Einfluß auf uns ausübt. Es ist unsere Fähigkeit, Kultur zu schaffen, die uns von der Tierwelt unterscheidet. Der Unterschied im kulturellen Niveau ist es, der den Unterschied zwischen den höheren und den niederen Stufen menschlicher Entwicklung ausmacht. Das wichtigste Merkmal der Kultur, die Sprache, ist die Vorbedingung für jede menschliche Leistung. Man hat den Menschen mit Recht als das Symbole schaffende Tier bezeichnet, denn ohne unsere Fähigkeit zur Sprache könnten wir kaum als Menschen bezeichnet werden. Aber auch

jede andere menschliche Funktion hängt von unserem Kontakt mit der Außenwelt ab. Wir lernen denken, indem wir andere beobachten und von ihnen unterrichtet werden. Wir entwickeln unsere emotionalen, intellektuellen und künstlerischen Fähigkeiten dadurch, daß wir mit dem angehäuften Wissen und den von der Gesellschaft geschaffenen künstlerischen Leistungen in Berührung kommen. Wir lernen lieben und für andere sorgen durch den Kontakt mit ihnen, und wir lernen unsere feindseligen Impulse und unseren Egoismus dadurch im Zaum zu halten, daß wir andere lieben oder zum mindesten fürchten.
Ist demnach die vom Menschen geschaffene Realität außerhalb unserer selbst nicht der wichtigste Faktor für die Entwicklung des Besten in uns, und ist daher nicht zu erwarten, daß wir – wenn wir mit der Außenwelt nicht in Kontakt stehen – zeitweise in einen primitiven, tierähnlichen, unvernünftigen Geisteszustand zurückfallen? Es spricht viel für eine solche Annahme, und viele – von Platon bis Freud –, die sich mit dem Traum beschäftigt haben, vertreten die Ansicht, daß eine derartige Regression das wesentliche Kennzeichen des Schlafzustandes und damit auch der Traumtätigkeit sei. Von diesem Standpunkt aus erwartet man von den Träumen, daß in ihnen die irrationalen, primitiven Strebungen in uns zum Ausdruck kommen, und die Tatsache, daß wir unsere Träume so leicht vergessen, wird weitgehend damit erklärt, daß wir uns jener irrationalen und verbrecherischen Impulse schämen, die wir zum Ausdruck bringen, wenn wir nicht unter der Kontrolle der Gesellschaft stehen. Diese Trauminterpretation ist sicher richtig, und wir werden sogleich darauf zurückkommen und einige Beispiele dafür anführen. Die Frage ist jedoch, ob es die ganze Wahrheit ist und ob nicht die negativen Elemente im Einfluß der Gesellschaft an dem Paradoxon schuld sind, *daß wir in unseren Träumen nicht nur weniger vernünftig und anständig, sondern auch intelligenter, klüger und urteilsfähiger sind als im wachen Zustand.*
Tatsächlich hat die Kultur nicht nur einen wohltätigen, sondern auch einen schädlichen Einfluß auf unsere intellektuellen und moralischen Funktionen. Die Menschen sind voneinander abhängig und brauchen einander. Aber die Geschichte der Menschheit wurde bis zum heutigen Tag von einer entscheidenden Tatsache beeinflußt, daß nämlich die materielle Produktion nicht ausreicht, um die berechtigten Bedürfnisse al-

ler Menschen zu befriedigen. Der Tisch war immer nur für ein paar von den vielen gedeckt, die sich zum Essen setzen wollten. Die Stärkeren suchten sich ihren Platz zu sichern, und das bedeutete, daß sie anderen ihren Platz wegnehmen mußten. Wenn sie ihre Mitmenschen so geliebt hätten, wie Buddha oder die Propheten oder Jesus das forderten, dann hätten sie ihr Brot mit ihnen geteilt, anstatt ohne sie Fleisch zu essen und Wein zu trinken. Aber da die Liebe die höchste und schwierigste Leistung der Menschheit ist, kann man den Menschen keinen Vorwurf daraus machen, daß die, welche sich an den gedeckten Tisch setzen und die guten Dinge des Lebens genießen konnten, mit den anderen nicht teilen wollten und daher versuchen mußten, diejenigen, die ihre Privilegien bedrohten, in ihre Macht zu bekommen. Diese Macht war oft die Macht des Eroberers, die physische Macht, welche die Mehrheit zwang, sich mit ihrem Los abzufinden. Aber die physischen Machtmittel standen nicht immer zur Verfügung und reichten oft nicht aus. Man mußte auch Macht über die Seelen der Menschen gewinnen, um sie davon abzuhalten, ihre Fäuste zu gebrauchen. Diese Macht über das Denken und Fühlen war unentbehrlich, wenn die wenigen sich ihre Privilegien erhalten wollten. Bei diesem Prozeß erlitten die wenigen jedoch einen ebensolchen seelischen Schaden wie die vielen. Der Gefangenenwärter wird fast ebenso zum Gefangenen wie der Gefangene selbst. Die »Elite«, die diejenigen beherrscht, welche nicht »auserwählt« sind, wird zu Gefangenen der eigenen restriktiven Tendenzen. So werden Geist und Seele der Herrschenden wie die der Beherrschten von ihrer wesentlichen humanen Aufgabe abgelenkt, menschlich zu fühlen und zu denken, sich der Kräfte der Vernunft und der Liebe, die dem Menschen innewohnen, zu bedienen und sie weiterzuentwickeln, da der Mensch ohne deren volle Entfaltung ein Krüppel bleibt.

Bei diesem Ablenkungs- und Entstellungsprozeß wird der Charakter der Menschen verdorben. Ziele, die im Widerspruch zu den Interessen des wahren humanen Selbst stehen, treten in den Vordergrund. Die Liebeskraft erlahmt, was dazu führt, daß man Macht über andere zu gewinnen sucht. Die innere Sicherheit geht verloren, und man sucht einen Ausgleich, indem man leidenschaftlich nach Ruhm und Ansehen strebt. So verliert der Mensch sein Gefühl für Würde und Integrität und sieht sich gezwungen, sich in eine Ware zu verwandeln und seine Selbstachtung von seiner Verkäuflichkeit, seinem Erfolg abhängig zu machen. All das führt dazu, daß wir nicht nur lernen, was recht ist, sondern auch, was falsch ist; daß wir nicht nur hören, was gut ist, sondern ständig unter dem Einfluß von Ideen stehen, die dem Leben schaden.

Das gilt für einen primitiven Stamm, in dem strenge Gesetze und Gebräuche Macht über die Seelen ausüben, aber es gilt ebenso für unsere moderne Gesellschaft, die angeblich von jedem strengen Ritualismus frei ist. Die Beseitigung des Analphabetentums und die Ausbreitung der Massenmedien haben kulturellen Klischeevorstellungen einen ebenso großen Einfluß verschafft, wie dies in einer kleinen Stammeskultur mit ihren außerordentlich starken Restriktionen der Fall ist. Der heutige Mensch ist fast ständig irgendwelchem »Lärm« ausgesetzt, dem Lärm von Radio und Fernsehen, von Schlagzeilen, Reklamen und Filmen, die uns meist nicht klüger machen, sondern im Gegenteil verdummen. Wir sind lügnerischen Rationalisierungen ausgeliefert, die sich als Wahrheit ausgeben, und schierem Unsinn, der sich als gesunder Menschenverstand oder als die höhere Weisheit der Spezialisten tarnt, heuchlerischem Gerede, intellektueller Trägheit und Unaufrichtigkeit, die je nachdem im Namen der Ehre die Stimme erheben oder sich als »Realismus« ausgeben. Wir fühlen uns zwar dem Aberglauben früherer Generationen und der sogenannten primitiven Kulturen überlegen, aber man hämmert uns ständig genau die gleiche Art von abergläubischen Ansichten ein, die sich als letzte Entdeckungen der Wissenschaft aufspielen. Ist es da verwunderlich, daß das Wachsein nicht nur ein Segen, sondern auch ein Fluch ist? Ist es verwunderlich, daß wir im Schlaf, wenn wir mit uns allein sind, wenn wir in uns hineinblicken können, ohne dabei von dem Lärm und Unsinn gestört zu werden, die uns tagsüber umgeben, besser in der Lage sind, unsere wahrsten und wertvollsten Gefühle zu spüren und Gedanken zu denken?

So kommen wir denn zu folgendem Schluß: Der Zustand des Schlafes hat eine zweideutige Funktion; dadurch, daß wir mit unserer Kultur nicht in Berührung stehen, tritt das Schlechteste und zugleich das Beste in uns in Erscheinung. Daher können wir im Traum weniger gescheit, weniger weise und weniger anständig, aber auch besser und weiser sein als in unserem wachen Leben.

An diesem Punkt stellt sich uns das schwierige Problem: Woher wissen

wir, ob ein Traum als Ausdruck des Besten oder des Schlechtesten in uns zu verstehen ist? Gibt es da ein Prinzip, das uns den Weg zeigen könnte?
Um diese Frage zu beantworten, müssen wir unsere allgemeiner gehaltene Diskussion beenden und weitere Einsichten dadurch zu gewinnen suchen, daß wir einige konkrete Traumbeispiele diskutieren.
Den folgenden Traum berichtete ein Mann, der tags zuvor einer »sehr bedeutenden Persönlichkeit« begegnet war. Der Betreffende stand in dem Ruf, besonders weise und gütig zu sein. Unser Träumer hatte ihn aufgesucht, weil er von dem, was alle über diesen alten Mann berichteten, stark beeindruckt war. Nach etwa einer Stunde hatte er ihn wieder verlassen mit dem Gefühl, einen bedeutenden, gütigen Menschen kennengelernt zu haben.
»Ich sehe Herrn X. [die sehr bedeutende Person], und sein Gesicht sieht ganz anders aus als gestern. Ich sehe einen grausamen Mund und ein hartes Gesicht. Er berichtet jemandem lachend, es sei ihm gelungen, eine arme Witwe um ihre letzten paar Groschen zu betrügen. Ich habe ein Gefühl des Abscheus.«
Auf die Frage, was ihm zu diesem Traum einfalle, bemerkte der Träumer, er könne sich erinnern, daß er flüchtig ein Gefühl der Enttäuschung empfunden habe, als er das Zimmer des Herrn X. betreten und einen ersten Blick auf dessen Gesicht geworfen habe; dieses Gefühl sei jedoch wieder verschwunden, als X. ein freundliches, liebenswürdiges Gespräch mit ihm begonnen habe.
Wie ist dieser Traum zu verstehen? Vielleicht könnte der Träumer auf den Ruhm des Herrn X. neidisch sein, so daß er ihn deshalb nicht leiden kann? In diesem Fall wäre der Traum Ausdruck des irrationalen Hasses, der den Träumer erfüllt, ohne daß er sich dessen bewußt wäre. Aber im hier berichteten Fall lag die Sache anders. Nachdem unser Träumer durch seine Träume mißtrauisch geworden war, beobachtete er Herrn X. aufmerksamer und kam in den folgenden Sitzungen dahinter, daß dieser Mann etwas Rücksichtsloses an sich hatte, das er in seinem Traum zum erstenmal bemerkt hatte. Dieser Eindruck wurde ihm von einigen Personen bestätigt, die die Meinung der Mehrheit anzuzweifeln wagten, daß X. ein so gütiger Mensch sei. Der ungünstige Eindruck wurde auch durch einige Tatsachen im Leben von X. bestätigt, die zwar keineswegs

so kraß waren, wie die Geschichte im Traum, die aber immerhin vom gleichen Geist zeugten.

Wir sehen also, daß der Träumer den Charakter von X. im Schlaf viel treffender beurteilte als im Wachen. Der »Lärm« der öffentlichen Meinung, die immer wieder betonte, X. sei ein wunderbarer Mensch, hinderte ihn daran, sich seines kritischen Gefühls X. gegenüber bewußt zu werden, als er diesen sah. Erst später, nachdem er den Traum gehabt hatte, fiel ihm ein, daß ihm für den Bruchteil einer Sekunde Mißtrauen und Zweifel gekommen waren. Im Traum, wo er vor dem »Lärm« geschützt und in der Lage war, mit sich und seinen Eindrücken und Gefühlen allein zu sein, konnte er sich ein Urteil bilden, das treffender war und der Wahrheit mehr entsprach als sein Eindruck im wachen Zustand.

Bei diesem wie auch bei jedem anderen Traum können wir nur dann entscheiden, ob irrationale Leidenschaft oder Vernunft darin zum Ausdruck kommt, wenn wir die Person des Träumers, seine Stimmung beim Einschlafen und alles berücksichtigen, was wir an realen Daten über die Situation zur Verfügung haben, von der er geträumt hat. In diesem Fall wird unsere Interpretation durch eine ganze Reihe von Daten bestätigt. Der Träumer konnte sich noch daran erinnern, daß X. anfangs einen unsympathischen Eindruck auf ihn gemacht hatte. Er hegte keine feindseligen Gefühle gegen ihn und hatte auch keinen Anlaß dazu. Tatsachen aus dem Leben von X. und spätere Beobachtungen bestätigten den Eindruck, den der Träumer im Schlaf von ihm hatte. Wären alle diese Faktoren nicht vorhanden gewesen, so hätten wir den Traum anders gedeutet. Wenn unser Träumer zum Beispiel dazu geneigt hätte, auf berühmte Leute neidisch zu sein, wenn er keine Beweise für die Richtigkeit des Traumurteils über X. hätte finden können und wenn ihm nicht eingefallen wäre, daß X. ihm unsympathisch vorkam, als er ihn zum erstenmal sah, dann würden wir natürlich annehmen, daß in diesem Traum nicht seine Einsicht, sondern sein irrationaler Haß zum Ausdruck kam.

Einsicht ist mit Voraussage eng verwandt. Etwas voraussagen heißt soviel wie den zukünftigen Gang der Ereignisse aus der Richtung und Intensität der Kräfte zu schließen, die wir gegenwärtig am Werk sehen. Eine gründliche Kenntnis nicht des oberflächlichen Eindrucks, sondern der in der Tiefe wirkenden Kräfte ermöglicht Voraussagen, und eine ernstzunehmende Voraussage muß sich stets auf solches Wissen stützen.

Kein Wunder, daß wir oft Entwicklungen und Ereignisse voraussagen, die später durch Tatsachen bestätigt werden. Wenn wir die Telepathie hier einmal außer acht lassen, so fallen viele Träume, in denen der Träumer zukünftige Ereignisse voraussieht, in die Kategorie rationaler Voraussagen der Art, wie wir sie soeben definiert haben. Einer der ältesten uns überlieferten Träume, die sich bewahrheiteten, war der Josefs (Gen 37, 5–11):

»Einst hatte Josef einen Traum. Als er ihn seinen Brüdern erzählte, haßten sie ihn noch mehr. Er sagte zu ihnen: Hört, was ich geträumt habe! Wir banden Garben mitten auf dem Feld. Meine Garbe richtete sich auf und blieb stehen. Eure Garben umringten sie und neigten sich tief vor meiner Garbe. Da sagten seine Brüder zu ihm: Willst du etwa König über uns werden oder dich als Herr über uns aufspielen? Und sie haßten ihn noch mehr wegen seiner Träume und seines Geredes.

Er hatte noch einen anderen Traum. Er erzählte ihn seinen Brüdern und sagte: Ich träumte noch einmal: Die Sonne, der Mond und elf Sterne verneigten sich tief vor mir. Als er davon seinem Vater und seinen Brüdern erzählte, schalt ihn sein Vater und sagte zu ihm: Was soll das, was du da geträumt hast? Sollen wir vielleicht, ich, deine Mutter und deine Brüder, kommen und uns vor dir zur Erde niederwerfen? Seine Brüder waren eifersüchtig, sein Vater aber vergaß die Sache nicht.«

Dieser Bericht aus dem Alten Testament zeigt uns eine Situation, in der Träume vom »Laien« noch unmittelbar verstanden wurden und wo man noch nicht die Hilfe eines professionellen Traumdeuters brauchte, um einen relativ einfachen Traum zu verstehen. (Daß man zum Verständnis eines schwierigeren Traumes einen Fachmann nötig hatte, zeigt die Geschichte von den Träumen des Pharaos, die sogar die Hof-Wahrsager nicht verstehen konnten, so daß man Josef herbeiholen mußte.) Die Brüder verstehen sofort, daß der Traum Josefs Phantasievorstellung ausdrückt, daß er eines Tages über seinem Vater und seinen Brüdern stehen werde und daß sie sich in Ehrfurcht vor ihm werden beugen müssen. Zweifellos kommt in diesem Traum Josefs Ehrgeiz zum Ausdruck, ohne den er die hohe Stellung, die er einmal einnehmen sollte, vermutlich nicht erreicht hätte. Aber der Traum bewahrheitet sich. Er war nicht nur Ausdruck irrationalen Ehrgeizes, sondern gleichzeitig eine Voraussage von Ereignissen, die tatsächlich eintrafen. Wie konnte Josef eine solche Voraussage machen? Seine Lebensgeschichte im biblischen Bericht zeigt, daß er nicht nur ein ehrgeiziger, sondern auch ein ungewöhnlich begabter Mann war. Im Traum ist er sich seiner außergewöhnlichen Gaben deutlicher bewußt, als er das im wachen Leben sein konnte, wo er unter dem Eindruck stand, jünger und schwächer als alle seine Brüder zu sein. Der Traum ist eine Mischung aus seinem leidenschaftlichen Ehrgeiz und einer Einsicht in seine Gaben, ohne die er nicht hätte in Erfüllung gehen können.

Eine Voraussage anderer Art ist im folgenden Traum enthalten: A., der eine Zusammenkunft mit B. hatte, um über eine zukünftige Geschäftsverbindung zu verhandeln, hatte einen günstigen Eindruck von B. und war entschlossen, diesen als Teilhaber in sein Geschäft aufzunehmen. In der Nacht nach der Besprechung hatte er folgenden Traum:

»Ich sehe B. in unserem gemeinsamen Büro sitzen. Er sieht die Bücher durch und verändert darin Eintragungen, um die Tatsache zu verschleiern, daß er große Geldsummen unterschlagen hat.«

A. wacht auf, und da er gewohnt ist, Träumen eine gewisse Beachtung zu schenken, ist er bestürzt. Da er aber der Überzeugung ist, daß Träume stets Ausdruck irrationaler Wünsche sind, sagt er sich, in diesem Traum komme seine eigene Feindseligkeit gegen andere Menschen und sein Konkurrenzneid zum Ausdruck, und diese Feindseligkeit und dieser Argwohn hätten ihm die Vorstellung eingegeben, daß B. ein Dieb sei. Nachdem er den Traum auf diese Weise gedeutet hat, weist er seinen irrationalen Argwohn als unbegründet weit von sich. Als er dann aber die Geschäftsverbindung mit B. eingegangen war, kam es zu einer Reihe von Vorfällen, die seinen Argwohn aufs neue weckten. Aber er rief sich seinen Traum und dessen Deutung ins Gedächtnis und war wiederum überzeugt, unter dem Einfluß irrationalen Mißtrauens und feindseliger Gefühle zu stehen, und beschloß daher, jenen Vorfällen, die seinen Verdacht erregt hatten, keine weitere Beachtung zu schenken. Ein Jahr darauf entdeckte er jedoch, daß B. beträchtliche Summen veruntreut und dies durch falsche Eintragungen in die Bücher vertuscht hatte. Sein Traum hatte sich buchstäblich bewahrheitet.

Die Analyse der Assoziationen von A. zeigte, daß sein Traum einen Einblick in den Charakter von B. zum Ausdruck brachte, den A. bereits bei ihrer ersten Begegnung gewonnen hatte, der ihm aber in seinem wachen Denken nicht bewußt geworden war. Durch jene zahlreichen komplexen Beobachtungen, die wir in bezug auf andere Menschen im Bruchteil einer Sekunde machen, ohne uns unserer eigenen Denkprozesse bewußt zu werden, hatte A. erkannt, daß B. nicht ehrlich war. Aber da er keinen »Beweis« dafür hatte und das Verhalten von B. es für das bewußte Denken von A. schwermachte, an die Unehrlichkeit von B. zu glauben, hatte er den Gedanken daran völlig verdrängt, oder – besser gesagt – hatte er ihn im wachen Zustand gar nicht erst registriert. Im Traum war er sich dagegen seines Argwohns deutlich bewußt, und er hätte sich großen Ärger ersparen können, wenn er auf diese Mitteilung seines Selbst gehört hätte. Seine Überzeugung, daß Träume stets Ausdruck unserer irrationalen Phantasien und Wünsche seien, war schuld daran, daß er den Traum und sogar gewisse spätere tatsächliche Beobachtungen falsch auslegte.

Einen Traum, in dem der Träumer ein moralisches Urteil fällte, träumte ein Schriftsteller, dem man eine Stellung angeboten hatte, in der er weit mehr als bisher verdient hätte, wo er aber auch gezwungen gewesen wäre, Dinge zu schreiben, an die er nicht glaubte, und wo er somit seine persönliche Integrität verletzt hätte. Immerhin war das Angebot, was Verdienst und Ansehen betraf, so verlockend, daß er sich nicht sicher war, ob er es ablehnen konnte. Er hielt sich alle Rationalisierungen vor Augen, wie sie die meisten Menschen in solchen Fällen erwägen. Er sagte sich, vielleicht sehe er die Situation zu schwarz und werde am Ende gar keine so großen Zugeständnisse machen müssen. Außerdem würde – falls er wirklich nicht schreiben konnte, was er wollte – dieser Zustand nur ein paar Jahre dauern, dann würde er die Stelle wieder aufgeben und soviel Geld verdient haben, daß er fortan völlig unabhängig und frei an eine Arbeit gehen könne, die für ihn sinnvoll wäre. Er dachte auch an seine Freunde und an seine Familie und überlegte sich, was er alles für sie würde tun können. Manchmal kam es ihm sogar vor, als sei es geradezu seine moralische Pflicht, die Stelle anzunehmen, und als wäre es ein Zeichen einer zu sehr auf sich selbst bedachten, egoistischen Haltung, wenn er sie ablehne. Freilich befriedigte ihn keine dieser Rationalisierungen völlig; er war sich auch weiterhin im Zweifel und konnte sich nicht entschließen, das Angebot anzunehmen, bis er eines Nachts folgenden Traum hatte:

»Ich saß in einem Wagen am Fuß eines hohen Berges, wo ein schmaler, überaus steiler Weg anfing, der zum Gipfel hinaufführte. Ich wußte nicht recht, ob ich hinauffahren sollte, da mir der Weg höchst gefährlich vorkam. Aber ein Mann, der neben meinem Wagen stand, sagte zu mir, ich solle nur hinauffahren und keine Angst haben. Ich hörte auf ihn und beschloß, seinem Rat zu folgen. Ich fuhr hinauf, und der Weg wurde immer gefährlicher. Ich konnte jedoch nicht anhalten, weil ich nirgends wenden konnte. Als ich den Gipfel fast erreicht hatte, setzte der Motor aus, die Bremsen versagten, der Wagen rollte den Berg hinab und stürzte in den Abgrund! Voller Entsetzen wachte ich auf.«

Zum vollen Verständnis des Traumes ist noch eine Assoziation zu erwähnen. Der Träumer sagte, der Mann, der ihm zugeredet habe, den Berg hinaufzufahren, sei ein ehemaliger Freund gewesen, ein Maler, der »ausverkauft« habe und ein Mode-Porträtist geworden sei. Damit habe er eine Menge Geld verdient, habe aber seine schöpferischen Fähigkeiten eingebüßt. Er wisse, daß dieser Freund trotz seines Erfolges ein unglücklicher Mensch sei, der darunter leide, daß er an sich selbst Verrat geübt habe. Es fällt nicht schwer, den ganzen Traum zu verstehen. Der steile Berg, den der Mann hinauffahren sollte, drückt symbolisch die erfolgreiche Laufbahn aus, für oder gegen die er sich entscheiden sollte. Im Traum weiß er, daß dieser Weg gefährlich ist. Er weiß, daß er – wenn er das Angebot annimmt – genau das tun wird, was sein ehemaliger Freund getan hat: das, weswegen er diesen verachtet und ihm die Freundschaft gekündigt hat. Er weiß im Traum, daß ein ähnlicher Entschluß ihn nur ins Verderben führen kann. Die Vernichtung bezieht sich im Traumbild auf sein körperliches Selbst, das sein intellektuelles und spirituelles Selbst symbolisiert, das Gefahr läuft, zugrunde gerichtet zu werden.

Der Träumer hat im Schlaf das moralische Problem deutlich gesehen und erkannt, daß er zwischen dem »Erfolg« und seiner Integrität und seinem Glück wählen muß. Er hat erkannt, was sein Los sein würde, wenn er die falsche Entscheidung träfe. Im wachen Zustand konnte er die Alternative nicht so deutlich erkennen. Das laute Gerede hatte einen solchen Eindruck auf ihn gemacht, daß er sich überlegte, ob es nicht doch töricht sei, sich die Gelegenheit entgehen zu lassen, mehr Geld zu verdienen und mehr Macht und Prestige zu gewinnen. Er stand so sehr unter dem Einfluß all derer, die sagen, es sei kindisch und wirklichkeitsfremd, ein »Idealist« zu sein, daß er sich in die vielen Rationalisierungen verstrickte, deren man sich zu bedienen pflegt, wenn man die Stimme des Gewissens zum Schweigen bringen will. Dieser spezielle Träumer war sich der Tatsache bewußt, daß wir in unseren Träumen oft mehr wissen als im wachen Zustand, und er wurde durch den Traum so aufgerüttelt, daß die Nebel, die ihm den Blick getrübt hatten, schwanden und er die Alternative jetzt deutlich erkennen konnte. Er entschied sich für seine Integrität und gegen die selbstzerstörerische Versuchung.

Nicht nur Einsichten in unsere Beziehung zu anderen Menschen oder in deren Einstellung zu uns, nicht nur Werturteile und Voraussagen kommen in unseren Träumen vor, auch unsere intellektuellen Leistungen sind gelegentlich denen im wachen Zustand überlegen. Das ist nicht weiter verwunderlich, denn scharfes Nachdenken erfordert eine Konzentration, die uns im wachen Zustand oft versagt ist, während sie im Schlaf erreicht wird. Das bekannteste Beispiel eines derartigen Traumes ist der Traum Kekulés, des Entdeckers des Benzolrings. Dieser hatte schon geraume Zeit nach der chemischen Formel für Benzol gesucht, und eines Nachts sah er im Traum die richtige Formel vor sich. Glücklicherweise erinnerte er sich beim Erwachen noch daran. Es gibt zahlreiche Beispiele für Menschen, die sich über der Lösung eines mathematischen, technischen, philosophischen oder praktischen Problems den Kopf zerbrechen und die dann die Lösung eines Nachts im Traum vollkommen klar vor sich sehen.

Manchmal stellt man im Traum höchst komplizierte intellektuelle Erwägungen an. Der folgende Traum ist ein Beispiel hierfür, wenn er auch außerdem noch ein sehr persönliches Element enthält. Die Träumerin ist eine intelligente Frau. Sie träumte:

»Ich sah eine Katze und viele Mäuse. Und ich dachte, ich werde morgen früh meinen Mann fragen, weshalb hundert Mäuse nicht stärker sind als eine Katze und weshalb sie nicht mit ihr fertig werden können. Ich weiß, daß er mir antworten wird, es sei dasselbe wie in der Politik, wo ein Diktator über Millionen Menschen herrschen kann und sie auch nichts gegen ihn ausrichten können. Ich wußte aber, daß es eine Trickfrage war und daß seine Antwort falsch war.«

Am nächsten Morgen erzählte sie ihrem Mann den ersten Teil des Traumes und fragte ihn: »Was bedeutet es, daß ich geträumt habe, daß hundert Mäuse nicht mit einer Katze fertig werden?« Er gab ihr darauf prompt die Antwort, die sie im Traum vorausgesehen hatte. Zwei Tage später las sie ihrem Mann ein kleines Gedicht vor, das sie verfaßt hatte. Es handelte von einer schwarzen Katze auf einem schneebedeckten Feld, die von Hunderten von Mäusen umgeben war. Die Mäuse machten sich alle über die Katze lustig, weil sie so schwarz war, daß sie sich deutlich vom Schnee abhob, und die Katze wünschte, sie wäre weiß, damit man sie nicht so leicht erkennen könne. Eine Zeile des Gedichtes lautete: »Und jetzt versteh' ich, worüber ich mir letzte Nacht den Kopf zerbrach.«

Als sie ihrem Mann das Gedicht vorlas, war sie sich keines Zusammenhangs zwischen dem Gedicht und ihrem Traum bewußt. Er aber merkte den Zusammenhang und sagte: »Da hast du ja mit deinem Gedicht die Antwort auf deinen Traum. Du hast dich nicht – wie ich zuerst annahm – mit den Mäusen, sondern mit der Katze identifiziert; und in diesem Traum warst du stolz darauf, daß selbst hundert Mäuse dir nichts anhaben konnten. Aber gleichzeitig empfindest du es als demütigend, daß die schwachen Mäuse, denen du dich so überlegen fühlst, dich auslachen, weil sie dich so deutlich sehen können.« (Die Träumerin liebt Katzen. Sie sind ihr sympathisch, und sie fühlt sich ihnen verwandt.)

4

DER TRAUM BEI FREUD UND BEI JUNG

Meine Definition des Träumens als Seelentätigkeit unter Schlafbedingungen gründet sich zwar auf Freuds Traumtheorie, steht jedoch in vieler Hinsicht in scharfem Gegensatz zu ihr. Meiner Ansicht nach können Träume Ausdruck sowohl der niedrigsten und irrationalsten *als auch* der höchsten und wertvollsten Funktionen unserer Seele sein. Freud nimmt an, Träume seien stets unausweichlich Ausdruck des irrationalen Teils unserer Persönlichkeit. Ich werde im weiteren Verlauf dieses Buchs noch zu zeigen versuchen, daß diese drei Theorien – Träume seien ausschließlich irrationale Erzeugnisse, sie seien ausschließlich rationale Erzeugnisse oder sie seien beides – schon in ferner Vergangenheit in der Geschichte der Traumdeutung zu finden sind. Angesichts der Tatsache, daß Freuds Traumdeutung der Anfang und der bekannteste und bedeutsamste Beitrag der modernen Wissenschaft zur Traumdeutung ist, will ich mit einer Beschreibung und Diskussion von Freuds Traumdeutung beginnen, bevor ich mich dann der Geschichte dieser drei Theorien vor Freud zuwende.
Freuds Traumdeutung beruht auf dem gleichen Prinzip, das seiner gesamten psychologischen Theorie zugrunde liegt: auf der Auffassung, daß wir Strebungen, Gefühle und Wünsche haben können, die die Beweggründe unserer Handlungen sind und deren wir uns trotzdem nicht bewußt sind. Er hat derartige Strebungen als »unbewußt« bezeichnet, womit er sagen wollte, daß wir uns ihrer nicht nur nicht bewußt sind, sondern daß ein mächtiger »Zensor« uns davor bewahrt, ihrer gewahr zu werden. Aus vielerlei Gründen, deren wichtigster die Angst ist, die Billigung unserer Eltern und Freunde zu verlieren, verdrängen wir Strebungen, die Schuldgefühle in uns erzeugen und uns Angst vor Strafe ein-

jagen würden, wenn wir uns ihrer bewußt würden. Die Verdrängung solcher Strebungen aus unserem Bewußtsein bedeutet jedoch nicht, daß sie zu existieren aufhören. Tatsächlich leben sie so nachhaltig weiter, daß sie sich auf die verschiedenste Weise Ausdruck verschaffen, freilich so, daß wir uns nicht bewußt sind, daß sie sich sozusagen durch eine Hintertür wieder Eintritt verschaffen. Unser bewußtes System glaubt, solche unerwünschten Gefühle und Wünsche losgeworden zu sein, und ist entsetzt über die Möglichkeit, sie könnten in uns vorhanden sein. Wenn sie trotzdem wieder auftauchen und sich bemerkbar machen, verhüllen und entstellen wir sie daher in einem solchen Maß, daß unser bewußtes Denken sie nicht als das erkennt, was sie in Wirklichkeit sind.

Auf diese Weise hat Freud das neurotische Symptom erklärt. Er nahm an, daß machtvolle Strebungen, die vom »Zensor« daran gehindert werden, uns bewußt zu werden, sich in Symptomen äußern, jedoch in einer verhüllten Form, so daß wir nur das durch das Symptom verursachte Leiden merken, nicht aber die Befriedigung dieser irrationalen Strebungen. So hat Freud als erster das neurotische Symptom als etwas erkannt, das durch Kräfte in unserem Inneren hervorgerufen wird und das einen bestimmten Sinn hat, zu dem man freilich erst den Schlüssel finden muß.

Ein Beispiel möge dies veranschaulichen. Eine Frau klagt über den Zwang, sich jedesmal, wenn sie etwas angefaßt hat, die Hände waschen zu müssen. Natürlich ist das für sie zu einem höchst lästigen Symptom geworden, da es sie bei jeder Tätigkeit stört und sie sehr unglücklich macht. Sie hat keine Ahnung, weshalb sie das tun muß. Sie kann nur dazu sagen, daß sie eine unerträgliche Angst empfindet, wenn sie es zu unterlassen versucht. Allein die Tatsache, daß sie einem Impuls gehorchen muß, der von ihr Besitz ergriffen hat, ohne daß sie wüßte warum, macht ihr Elend noch viel größer. Bei der Analyse ihrer Phantasien und freien Assoziationen stellt sich heraus, daß sie gegen ein intensives Gefühl der Feindseligkeit anzukämpfen hat. Ihr Symptom zeigte sich zuerst, als ihr Mann eine Liebesaffäre mit einer anderen Frau anfing und sie kurz angebunden auf grausame Weise verließ. Sie war von ihrem Mann immer abhängig gewesen und hatte nie gewagt, an ihm Kritik zu üben oder ihm zu widersprechen. Sogar als er ihr seine Absicht eröffnete, sie zu verlassen, sagte sie kaum ein Wort dazu und machte ihm keine Vorwürfe. Sie äußerte keine Klagen und machte ihm keine Szenen. Aber damals fing das Symptom an, von ihr Besitz zu ergreifen. Die weitere Analyse zeigte, daß die Patientin einen grausamen und herrschsüchtigen Vater gehabt hatte, vor dem sie sich fürchtete und dem gegenüber sie nie gewagt hatte, ihren Ärger zu zeigen oder ihm Vorwürfe zu machen. Bei der Analyse stellte sich dann auch heraus, daß ihre Sanftheit und Unterwürfigkeit kein Zeichen dafür waren, daß sie nicht doch innerlich wütend war. Ganz im Gegenteil hatte sich unter ihrem manifesten Verhalten ihre Wut angesammelt. Die Wut äußerte sich aber nur in Phantasien, wie zum Beispiel, daß sie ihren Vater tot, ermordet oder als Krüppel sah. Ihr Verlangen nach Rache und ihr Haß wurden immer stärker, und trotzdem zwangen sie ihre Angst und die Forderungen ihres Gewissens, solche Wünsche fast völlig zu verdrängen. Das Verhalten ihres Mannes ließ ihre aufgespeicherte Wut wieder aufflammen und gab ihr neue Nahrung. Aber auch jetzt konnte sie ihr keinen Ausdruck verleihen, ja sie konnte sie nicht einmal fühlen. Wäre ihr ihre Feindseligkeit bewußt gewesen, dann hätte sie das Bedürfnis gehabt, ihren Mann umzubringen oder ihn doch wenigstens zu verletzen, und sie hätte dann vermutlich keine neurotischen Symptome entwickelt. So aber arbeitete ihre Feindseligkeit in ihr, ohne daß sie sich dessen bewußt war.

Das Symptom dieser Frau war eine Reaktion auf diese Feindseligkeit. In ihrem Unbewußten wurde das Berühren von Gegenständen für sie zu einem Akt der Vernichtung, und sie mußte sich die Hände waschen, um sich von der destruktiven Handlung, die sie begangen hatte, zu reinigen. Es war, als hätte sie Blut an den Händen und müsse es immer wieder abwaschen. Der Waschzwang war die Reaktion auf einen feindseligen Impuls, ein Versuch, das Verbrechen, das sie begangen hatte, wieder ungeschehen zu machen; jedoch war ihr nur ihr Bedürfnis, sich die Hände zu waschen, bewußt, während die Gründe dafür ihr nicht bewußt waren. Das scheinbar sinnlose Symptom war als sinnvolles Verhalten zu verstehen, nachdem man einmal zu dem unbewußten Sektor ihrer Persönlichkeit vorgestoßen war, in dem ihr scheinbar sinnloses Verhalten wurzelte. Das Händewaschen war für sie ein Kompromiß, der es ihr ermöglichte – wenn auch unbewußt – ihre Wut auszuleben und sich dennoch mit Hilfe der Waschzeremonie von der Schuld zu reinigen.

Die Entdeckung, wie solche unbewußten Prozesse zu verstehen waren, führte Freud zu einer Entdeckung, die Licht auch auf unser normales Verhalten wirft. Sie ermöglichte es ihm, eine Fehlleistung wie zum Beispiel das Sich-Versprechen zu erklären, was vielen, die sich damit beschäftigt hatten, Kopfzerbrechen verursacht hatte und wofür man bisher noch keine Erklärung gefunden hatte. Wir alle kennen die Erscheinung, daß wir uns plötzlich nicht mehr an einen Namen erinnern können, den wir sehr wohl kennen. Dieses Vergessen kann eine Reihe von Ursachen haben, aber Freud entdeckte, daß es oft damit zu erklären ist, daß etwas in uns sich nicht an den betreffenden Namen erinnern möchte, weil er mit Angst, Zorn oder einem ähnlichen Gefühl in Zusammenhang steht, daß wir den Namen vergessen haben, weil wir das Unangenehme, das für uns damit verbunden ist, von uns wegschieben möchten. Wie Friedrich Nietzsche (1960, Band 2, S. 625) sagt: »›Das habe ich getan‹, sagt mein Gedächtnis. ›Das kann ich nicht getan haben‹ – sagt mein Stolz und bleibt unerbittlich. Endlich – gibt das Gedächtnis nach.«

Das Motiv zu einer solchen Fehlleistung ist nicht unbedingt ein Angst- oder Schuldgefühl. Wenn man jemandem begegnet und anstatt »Guten Tag« aus Versehen »Adieu« zu ihm sagt, dann drückt man damit sein wahres Gefühl aus: Man wünscht, man wäre den Betreffenden, dem man gerade begegnet, sofort wieder los oder man hätte ihn am liebsten gar nicht erst getroffen. Die Konvention macht es uns unmöglich, diesem Gefühl Ausdruck zu geben, und trotzdem hat sich unsere Abneigung gegen diesen Menschen sozusagen hinter unserem Rücken durchgesetzt. Sie hat uns eben die Worte in den Mund gelegt, die unsere wahren Gefühle ausdrücken, während wir bewußt die Absicht hatten, unserer Freude über die Begegnung Ausdruck zu verleihen.

Auch in den Träumen sieht Freud den Ausdruck unbewußter Strebungen. Er nimmt an, daß auch der Traum – genau wie das neurotische Symptom oder die Fehlleistung – unbewußte Strebungen zum Ausdruck bringt, deren Gewahrwerden wir uns nicht gestatten und die wir daher aus unserem Bewußtsein fernhalten, solange wir unsere Gedanken voll unter Kontrolle haben. Diese verdrängten Gedanken und Gefühle werden im Schlaf lebendig und finden in dem, was wir als Träume bezeichnen, eine Ausdrucksmöglichkeit.

Aus dieser allgemeinen Auffassung über das Träumen ergeben sich folgende Annahmen:

Die unser Traumleben motivierenden Kräfte sind unsere irrationalen Wünsche. Im Schlaf werden Impulse lebendig, deren Existenz wir im Wachen nicht anzuerkennen wünschen oder wagen. Irrationaler Haß, Ehrgeiz, Eifersucht, Neid und insbesondere inzestuöse oder perverse sexuelle Wünsche, die wir aus unserem Bewußtsein ausschließen, finden in unseren Träumen Ausdruck. Freud nimmt an, daß wir alle solche irrationalen Wünsche in uns tragen, die wir aufgrund der Forderungen der Gesellschaft verdrängt haben, die wir aber doch nicht ganz losgeworden sind. Während des Schlafs läßt die Kontrolle durch unser Bewußtsein nach, und diese Wünsche werden lebendig und verschaffen sich in unseren Träumen Gehör.

Freud geht aber noch einen Schritt weiter. Er bringt diese Traumtheorie mit der Funktion des Schlafs in Verbindung. Der Schlaf ist eine physiologische Notwendigkeit, und unser Organismus sucht ihn auf bestmögliche Weise sicherzustellen. Wenn wir nun aber in unserm Schlaf die intensiven, irrationalen Wünsche fühlen würden, so würden wir durch sie gestört und würden aufwachen. Daher würden diese Wünsche mit der biologischen Notwendigkeit weiterzuschlafen in Konflikt geraten. Was tun wir also, um uns unseren Schlaf zu erhalten? Wir stellen uns vor, die Wünsche wären erfüllt und haben so ein Gefühl der Befriedigung anstelle eines Gefühls störender Versagung.

Freud gelangt so zu der Annahme, daß das Wesen der Träume die halluzinatorische Erfüllung irrationaler Wünsche sei; ihre Funktion ist die Erhaltung des Schlafs. Diese Erklärung ist leichter verständlich in Fällen, in denen der Wunsch nicht irrational ist und in denen der Traum daher nicht entstellt wird, wie dies nach Freud beim durchschnittlichen Traum der Fall ist. Nehmen wir einmal an, jemand habe vor dem Schlafengehen eine sehr stark gesalzene Speise gegessen und habe während der Nacht heftigen Durst. Er träumt dann vielleicht, er sei auf der Suche nach Wasser, finde eine Quelle und trinke große Mengen kühlen, erfrischenden Wassers. Anstatt aufzuwachen, um seinen Durst zu löschen, erlangt der Schläfer dadurch, daß er in seiner Phantasie Wasser trinkt, eine halluzinatorische Befriedigung, die ihm die Möglichkeit gibt weiterzuschlafen. Uns allen ist eine ähnliche halluzinatorische Befriedigung bekannt, wenn wir, durch den Wecker aufgeschreckt, im gleichen Augenblick träumen, wir hörten Kirchenglocken läuten, es sei Sonntag und wir brauchten nicht so früh aufzustehen. Auch in diesem Fall hat der Traum die Funktion, unseren Schlaf zu behüten. Freud nimmt an, daß diese einfachen Wunscherfüllungen, die an und für sich nicht irrational sind, bei Erwachsenen relativ selten, aber bei Kindern häufiger vorkommen, und daß unsere Träume im allgemeinen nicht die Erfüllung solcher rationaler, sondern vielmehr irrationaler Wünsche sind, die wir tagsüber verdrängen.

Weiterhin nimmt Freud an, daß diese irrationalen Wünsche, die wir im Traum als erfüllt erleben, in unserer Kindheit verwurzelt sind, daß sie in uns lebten, als wir noch Kinder waren, daß sie eine unterirdische Existenz weiterführen und in unseren Träumen zu neuem Leben erwachen. Diese Auffassung beruht auf Freuds allgemeiner Überzeugung von der Irrationalität des Kindes.

Nach Freud hat das Kind viele asoziale Impulse. Da es weder die körperliche Stärke noch das nötige Wissen besitzt, um diese Impulse auszuagieren, ist es harmlos, und niemand braucht sich vor seinen bösen Absichten in acht zu nehmen. Richtet man jedoch seine Aufmerksamkeit auf die Qualität dieser Strebungen und nicht auf deren praktische Folgen, dann ist das Kleinkind ein asoziales und amoralisches Wesen. Dies gilt vor allem für seine sexuellen Impulse. Nach Freud gehören alle jene sexuellen Strebungen, die – wenn sie beim Erwachsenen auftreten – als Perversionen bezeichnet werden, zur normalen sexuellen Entwicklung des Kindes. Beim Säugling konzentriert sich die sexuelle Energie (die Libido) um die Mundregion, später steht sie mit der Stuhlentleerung in Zusammenhang, bis sie sich schließlich auf die Genitalien konzentriert. Das Kleinkind empfindet starke sadistische und masochistische Strebungen. Es ist ein Exhibitionist und auch ein kleiner Voyeur. Es ist noch nicht fähig, jemanden zu lieben, sondern ist narzißtisch und liebt ausschließlich sich selbst. Es ist höchst eifersüchtig und voll destruktiver Impulse gegen seine Rivalen. Das Sexualleben der kleinen Jungen und Mädchen wird von inzestuösen Strebungen beherrscht. Sie haben eine starke sexuelle Bindung an den andersgeschlechtlichen Elternteil und sind eifersüchtig auf den gleichgeschlechtlichen und hassen ihn. Nur die Angst vor den Vergeltungsmaßnahmen des verhaßten Rivalen veranlaßt das Kind, diese inzestuösen Wünsche zu unterdrücken. Indem der kleine Junge sich mit den Geboten und Verboten seines Vaters identifiziert, überwindet er seinen Haß gegen diesen und ersetzt ihn durch den Wunsch, ihm zu gleichen. Die Entwicklung des Gewissens ist das Ergebnis des »Ödipuskomplexes«.

Das Bild, das Freud vom Kind entwirft, zeigt eine bemerkenswerte Ähnlichkeit mit dem Bild, das sich Augustinus von ihm machte. Einer der Hauptbeweise des Augustinus für die dem Menschen innewohnende Sündhaftigkeit ist sein Hinweis auf die Bösartigkeit des kleinen Kindes. Er schließt daraus, daß die Bosheit dem Menschen angeboren sein müsse, da ja das Kind böse sei, bevor es Gelegenheit gehabt habe, von anderen Schlechtes zu lernen und durch schlechte Beispiele verdorben zu werden. Freud wie auch Augustinus heben nicht die Eigenschaften im Kind hervor, die dieses Bild zumindest ausgleichen würden: seine Spontaneität, seine Reaktionsfähigkeit, sein feinfühliges Urteil über andere Menschen, seine Fähigkeit, die Einstellung anderer zu erkennen ohne Rücksicht darauf, was diese sagen, sein unermüdliches Bemühen, die Umwelt zu begreifen – kurz alle jene Eigenschaften, die wir an Kindern bewundern und die sie uns liebenswert machen, so daß wir kindliche Eigenschaften beim Erwachsenen zu dessen kostbarstem Besitz rechnen. Freud hat aus zahlreichen Gründen allen Nachdruck auf die schlechten Seiten des Kindes gelegt. Einer davon ist, daß das Viktorianische Zeitalter die Illusion oder Fiktion vom »unschuldigen« Kind aufgebracht hatte. Man nahm damals an, daß es keine sexuellen Strebungen oder andere »schlechte« Impulse besäße. Als Freud sich gegen diese bequeme Fiktion wandte, warf man ihm vor, er besudele die Unschuld des Kindes und greife einen der höchsten Werte der viktorianischen Familie an. Daß Freud bei diesem Streit ins andere Extrem verfiel und ein einseitiges Bild von der Schlechtigkeit des Kindes entwarf, ist verständlich. Ein weiterer Grund für Freuds Beurteilung des Kindes ist darin zu suchen, daß er es als Aufgabe der Gesellschaft begreift, den Menschen zu veranlassen, seine unmoralischen und asozialen Strebungen zu verdrängen und dadurch gesellschaftlich wertvolle Charakterzüge zu entwickeln. Diese Umwandlung von Bösem in Gutes geschieht nach Freud durch Mechanismen, die er »Reaktionsbildung« und »Sublimierung« nennt. Die Verdrängung eines bösen Impulses – etwa eines sadistischen – führt zur Ausbildung eines entgegengesetzten Impulses, etwa des Wohlwollens, dessen Funktion dynamisch gesprochen darin besteht, den verdrängten Sadismus daran zu hindern, sich in Gedanken, Handlungen oder Gefühlen zu äußern. Bei der Sublimierung wird nach Freud ein böser Impuls von seinen ursprünglich asozialen Zielen abgelenkt und für höhere, kulturell wertvolle Ziele verwandt. Ein Beispiel für die Sublimierung ist ein Mensch, der seinen Impuls, andere zu verletzen, zur wertvollen Kunst der Chirurgie sublimiert hat. Freud vertritt die Ansicht, daß wohlwollende, liebevolle und konstruktive Impulse im Menschen nicht primär sind, und behauptet, sie seien sekundär aus der Notwendigkeit entstanden, seine ursprünglich bösen Strebungen zu verdrängen. Er versteht die Kultur als Resultat solcher Verdrängung. Im Gegensatz zu Rousseau steht Freud auf dem Standpunkt, daß der Mensch in seinem ursprünglichen Zustand von bösen Impulsen beherrscht ist. Je weiter sich die Gesellschaft entwickelt und ihn zwingt, diese Impulse zu unterdrücken, um so mehr lernt er, Reaktionsbildungen und Sublimierungen auszubauen. Je höher die kulturelle Entwicklung ist, in um so stärkerem Maße wird verdrängt. Da jedoch die Fähigkeit des Menschen zu Reaktionsbildungen und Sublimierungen beschränkt ist, bleibt diese zunehmende Verdrängung oft unwirksam; die ursprünglichen Strebungen leben wieder auf, und da sie nicht offen ausagiert werden können, führen sie zu neurotischen Symptomen. So nimmt Freud an, daß der Mensch vor einer unvermeidlichen Alternative steht: Je höher die kulturelle Entwicklung, um so mehr Verdrängung und um so mehr Neurosen.

Diese Auffassung führt notwendigerweise zu der Annahme, daß das Kind im wesentlichen so lange unmoralisch bleibe, wie es nicht den Forderungen der Gesellschaft unterworfen sei, daß aber selbst diese Kontrolle durch die Gesellschaft niemals den Hauptteil dieser bösen Impulse beseitige und daß diese ein unterirdisches Leben weiterführten.

Noch ein anderer Grund veranlaßte Freud, die Irrationalität des Kindes zu betonen. Bei der Analyse seiner eigenen Träume fiel ihm auf, daß selbst bei einem normalen, seelisch gesunden Erwachsenen irrationale Strebungen wie Haß, Eifersucht und Ehrgeiz zu finden sind. Ende der neunziger Jahre und zu Anfang unseres Jahrhunderts hatte man das Gefühl, daß zwischen dem Kranken und dem Gesunden eine scharfe Trennungslinie bestehe. Es war unvorstellbar, daß ein normaler, achtbarer Bürger die vielen »verrückten« Impulse in sich haben sollte oder konnte, die in seinen Träumen auftauchten. Wie konnte man das Vorhandensein dieser Impulse in den Träumen erklären, ohne die Vorstellung von diesem gesunden, »normalen« Erwachsenen zu zerstören? Freud fand für diese Schwierigkeit eine Lösung, indem er annahm, daß sich in diesen irrationalen Strebungen, das Kind im Erwachsenen bemerkbar machte, das in diesem noch weiterlebte und sich in seinen Träumen äußerte. Seine theoretische Konstruktion lautete, daß gewisse verdrängte kindliche Impulse im Unbewußten ein unterirdisches Dasein weiterführen und im Traum wieder zum Vorschein kommen, wenn auch in einer durch das Bedürfnis des Erwachsenen, sich ihrer selbst im Schlaf nicht voll bewußt zu werden, entstellten und verhüllten Form. Ich zitiere nun einen von Freuds Träumen, den er in seinem Buch über die Traumdeutung als Beispiel analysiert hat (S. Freud, 1900a, S. 143–147 und 197–199):

»I. ... *Freund R. ist mein Onkel – Ich empfinde große Zärtlichkeit für ihn.*

II. *Ich sehe sein Gesicht etwas verändert vor mir. Es ist wie in die Länge gezogen, ein gelber Bart, der es umrahmt, ist besonders deutlich hervorgehoben.*

Dann folgen die beiden anderen Stücke, wieder ein Gedanke und ein Bild, die ich übergehe.

Die Deutung dieses Traumes vollzog sich folgendermaßen: Als mir der Traum im Laufe des Vormittags einfiel, lachte ich auf und sagte: Der Traum ist Unsinn. Er ließ sich aber nicht abtun und ging mir den ganzen Tag nach, bis ich mir endlich am Abend Vorwürfe machte: ›Wenn einer deiner Patienten zur Traumdeutung nichts zu sagen wüßte als: Das ist ein Unsinn, so würdest du es ihm verweisen und vermuten, daß sich hinter dem Traum eine unangenehme Geschichte versteckt, welche zur Kenntnis zu nehmen er sich ersparen will. Verfahr mit dir selbst ebenso; deine Meinung, der Traum sei ein Unsinn, bedeutet nur einen inneren Widerstand gegen die Traumdeutung. Laß dich nicht abhalten!‹ Ich machte mich also an die Deutung.

›*R. ist mein Onkel.*‹ Was kann das heißen? Ich habe doch nur einen Onkel gehabt, den Onkel Josef. (Es ist merkwürdig, wie sich hier meine Erinnerung – im Wachen – für die Zwecke der Analyse einschränkt. Ich habe fünf von meinen Onkeln gekannt, einen von ihnen geliebt und geehrt. In dem Augenblicke aber, da ich den Widerstand gegen die Traumdeutung überwunden habe, sage ich mir: Ich habe doch nur einen Onkel gehabt, den, der eben im Traum gemeint ist.) Mit dem war's allerdings eine traurige Geschichte. Er hatte sich einmal, es sind mehr als dreißig Jahre her, in gewinnsüchtiger Absicht zu einer Handlung verleiten lassen, welche das Gesetz schwer bestraft, und wurde dann auch von der Strafe getroffen. Mein Vater, der damals aus Kummer in wenigen Tagen grau

wurde, pflegte immer zu sagen, Onkel Josef sei nie ein schlechter Mensch gewesen, wohl aber ein Schwachkopf; so drückte er sich aus. Wenn also Freund R. mein Onkel Josef ist, so will ich damit sagen: R. ist ein Schwachkopf. Kaum glaublich und sehr unangenehm! Aber da ist ja jenes Gesicht, das ich im Traum sehe, mit den länglichen Zügen und dem gelben Bart. Mein Onkel hatte wirklich so ein Gesicht, länglich, von einem schönen blonden Bart umrahmt. Mein Freund R. war intensiv schwarz, aber wenn die Schwarzhaarigen zu ergrauen anfangen, so büßen sie für die Pracht ihrer Jugendjahre. Ihr schwarzer Bart macht Haar für Haar eine unerfreuliche Farbenwandlung durch; er wird zuerst rotbraun, dann gelbbraun, dann erst definitiv grau. In diesem Stadium befindet sich jetzt der Bart meines Freundes R.; übrigens auch schon der meinige, wie ich mit Mißvergnügen bemerke. Das Gesicht, das ich im Traum sehe, ist gleichzeitig das meines Freundes R. und das meines Onkels. Es ist wie eine Mischphotographie von Galton, der, um Familienähnlichkeiten zu eruieren, mehrere Gesichter auf die nämliche Platte photographieren ließ. [1907, 6ff. und 221ff.] Es ist also kein Zweifel möglich, ich meine wirklich, daß Freund R. ein Schwachkopf ist – wie mein Onkel Josef.
Ich ahne noch gar nicht, zu welchem Zweck ich diese Beziehung hergestellt, gegen die ich mich unausgesetzt sträuben muß. Sie ist doch nicht sehr tiefgehend, denn der Onkel war ein Verbrecher, mein Freund R. ist unbescholten. Etwa bis auf die Bestrafung dafür, daß er mit dem Rad einen Lehrbuben niedergeworfen. Sollte ich diese Untat meinen? Das hieße die Vergleichung ins Lächerliche ziehen. Da fällt mir aber ein anderes Gespräch ein, das ich vor einigen Tagen mit meinem anderen Kollegen N., und zwar über das gleiche Thema hatte. Ich traf N. auf der Straße; er ist auch zum Professor vorgeschlagen, wußte von meiner Ehrung und gratulierte mir dazu. Ich lehnte entschieden ab. ›Gerade Sie sollten sich den Scherz nicht machen, da Sie den Wert des Vorschlags an sich selbst erfahren haben.‹ Er darauf wahrscheinlich nicht ernsthaft: ›Das kann man nicht wissen. Gegen mich liegt ja etwas Besonderes vor. Wissen Sie nicht, daß eine Person einmal eine gerichtliche Anzeige gegen mich erstattet hat? Ich brauche Ihnen nicht zu versichern, daß die Untersuchung eingestellt wurde; es war ein gemeiner Erpressungsversuch; ich hatte noch alle Mühe, die Anzeigerin selbst vor Bestrafung zu retten. Aber vielleicht macht man im Ministerium diese Angelegenheit gegen mich geltend, um mich nicht zu ernennen. Sie aber, Sie sind unbescholten.‹ Da habe ich ja den Verbrecher, gleichzeitig aber auch die Deutung und Tendenz meines Traumes. Mein Onkel Josef stellt mir da beide nicht zu Professoren ernannten Kollegen dar, den einen als Schwachkopf, den anderen als Verbrecher. Ich weiß jetzt auch, wozu ich diese Darstellung brauche. Wenn für den Aufschub der Ernennung meiner Freunde R. und N. ›konfessionelle‹ Rücksichten maßgebend sind, so ist auch meine Ernennung in Frage gestellt; wenn ich aber die Zurückweisung der beiden auf andere Gründe schieben kann, die mich nicht treffen, so bleibt mir die Hoffnung ungestört. So verfährt mein Traum; er macht den einen, R., zum Schwachkopf, den anderen, N., zum Ver-

brecher; ich bin aber weder das eine noch das andere; unsere Gemeinsamkeit ist aufgehoben, ich darf mich auf meine Ernennung zum Professor freuen und bin der peinlichen Anwendung entgangen, die ich aus R.'s Nachricht, was ihm der hohe Beamte bekannt, für meine eigene Person hätte machen müssen.
Ich muß mich mit der Deutung dieses Traumes noch weiter beschäftigen. Er ist für mein Gefühl noch nicht befriedigend erledigt, ich bin noch immer nicht über die Leichtigkeit beruhigt, mit der ich zwei geachtete Kollegen degradiere, um mir den Weg zur Professur frei zu halten. Meine Unzufriedenheit mit meinem Vorgehen hat sich allerdings bereits gemäßigt, seitdem ich den Wert der Aussagen im Traum zu würdigen weiß. Ich würde gegen jedermann bestreiten, daß ich R. wirklich für einen Schwachkopf halte und daß ich N.'s Darstellung jener Erpressungsaffäre nicht glaube... Dennoch, ich wiederhole es, scheint mir der Traum weiterer Aufklärung bedürftig.
Ich entsinne mich jetzt, daß der Traum noch ein Stück enthielt, auf welches die Deutung bisher keine Rücksicht genommen hat. Nachdem mir eingefallen, R. ist mein Onkel, empfinde ich im Traum warme Zärtlichkeit für ihn. Wohin gehört diese Empfindung? Für meinen Onkel Josef habe ich zärtliche Gefühle natürlich niemals gehabt. Freund R. ist mir seit Jahren lieb und teuer; aber käme ich zu ihm und drückte ihm meine Zuneigung in Worten aus, die annähernd dem Grad meiner Zärtlichkeit im Traume entsprechen, so wäre er ohne Zweifel erstaunt. Meine Zärtlichkeit gegen ihn erscheint mir unwahr und übertrieben, ähnlich wie mein Urteil über seine geistigen Qualitäten, das ich durch die Verschmelzung seiner Persönlichkeit mit der des Onkels ausdrücke; aber in entgegengesetztem Sinne übertrieben. Nun dämmert mir aber ein neuer Sachverhalt. Die Zärtlichkeit des Traumes gehört nicht zum latenten Inhalt, zu den Gedanken hinter dem Traume; sie steht im Gegensatz zu diesem Inhalt; sie ist geeignet, mir die Kenntnis der Traumdeutung zu verdecken. Wahrscheinlich ist gerade dies ihre Bestimmung. Ich erinnere mich, mit welchem Widerstand ich an die Traumdeutung ging, wie lange ich sie aufschieben wollte und den Traum für baren Unsinn erklärte. Von meinen psychoanalytischen Behandlungen her weiß ich, wie ein solches Verwerfungsurteil zu deuten ist. Es hat keinen Erkenntniswert, sondern bloß den einer Affektäußerung. Wenn meine kleine Tochter einen Apfel nicht mag, den man ihr angeboten hat, so behauptet sie, der Apfel schmeckt bitter, ohne ihn auch nur gekostet zu haben. Wenn meine Patienten sich so benehmen wie die Kleine, so weiß ich, daß es sich bei ihnen um eine Vorstellung handelt, welche sie *verdrängen* wollen. Dasselbe gilt für meinen Traum. Ich mag ihn nicht deuten, weil die Deutung etwas enthält, wogegen ich mich sträube. Nach vollzogener Traumdeutung erfahre ich, wogegen ich mich gesträubt hatte; es war die Behauptung, daß R. ein Schwachkopf ist. Die Zärtlichkeit, die ich gegen R. empfinde, kann ich nicht auf die latenten Traumgedanken, wohl aber auf dies mein Sträuben zurückführen. Wenn mein Traum im Vergleich zu seinem latenten Inhalt in diesem Punkte entstellt, und zwar ins Gegensätzliche entstellt ist, so dient die im Traum manifeste Zärtlichkeit dieser Entstellung

oder, mit anderen Worten, die *Entstellung* erweist sich hier als absichtlich, als ein Mittel der *Verstellung*. Meine Traumgedanken enthalten eine Schmähung für R.; damit ich diese nicht merke, gelangt in den Traum das Gegenteil, ein zärtliches Empfinden für ihn...

Ich setze an dieser Stelle die Deutung eines Traumes fort, aus dem wir bereits einmal neue Belehrung geschöpft haben, ich meine den Traum: Freund R. ist mein Onkel. Wir haben dessen Deutung soweit gefördert, daß uns das Wunschmotiv, zum Professor ernannt zu werden, greifbar entgegentrat, und wir erklärten uns die Zärtlichkeit des Traumes für Freund R. als eine Oppositions- und Trotzschöpfung gegen die Schmähung der beiden Kollegen, die in den Traumgedanken enthalten war. Der Traum war mein eigener; ich darf darum dessen Analyse mit der Mitteilung fortsetzen, daß mein Gefühl durch die erreichte Lösung noch nicht befriedigt war. Ich wußte, daß mein Urteil über die in den Traumgedanken mißhandelten Kollegen im Wachen ganz anders gelautet hatte; die Macht des Wunsches, ihr Schicksal in betreff der Ernennung nicht zu teilen, erschien mir zu gering, um den Gegensatz zwischen wacher und Traumschätzung voll aufzuklären. Wenn mein Bedürfnis, mit einem anderen Titel angeredet zu werden, so stark sein sollte, so beweist dies einen krankhaften Ehrgeiz, den ich nicht an mir kenne, den ich ferne von mir glaube. Ich weiß nicht, wie andere, die mich zu kennen glauben, in diesem Punkte über mich urteilen würden; vielleicht habe ich auch wirklich Ehrgeiz besessen; aber wenn, so hat er sich längst auf andere Objekte als auf Titel und Rang eines *Professor extraordinarius* geworfen.

Woher dann also der Ehrgeiz, der mir den Traum eingegeben hat? Da fällt mir ein, was ich so oft in der Kindheit erzählen gehört habe, daß bei meiner Geburt eine alte Bäuerin der über den Erstgeborenen glücklichen Mutter prophezeit, daß sie der Welt einen großen Mann geschenkt habe. Solche Prophezeiungen müssen sehr häufig vorfallen; es gibt so viel erwartungsfrohe Mütter und so viel alte Bäuerinnen oder andere alte Weiber, deren Macht auf Erden vergangen ist, und die sich darum der Zukunft zugewendet haben. Es wird auch nicht der Schade der Prophetin gewesen sein. Sollte meine Größensehnsucht aus dieser Quelle stammen? Aber da besinne ich mich eben eines anderen Eindrucks aus späteren Jugendjahren, der sich zur Erklärung noch besser eignen würde: Es war eines Abends in einem der Wirtshäuser im Prater, wohin die Eltern den elf- oder zwölfjährigen Knaben mitzunehmen pflegten, daß uns ein Mann auffiel, der von Tisch zu Tisch ging und für ein kleines Honorar Verse über ein ihm aufgegebenes Thema improvisierte. Ich wurde abgeschickt, den Dichter an unseren Tisch zu bestellen, und er erwies sich dem Boten dankbar. Ehe er nach seiner Aufgabe fragte, ließ er einige Reime über mich fallen und erklärte es in seiner Inspiration für wahrscheinlich, daß ich noch einmal »Minister« werde. An den Eindruck dieser zweiten Prophezeiung kann ich mich noch sehr wohl erinnern. Es war die Zeit des Bürgerministeriums, der Vater hatte kurz vorher die Bilder der bürgerlichen Doktoren *Herbst, Giskra, Unger, Berger* u. a. nach Hause gebracht, und wir hatten diesen Herren zur Ehre illuminiert. Es waren sogar Juden unter ihnen; jeder fleißige Judenknabe trug also das Ministerportefeuille in seiner Schultasche. Es muß mit den Eindrücken jener Zeit sogar zusammenhängen, daß ich bis kurz vor der Inskription an der Universität willens war, Jura zu studieren, und erst im letzten Moment umsattelte. Dem Mediziner ist ja die Ministerlaufbahn überhaupt verschlossen. Und nun mein Traum! Ich merke es erst jetzt, daß er mich aus der trüben Gegenwart in die hoffnungsfrohe Zeit des Bürgerministeriums zurückversetzt und meinen Wunsch von *damals* nach seinen Kräften erfüllt. Indem ich die beiden gelehrten und achtenswerten Kollegen, weil sie Juden sind, so schlecht behandle, den einen, als ob er ein Schwachkopf, den anderen, als ob er ein Verbrecher wäre, indem ich so verfahre, benehme ich mich, als ob ich der Minister wäre, habe ich mich an die Stelle des Ministers gesetzt. Welch gründliche Rache an Seiner Exzellenz! Er verweigert es, mich zum *Professor extraordinarius* zu ernennen, und ich setze mich dafür im Traum an seine Stelle.«

Die Deutung dieses Traumes ist ein ausgezeichnetes Beispiel für Freuds Neigung, irrationale Strebungen wie den Ehrgeiz als unvereinbar mit der Persönlichkeit des Erwachsenen und daher als Teil des Kindes in ihm zu betrachten. Der Traum zeigt deutlich die Ambitionen, die Freud zur Zeit des Traumes hatte. Er aber leugnet geradeheraus, daß er einen so ausgesprochenen Ehrgeiz aufweisen könnte. Tatsächlich liefert er damit ein gutes Beispiel für den Rationalisierungsprozeß, den er so glänzend beschreibt. Er argumentiert folgendermaßen: »Wenn mein Bedürfnis, mit einem anderen Titel angeredet zu werden [mit diesem Ausdruck bagatellisiert er das, worum es ihm in Wirklichkeit ging, nämlich das Ansehen, das dieser Titel mit sich brachte], so stark sein sollte, so beweist dies einen krankhaften Ehrgeiz.« Und er meint, daß er diesen Ehrgeiz nicht an sich kenne. Sollten jedoch andere ihn für so ehrgeizig halten, so versichert er, daß dieser Ehrgeiz sich seiner Meinung nach nicht auf den Titel eines *Professor extraordinarius* beziehen könne. Er sieht sich daher zu der Vermutung gezwungen, daß dieser Ehrgeiz sich auf Wünsche aus seiner Kindheit beziehe und nicht auf seine gegenwärtige Persönlichkeit.

Während es natürlich zutrifft, daß Strebungen wie der Ehrgeiz sich im Charakter des Kindes entwickeln und ihre Wurzeln bereits im frühen Lebensalter haben, so stimmt es doch nicht, daß es sich dabei um etwas handelt, das mit der gegenwärtigen Persönlichkeit nichts zu tun hat. Wenn Freud von einem normalen Menschen wie sich selbst spricht, so fühlt er sich gezwungen, einen scharfen Trennungsstrich zwischen dem Kind in sich und sich selbst zu ziehen. Es ist weitgehend seinem Einfluß zuzuschreiben, daß wir heute nicht mehr das Gefühl haben, daß eine solche scharfe Trennungslinie existiert. Es wird heute weithin als Tatsache anerkannt, daß selbst der normale Mensch von allen möglichen irrationalen Wünschen motiviert sein kann, und daß es sich dabei um *seine* Wünsche handelt, wenn sie auch aus einer früheren Entwicklungsstufe stammen.

Wir haben bisher den einen Aspekt von Freuds Traumtheorie erörtert. Die Träume werden als die halluzinatorische Erfüllung irrationaler Wünsche verstanden, und zwar speziell sexueller Wünsche, die ihren Ursprung in der frühen Kindheit haben und nicht völlig in Reaktionsbildungen oder Sublimierungen umgewandelt wurden. Diese Wünsche erscheinen als erfüllt, wenn – wie das im Schlaf der Fall ist – die Kontrolle durch unser Bewußtsein nachläßt. Wenn wir uns jedoch gestatten würden, die Erfüllung dieser irrationalen Wünsche in unseren Träumen voll auszuleben, dann wären diese Träume nicht so rätselhaft und verwirrend. Wir träumen nur selten, daß wir einen Mord, einen Inzest oder ein anderes Verbrechen begehen, und selbst wenn wir es tun, so gewährt uns die Erfüllung dieser Wünsche im Traum keine Befriedigung. Freud nimmt zur Erklärung dieses Phänomens an, daß der moralische Zensor in uns in unserem Schlaf ebenfalls halb schläft. Auf diese Weise können Gedanken und Phantasien in unser Schlafbewußtsein eindringen, die sonst vollkommen ausgeschlossen sind. Aber der Zensor schläft nur halb. Er ist noch wach genug, um zu verhindern, daß verbotene Gedanken deutlich und unmißverständlich in Erscheinung treten. Wenn es die Funktion des Traumes ist, Hüter unseres Schlafs zu sein, müssen die im Traum auftauchenden irrationalen Wünsche so verkleidet werden, daß sie den Zensor täuschen. Wie die neurotischen Symptome sind sie ein Kompromiß zwischen den verdrängten Kräften des Es und der verdrängenden Kraft des die Zensur ausübenden Über-Ichs. Gelegentlich kommt es vor, daß dieser Entstellungsmechanismus nicht richtig funktioniert und daß unser Traum zu deutlich wird, als daß der Zensor es übersehen könnte – dann wachen wir auf. Freud nimmt daher an, das Hauptmerkmal der Traumsprache sei der Verhüllungs- und Entstellungsprozeß der irrationalen Wünsche, der uns die Möglichkeit gibt, ungestört weiterzuschlafen. Dieser Gedanke hat Freuds Auffassung der Symbolik entscheidend beeinflußt. Er glaubt, die Hauptfunktion des

Symbols bestehe darin, den ihm zugrunde liegenden Wunsch zu verhüllen und zu entstellen. *Er faßt die Symbolsprache als eine Art Geheimcode auf und die Traumdeutung als dessen Dechiffrierung.*

Die Annahme vom irrationalen, infantilen Wesen des Trauminhaltes wie auch von der Funktion der Traumarbeit, diesen zu entstellen, hat zu einer weit engeren Auffassung von der Traumsprache geführt als der, die ich bei meiner Erörterung der Symbolsprache vorgeschlagen habe. Nach Freud handelt es sich bei der Symbolsprache nicht um eine Sprache, die jede Art von Gefühl und Gedanken auf eine besondere Weise ausdrücken kann, sondern um eine, die nur gewisse primitive triebhafte Wünsche zum Ausdruck bringt. Die allermeisten Symbole sind sexueller Natur. Das männliche Geschlechtsorgan wird durch Stöcke, Bäume, Regenschirme, Messer, Bleistifte, Hämmer, Flugzeuge und viele andere Gegenstände symbolisiert, die es entweder durch ihre Gestalt oder ihre Funktion repräsentieren können. Das weibliche Genitale wird in ähnlicher Weise durch Höhlen, Flaschen, Kästen, Türen, Schmuckdosen, Gärten, Blumen usw. repräsentiert. Sexuelle Lust symbolisieren Betätigungen wie Tanzen, Reiten, Klettern, Fliegen. Das Ausfallen von Haaren oder Zähnen gilt als symbolische Darstellung der Kastration. Neben sexuellen Elementen drücken Symbole die Grunderfahrungen des Kleinkindes aus. Vater und Mutter werden als König und Königin oder als Kaiser und Kaiserin, Kinder als kleine Tiere und der Tod als eine Reise symbolisiert.

In seiner Traumdeutung führt Freud mehr zufällige als universale Symbole an. Er steht auf dem Standpunkt, daß man den Traum in mehrere Teile zerlegen müsse, wenn man ihn deuten wolle, um auf diese Weise seine halblogische Reihenfolge zu beseitigen. Dann solle man versuchen, zu jedem Traumelement die entsprechenden Assoziationen zu finden und die uns bei diesem Assoziationsprozeß einfallenden Gedanken an die Stelle der im Traum auftretenden Elemente zu setzen. Setzt man dann die durch freie Assoziation erlangten Gedanken zusammen, so erlangt man einen neuen Text, der einen inneren Zusammenhang und eine innere Logik besitzt und uns die wahre Bedeutung des Traumes enthüllt.

Diesen wahren Traum, der Ausdruck unserer verborgenen Wünsche ist, bezeichnet Freud als den »latenten Traum«. Die entstellte Version des

Traumes, an die wir uns erinnern, ist der »manifeste Traum«, und der Entstellungs- und Verhüllungsprozeß ist die »Traumarbeit«. Die Hauptmechanismen, durch welche die Traumarbeit den latenten in den manifesten Traum übersetzt, sind Verdichtung, Verschiebung und sekundäre Bearbeitung. Unter Verdichtung versteht Freud die Tatsache, daß der manifeste Traum viel kürzer ist als der latente Traum. Er läßt eine Reihe der Elemente des latenten Traumes aus, kombiniert Bruchstücke verschiedener Elemente und verdichtet sie zu einem neuen Element im manifesten Traum. Träumt man zum Beispiel von einer männlichen Autoritätsperson, vor der man Angst hat, dann könnte man im manifesten Traum einen Mann sehen, dessen Haar wie das unseres eigenen Vaters aussieht, der das Gesicht eines angsteinflößenden Schullehrers hat und wie unser Chef gekleidet ist. Oder wenn man von einer Situation träumt, in der man sich traurig und unglücklich fühlte, träumt man vielleicht von einem Haus, das durch die Form seines Daches ein Haus symbolisiert, in dem man sich einmal unglücklich gefühlt hat, und das durch die Form des Zimmers ein anderes Haus repräsentiert, in welchem man ein ähnliches Gefühlserlebnis hatte. Im manifesten Traum erscheinen beide Elemente im zusammengesetzten Bild eines einzigen Hauses. Diese Beispiele zeigen, daß nur solche Elemente zu einem Bild verdichtet werden, die ihrem emotionalen Inhalt nach identisch sind. Bedenkt man das Wesen der symbolischen Sprache, so ist der Verdichtungsprozeß leicht zu verstehen. Während für die äußere Wirklichkeit die Tatsache, daß zwei Menschen oder zwei Dinge voneinander verschieden sind, wichtig ist, hat diese Tatsache vom Standpunkt der inneren Realität aus keine Bedeutung. Worauf es ankommt, ist, daß sie zu dem gleichen inneren Erlebnis in Beziehung stehen und es zum Ausdruck bringen.

Unter Verschiebung versteht Freud die Tatsache, daß ein Element des latenten Traumes – und oft ein sehr wichtiges – im manifesten Traum durch ein weit abliegendes Element ausgedrückt wird, das gewöhnlich recht unwichtig zu sein scheint. Folglich behandelt der manifeste Traum oft die wirklich wichtigen Elemente so, als ob sie ohne besondere Bedeutung wären, wodurch die wahre Bedeutung des Traumes verdeckt wird.

Unter sekundärer Bearbeitung versteht Freud den Teil der Traumarbeit, der den Prozeß der Verhüllung vollendet. Lücken im manifesten Traum werden ausgefüllt, Ungereimtheiten werden ausgebügelt mit dem Erfolg, daß der manifeste Traum die Form einer logisch zusammenhängenden Geschichte annimmt, hinter deren Fassade sich das erregende und dramatische Traumspiel verbirgt.

Freud erwähnt noch zwei weitere Faktoren, die das Verstehen des Traumes erschweren und die zur entstellenden Funktion der Traumarbeit hinzukommen. Einmal stehen diese Traumelemente oft für das ihnen gerade Entgegengesetzte. Bekleidetsein kann Nacktheit bedeuten, Reichtum kann für Armut und das Gefühl besonderer Zuneigung kann für Feindseligkeit und Wut stehen. Hinzu kommt, daß der manifeste Traum keine logischen Beziehungen zwischen seinen verschiedenen Elementen zum Ausdruck bringt. Es gibt in ihm kein »aber«, kein »deshalb«, kein »weil« und kein »wenn«, sondern diese logischen Beziehungen werden durch die Beziehung zwischen den einzelnen Traumbildern ausgedrückt. Der Träumer kann zum Beispiel von einem Mann träumen, der aufsteht, den Arm hebt und dann in ein Huhn verwandelt wird. In der Sprache des Wachzustandes würde der im Traum ausgedrückte Gedanke etwa bedeuten: »Er tut so als ob er stark wäre, *aber* in Wirklichkeit ist er schwach und feige wie ein Huhn.« Im manifesten Traum wird diese logische Beziehung durch zwei aufeinanderfolgende Bilder ausgedrückt.

Dieser kurzen Darstellung der Freudschen Traumtheorie ist noch eine wichtige Ergänzung hinzuzufügen. Die Betonung der infantilen Eigenart des Trauminhalts könnte zur Meinung verleiten, Freud nehme nicht an, daß zwischen dem Traum und der Gegenwart ein bedeutsamer Zusammenhang bestehe, sondern er sehe nur die Beziehung zur Vergangenheit. Das stimmt jedoch keineswegs. Freud nimmt an, daß der Traum stets durch ein gegenwärtiges Ereignis ausgelöst wird, das gewöhnlich vom Tag oder Abend zuvor stammt. Aber ein Traum wird nur von Ereignissen hervorgerufen, die mit Strebungen der frühen Kindheit in Beziehung stehen. Die für die Erzeugung des Traumes notwendige Energie stammt aus der intensiven Kindheitserfahrung, doch würde es nicht zu dem Traum kommen, wenn das aktuelle Ereignis nicht an das frühere Erlebnis gerührt und es ihm so ermöglicht hätte, eben in diesem Augenblick wieder neu aufzuleben. Ein einfaches Beispiel mag dies verdeutli-

chen: Ein Mann, der unter einem autoritären Chef arbeitet, kann deshalb eine übertriebene Angst vor diesem haben, weil er sich als Kind vor seinem Vater fürchtete. In der Nacht nach dem Tag, an dem der Chef ihn aus irgendeinem Grund kritisierte, hat er einen Albtraum, in dem er eine Gestalt sieht, die eine Mischung aus seinem Vater und seinem Chef ist und die ihn umzubringen versucht. Wenn er sich nicht als Kind vor seinem Vater gefürchtet hätte, so hätte ihm der Ärger seines Chefs keine Angst eingejagt. Wenn aber andererseits sich der Chef nicht an jenem Tag über ihn geärgert hätte, so wäre diese tiefsitzende Furcht nicht mobilisiert worden, und es wäre nicht zu dem Traum gekommen.
Der Leser wird noch eine bessere Vorstellung von Freuds Methode der Traumdeutung gewinnen, wenn er sieht, wie Freud die eben erwähnten Prinzipien bei seiner Deutung bestimmter Träume anwendet. Im Mittelpunkt des ersten der beiden folgenden Träume steht ein universales Symbol: die Nacktheit. Im zweiten Traum kommen fast ausschließlich zufällige Symbole vor (S. Freud, 1900a, S. 247–251):

Der Verlegenheitstraum der Nacktheit

»Der Traum, daß man nackt oder schlecht bekleidet in Gegenwart Fremder sei, kommt auch mit der Zutat vor, man habe sich dessen gar nicht geschämt u. dgl. Unser Interesse gebührt aber dem Nacktheitstraum nur dann, wenn man in ihm Scham und Verlegenheit empfindet, entfliehen oder sich verbergen will und dabei der eigentümlichen Hemmung unterliegt, daß man nicht von der Stelle kann und sich unvermögend fühlt, die peinliche Situation zu verändern. Nur in dieser Verbindung ist der Traum typisch; der Kern seines Inhalts mag sonst in allerlei andere Verknüpfungen einbezogen werden oder mit individuellen Zutaten versetzt sein. Es handelt sich im wesentlichen um die peinliche Empfindung von der Natur der Scham, daß man seine Nacktheit, meist durch Lokomotion, verbergen möchte und es nicht zustande bringt. Ich glaube, die allermeisten meiner Leser werden sich in dieser Situation im Traume bereits befunden haben.
Für gewöhnlich ist die Art und Weise der Entkleidung wenig deutlich. Man hört etwa erzählen, ich war im Hemd, aber dies ist selten ein klares Bild; meist ist die Unbekleidung so unbestimmt, daß sie durch eine Alternative in der Erzählung wiedergegeben wird: ›Ich war im Hemd oder im Unterrock.‹ In der Regel ist der Defekt der Toilette nicht so arg, daß die dazugehörige Scham gerechtfertigt schiene. Für den, der den Rock des Kaisers getragen hat, ersetzt sich die Nacktheit häufig durch eine vorschriftswidrige Adjustierung. ›Ich bin ohne Säbel auf der Straße und sehe Offiziere näherkommen, oder ohne Halsbinde, oder trage eine karierte Zivilhose u. dgl.‹

Die Leute, vor denen man sich schämt, sind fast immer Fremde mit unbestimmt gelassenen Gesichtern. Niemals ereignet es sich im typischen Traum, daß man wegen der Kleidung, die einem selbst solche Verlegenheit bereitet, beanstandet oder auch nur bemerkt wird. Die Leute machen ganz im Gegenteil gleichgültige, oder wie ich es in einem besonders klaren Traum wahrnehmen konnte, feierlich steife Mienen. Das gibt zu denken.

Die Schamverlegenheit des Träumers und die Gleichgültigkeit der Leute ergeben mitsammen einen Widerspruch, wie er im Traume häufig vorkommt. Zu der Empfindung des Träumenden würde doch nur passen, daß die Fremden ihn erstaunt ansehen und verlachen oder sich über ihn entrüsten. Ich meine aber, dieser anstößige Zug ist durch die Wunscherfüllung beseitigt worden, während der andere, durch irgendwelche Macht gehalten, stehen blieb, und so stimmen die beiden Stücke dann schlecht zueinander. Wir besitzen ein interessantes Zeugnis dafür, daß der Traum in seiner durch Wunscherfüllung partiell entstellten Form das richtige Verständnis nicht gefunden hat. Er ist nämlich die Grundlage eines Märchens geworden, welches uns allen in der Andersenschen Fassung *(Des Kaisers neue Kleider)* bekannt ist, und in der jüngsten Zeit durch L. Fulda im *Talisman* poetischer Verwertung zugeführt worden ist. Im Andersenschen Märchen wird von zwei Betrügern erzählt, die für den Kaiser ein kostbares Gewand weben, das aber nur den Guten und Treuen sichtbar sein soll. Der Kaiser geht mit diesem unsichtbaren Gewand bekleidet aus, und durch die prüfsteinartige Kraft des Gewebes erschreckt, tun alle Leute, als ob sie die Nacktheit des Kaisers nicht merken.

Letzteres ist aber die Situation unseres Traumes. Es gehört wohl nicht viel Kühnheit dazu anzunehmen, daß der unverständliche Trauminhalt eine Anregung gegeben hat, um eine Einkleidung zu erfinden, in welcher die vor der Erinnerung stehende Situation sinnreich wird. Dieselbe ist dabei ihrer ursprünglichen Bedeutung beraubt und fremden Zwecken dienstbar gemacht worden. Aber wir werden hören, daß solches Mißverständnis des Trauminhalts durch die bewußte Denktätigkeit eines zweiten psychischen Systems häufig vorkommt und als ein Faktor für die endgültige Traumgestaltung anzuerkennen ist; ferner, daß bei der Bildung von Zwangsvorstellungen und Phobien ähnliche Mißverständnisse – gleichfalls innerhalb der nämlichen psychischen Persönlichkeit – eine Hauptrolle spielen. Es läßt sich auch für unseren Traum angeben, woher das Material für die Umdeutung genommen wird. Der Betrüger ist der Traum, der Kaiser der Träumer selbst, und die moralisierende Tendenz verrät eine dunkle Kenntnis davon, daß es sich im latenten Trauminhalt um unerlaubte, der Verdrängung geopferte Wünsche handelt. Der Zusammenhang, in welchem solche Träume während meiner Analysen bei Neurotikern auftreten, läßt nämlich keinen Zweifel darüber, daß dem Traume eine Erinnerung aus der frühesten Kindheit zugrunde liegt. Nur in unserer Kindheit gab es die Zeit, daß wir in mangelhafter Bekleidung von unseren Angehörigen wie von fremden Pflegepersonen, Dienstmädchen, Besuchern gesehen wurden, und wir haben uns damals unserer

Nacktheit nicht geschämt. (Das Kind tritt aber auch im Märchen auf, denn dort ruft plötzlich ein kleines Kind: ›Aber er hat ja gar nichts an.‹) An vielen Kindern kann man noch in späteren Jahren beobachten, daß ihre Entkleidung wie berauschend auf sie wirkt, anstatt sie zur Scham zu leiten. Sie lachen, springen herum, schlagen sich auf den Leib, die Mutter oder wer dabei ist, verweist es ihnen, sagt: ›Pfui, das ist eine Schande, das darf man nicht.‹ Die Kinder zeigen häufig Exhibitionsgelüste; man kann kaum durch ein Dorf in unseren Gegenden gehen, ohne daß man einem zwei- bis dreijährigen Kleinen begegnet, welches vor dem Wanderer, vielleicht ihm zu Ehren, sein Hemdchen hochhebt. Einer meiner Patienten hat in seiner bewußten Erinnerung eine Szene aus seinem achten Lebensjahr bewahrt, wie er nach der Entkleidung vor dem Schlafengehen im Hemd zu seiner kleinen Schwester im nächsten Zimmer hinaustanzen will, und wie die dienende Person es ihm verwehrt. In der Jugendgeschichte von Neurotikern spielt die Entblößung vor Kindern des anderen Geschlechts eine große Rolle; in der Paranoia ist der Wahn, beim An- und Auskleiden beobachtet zu werden, auf diese Erlebnisse zurückzuführen; unter den pervers Gebliebenen ist eine Klasse, bei denen der infantile Impuls zum Symptom erhoben worden ist, die der *Exhibitionisten.*

Diese der Scham entbehrende Kindheit erscheint unserer Rückschau später als ein Paradies, und das Paradies selbst ist nichts anderes als die Massenphantasie von der Kindheit des einzelnen. Darum sind auch im Paradies die Menschen nackt und schämen sich nicht vor einander, bis ein Moment kommt, in dem die Scham und die Angst erwachen, die Vertreibung erfolgt, das Geschlechtsleben und die Kulturarbeit beginnt. In dieses Paradies kann uns nun der Traum allnächtlich zurückführen; wir haben bereits der Vermutung Ausdruck gegeben, daß die Eindrücke aus der ersten Kindheit (der prähistorischen Periode bis etwa zum vollendeten dritten Jahr) an und für sich, vielleicht ohne daß es auf ihren Inhalt weiter ankäme, nach Reproduktion verlangen, daß deren Wiederholung eine Wunscherfüllung ist. Die Nacktheitsträume sind also *Exhibitionsträume.*

Den Kern des Exhibitionstraumes bildet die eigene Gestalt, die nicht als die eines Kindes, sondern wie in der Gegenwart gesehen wird, und die mangelhafte Bekleidung, welche durch die Überlagerung so vieler späterer Negligéerinnerungen oder der Zensur zu Liebe undeutlich ausfällt; dazu kommen nun die Personen, vor denen man sich schämt. Ich kenne kein Beispiel, daß die tatsächlichen Zuschauer bei jenen infantilen Exhibitionen im Traume wieder auftreten. Der Traum ist eben fast niemals eine einfache Erinnerung. Merkwürdigerweise werden jene Personen, denen unser sexuelles Interesse in der Kindheit galt, in allen Reproduktionen des Traums, der Hysterie und der Zwangsneurose ausgelassen; erst die Paranoia setzt die Zuschauer wieder ein und schließt, obwohl sie unsichtbar geblieben sind, mit fanatischer Überzeugung auf ihre Gegenwart. Was der Traum für sie einsetzt, ›viele fremde Leute‹, die sich nicht um das gebotene Schauspiel kümmern, ist geradezu ein *Wunschgegensatz* zu jener einzelnen, wohlvertrauten Person, der man die Entblößung bot. ›Viele fremde Leute‹ fin-

den sich in Träumen übrigens auch häufig in beliebigem anderen Zusammenhang; sie bedeuten immer als Wunschgegensatz ›Geheimnis‹. Man merkt, wie auch die Restitution des alten Sachverhalts, die in der Paranoia vor sich geht, diesem Gegensatze Rechnung trägt. Man ist nicht mehr allein, man wird ganz gewiß beobachtet, aber die Beobachter sind ›viele, fremde, merkwürdig unbestimmt gelassene Leute‹.
Außerdem kommt im Exhibitionstraum die Verdrängung zur Sprache. Die peinliche Empfindung des Traums ist ja die Reaktion des zweiten psychischen Systems dagegen, daß der von ihr verworfene Inhalt der Exhibitionsszene dennoch zur Vorstellung gelangt ist. Um sie zu ersparen, hätte die Szene nicht wieder belebt werden dürfen.«

Traum von der botanischen Monographie (S. Freud, 1900a, S. 175–182):

»*Ich habe eine Monographie über eine gewisse Pflanze geschrieben. Das Buch liegt vor mir, ich blättere eben eine eingeschlagene farbige Tafel um. Jedem Exemplar ist ein getrocknetes Spezimen der Pflanze beigebunden, ähnlich wie aus einem Herbarium.*

Analyse
Ich habe am Vormittage im Schaufenster einer Buchhandlung ein neues Buch gesehen, welches sich betitelt: Die Gattung Zyklamen –, offenbar eine Monographie über diese Pflanze.
Zyklamen ist die *Lieblingsblume* meiner Frau. Ich mache mir Vorwürfe, daß ich so selten daran denke, ihr *Blumen mitzubringen*, wie sie sich's wünscht. – Bei dem Thema: *Blumen mitbringen* erinnere ich mich einer Geschichte, welche ich unlängst im Freundeskreis erzählt und als Beweis für meine Behauptung verwendet habe, daß Vergessen sehr häufig die Ausführung einer Absicht des Unbewußten sei und immerhin einen Schluß auf die geheime Gesinnung des Vergessenden gestatte. Eine junge Frau, welche daran gewöhnt war, zu ihrem Geburtstage einen Strauß von ihrem Mann vorzufinden, vermißt dieses Zeichen der Zärtlichkeit an einem solchen Festtag und bricht darüber in Tränen aus. Der Mann kommt hinzu, weiß sich ihr Weinen nicht zu erklären, bis sie ihm sagt: Heute ist mein Geburtstag. Da schlägt er sich vor die Stirne, ruft aus: Entschuldige, hab' ich doch ganz daran vergessen, und will fort, ihr Blumen zu holen. Sie läßt sich aber nicht trösten, denn sie sieht in der Vergeßlichkeit ihres Mannes einen Beweis dafür, daß sie in seinen Gedanken nicht mehr dieselbe Rolle spielt wie einstens. – Diese Frau L. ist meiner Frau vor zwei Tagen begegnet, hat ihr mitgeteilt, daß sie sich wohlfühlt, und sich nach mir erkundigt. Sie stand in früheren Jahren in meiner Behandlung.
Ein neuer Ansatz: Ich habe wirklich einmal etwas Ähnliches geschrieben wie eine *Monographie* über eine Pflanze, nämlich einen Aufsatz über die *Cocapflanze*, welcher die Aufmerksamkeit von K. Koller auf die anästhesierende Ei-

genschaft des Kokains gelenkt hat. Ich hatte diese Verwendung des Alkaloids in meiner Publikation selbst angedeutet, aber war nicht gründlich genug, die Sache weiter zu verfolgen. Dazu fällt mir ein, daß ich am Vormittag des Tages nach dem Traume (zu dessen Deutung ich erst abends Zeit fand) des Kokains in einer Art von Tagesphantasie gedacht habe. Wenn ich je Glaukom bekommen sollte, würde ich nach Berlin reisen und mich dort bei meinem Berliner Freunde von einem Arzt, den er mir empfiehlt, inkognito operieren lassen. Der Operateur, der nicht wüßte, an wem er arbeitet, würde wieder einmal rühmen, wie leicht sich diese Operationen seit der Einführung des Kokains gestaltet haben; ich würde durch keine Miene verraten, daß ich an dieser Entdeckung selbst einen Anteil habe. An diese Phantasie schlossen sich Gedanken an, wie unbequem es doch für den Arzt sei, ärztliche Leistungen von seiten der Kollegen für seine Person in Anspruch zu nehmen. Den Berliner Augenarzt, der mich nicht kennt, würde ich wie ein anderer entlohnen können. Nachdem dieser Tagtraum mir in den Sinn gekommen, merke ich erst, daß sich die Erinnerung an ein bestimmtes Erlebnis hinter ihm verbirgt. Kurz nach der Entdeckung Kollers war nämlich mein Vater an Glaukom erkrankt; er wurde von meinem Freunde, dem Augenarzt Dr. *Königstein*, operiert. Dr. *Koller* besorgte die Kokainanästhesie und machte dann die Bemerkung, daß bei diesem Falle alle die drei Personen sich vereinigt fänden, die an der Einführung des Kokains Anteil gehabt haben.

Meine Gedanken gehen nun weiter, wann ich zuletzt an diese Geschichte des Kokains erinnert worden bin. Es war dies vor einigen Tagen, als ich die Festschrift in die Hand bekam, mit deren Erscheinen dankbare Schüler das Jubiläum ihres Lehrers und Laboratoriumsvorstandes gefeiert hatten. Unter den Ruhmestiteln des Laboratoriums fand ich auch angeführt, daß dort die Entdeckung der anästhesierenden Eigenschaft des Kokains durch K. Koller vorgefallen sei. Ich bemerke nun plötzlich, daß mein Traum mit einem Erlebnis des Abends vorher zusammenhängt. Ich hatte gerade Dr. *Königstein* nachhause begleitet, mit dem ich in ein Gespräch über eine Angelegenheit geraten war, die mich jedesmal, wenn sie berührt wird, lebhaft erregt. Als ich mich in dem Hausflur mit ihm aufhielt, kam Professor *Gärtner* mit seiner jungen Frau hinzu. Ich konnte mich nicht enthalten, die beiden darüber zu beglückwünschen, wie *blühend* sie aussehen. Nun ist Professor *Gärtner* einer der Verfasser der Festschrift, von der ich eben sprach, und konnte mich wohl an diese erinnern. Auch die Frau L., deren Geburtstagsenttäuschung ich unlängst erzählte, war im Gespräch mit Dr. *Königstein*, in anderem Zusammenhange allerdings, erwähnt worden.

Ich will versuchen, auch die anderen Bestimmungen des Trauminhalts zu deuten. Ein *getrocknetes Spezimen* der Pflanze liegt der Monographie bei, als ob es ein *Herbarium* wäre. Ans Herbarium knüpft sich eine Gymnasialerinnerung. Unser Gymnasialdirektor rief einmal die Schüler der höheren Klassen zusammen, um ihnen das Herbarium der Anstalt zur Durchsicht und zur Reinigung zu übergeben. Es hatten sich kleine *Würmer* eingefunden – Bücherwurm. Zu meiner Hilfeleistung scheint er nicht Zutrauen gezeigt zu haben, denn er überließ mir nur wenige Blätter. Ich weiß noch heute, daß Kruziferen darauf waren. Ich hatte niemals ein besonders intimes Verhältnis zur Botanik. Bei meiner botanischen Vorprüfung bekam ich wiederum eine Kruzifere zur Bestimmung und – erkannte sie nicht. Es wäre mir schlecht ergangen, wenn nicht meine theoretischen Kenntnisse mir herausgeholfen hätten. – Von den Kruziferen gerate ich auf die Kompositen. Eigentlich ist auch die Artischocke eine Komposite, und zwar die, welche ich *meine Lieblingsblume* heißen könnte. Edler als ich, pflegt meine Frau mir diese Lieblingsblume vom Markte heimzubringen.

Ich sehe die Monographie *vor mir liegen*, die ich geschrieben habe. Auch dies ist nicht ohne Bezug. Mein visueller Freund schrieb mir gestern aus Berlin: »Mit deinem Traumbuche beschäftige ich mich sehr viel. *Ich sehe es fertig vor mir liegen und blättere darin.*« Wie habe ich ihn um diese Sehergabe beneidet! Wenn ich es doch auch schon fertig vor mir liegen sehen könnte!

Die zusammengelegte farbige Tafel: Als ich Student der Medizin war, litt ich viel unter dem Impuls, nur aus *Monographien* lernen zu wollen. Ich hielt mir damals, trotz meiner beschränkten Mittel, mehrere medizinische Archive, deren *farbige Tafeln* mein Entzücken waren. Ich war stolz auf diese Neigung zur Gründlichkeit. Als ich dann selbst zu publizieren begann, mußte ich auch die Tafeln für meine Abhandlungen zeichnen und ich weiß, daß eine derselben so kümmerlich ausfiel, daß mich ein wohlwollender Kollege ihretwegen verhöhnte. Dazu kommt noch, ich weiß nicht recht wie, eine sehr frühe Jugenderinnerung. Mein Vater machte sich einmal den Scherz, mir und meiner ältesten Schwester ein Buch mit *farbigen Tafeln* (Beschreibung einer Reise in Persien) zur Vernichtung zu überlassen. Es war erziehlich kaum zu rechtfertigen. Ich war damals fünf Jahre, die Schwester unter drei Jahren alt, und das Bild, wie wir Kinder überselig dieses Buch zerpflücken (*wie eine Artischocke*, Blatt für Blatt, muß ich sagen), ist nahezu das einzige, was mir aus dieser Lebenszeit in plastischer Erinnerung geblieben ist. Als ich dann Student wurde, entwickelte sich bei mir eine ausgesprochene Vorliebe, Bücher zu sammeln und zu besitzen (analog der Neigung, aus Monographien zu studieren; eine *Liebhaberei*, wie sie in den Traumgedanken betreffs Zyklamen und Artischocke bereits vorkommt). Ich wurde ein *Bücherwurm* (vgl. *Herbarium*). Ich habe diese erste Leidenschaft meines Lebens, seitdem ich über mich nachdenke, immer auf diesen Kindereindruck zurückgeführt, oder vielmehr, ich habe erkannt, daß diese Kinderszene eine »Deckerinnerung« für meine spätere Bibliophilie ist. Natürlich habe ich auch frühzeitig erfahren, daß man durch Leidenschaften leicht in Leiden gerät. Als ich siebzehn Jahre alt war, hatte ich ein ansehnliches Konto beim Buchhändler und keine Mittel, es zu begleichen, und mein Vater ließ es kaum als Entschuldigung gelten, daß sich meine Neigungen auf nichts Böseres geworfen hatten. Die Erwähnung dieses späteren Jugenderlebnisses bringt mich aber sofort zu dem Gespräch mit meinem Freunde Dr. *Königstein* zurück. Denn um dieselben Vorwürfe wie damals, daß ich meinen *Liebhabereien* zuviel nachgebe, handelte es sich auch im Gespräch am Abend des Traumtages.

Aus Gründen, die nicht hierher gehören, will ich die Deutung dieses Traumes nicht verfolgen, sondern bloß den Weg angeben, welcher zu ihr führt. Während der Deutungsarbeit bin ich an das Gespräch mit Dr. *Königstein* erinnert worden, und zwar von mehr als einer Stelle aus. Wenn ich mir vorhalte, welche Dinge in diesem Gespräch berührt worden sind, so wird der Sinn des Traumes mir verständlich. Alle angefangenen Gedankengänge, von den Liebhabereien meiner Frau und meinen eigenen, vom Kokain, von den Schwierigkeiten ärztlicher Behandlung unter Kollegen, von meiner Vorliebe für monographische Studien und meiner Vernachlässigung gewisser Fächer wie der Botanik, dies alles erhält dann seine Fortsetzung und mündet in irgendeinen der Fäden der vielverzweigten Unterredung ein. Der Traum bekommt wieder den Charakter einer Rechtfertigung, eines Plaidoyers für mein Recht, wie der erstanalysierte Traum von Irmas Injektion; ja er setzt das dort begonnene Thema fort und erörtert es an einem neuen Material, welches im Intervall zwischen beiden Träumen hinzugekommen ist. Selbst die scheinbar indifferente Ausdrucksform des Traumes bekommt einen Akzent. Es heißt jetzt: Ich bin doch der Mann, der die wertvolle und erfolgreiche Abhandlung (über das Kokain) geschrieben hat, ähnlich wie ich damals zu meiner Rechtfertigung vorbrachte: Ich bin doch ein tüchtiger und fleißiger Student; in beiden Fällen also: Ich darf mir das erlauben. Ich kann aber auf die Ausführung der Traumdeutung hier verzichten, weil mich zur Mitteilung des Traumes nur die Absicht bewogen hat, an einem Beispiele die Beziehung des Trauminhalts zu dem erregenden Erlebnis des Vortages zu untersuchen. Solange ich von diesem Traume nur den manifesten Inhalt kenne, wird mir nur eine Beziehung des Traumes zu einem Tageseindruck augenfällig; nachdem ich die Analyse gemacht habe, ergibt sich eine zweite Quelle des Traumes in einem anderen Erlebnis desselben Tages. Der erste der Eindrücke, auf welche sich der Traum bezieht, ist ein gleichgültiger, ein Nebenumstand. Ich sehe im Schaufenster ein Buch, dessen Titel mich flüchtig berührt, dessen Inhalt mich kaum interessieren dürfte. Das zweite Erlebnis hatte einen hohen psychischen Wert; ich habe mit meinem Freund, dem Augenarzt, wohl eine Stunde lang eifrig gesprochen, ihm Andeutungen gemacht, die uns beiden nahe gehen mußten, und Erinnerungen in mir wachgerufen, bei denen die mannigfaltigsten Erregungen meines Innern mir bemerklich wurden. Überdies wurde dieses Gespräch unvollendet abgebrochen, weil Bekannte hinzukamen. Wie stehen nun die beiden Eindrücke des Tages zueinander und zu dem in der Nacht erfolgenden Traum?

Im Trauminhalte finde ich nur eine Anspielung auf den gleichgültigen Eindruck und kann so bestätigen, daß der Traum mit Vorliebe Nebensächliches aus dem Leben in seinen Inhalt aufnimmt. In der Traumdeutung hingegen führt alles auf das wichtige, mit Recht erregende Erlebnis hin. Wenn ich den Sinn des Traumes, wie es einzig richtig ist, nach dem latenten, durch die Analyse zutage geförderten Inhalt beurteile, so bin ich unversehens zu einer neuen und wichtigen Erkenntnis gelangt. Ich sehe das Rätsel zerfallen, daß der Traum sich nur mit den wertlosen

Brocken des Tageslebens beschäftigt; ich muß auch der Behauptung widersprechen, daß das Seelenleben des Wachens sich in den Traum nicht fortsetzt, und der Traum dafür psychische Tätigkeit an läppisches Material verschwendet. Das Gegenteil ist wahr; was uns bei Tage in Anspruch genommen hat, beherrscht auch die Traumgedanken, und wir geben uns die Mühe zu träumen nur bei solchen Materien, welche uns bei Tage Anlaß zum Denken geboten hätten.

Die naheliegendste Erklärung dafür, daß ich doch vom gleichgültigen Tageseindruck träume, während der mit Recht aufregende mich zum Traume veranlaßt hat, ist wohl die, daß hier wieder ein Phänomen der Traumentstellung vorliegt, welche wir oben auf eine als Zensur waltende psychische Macht zurückgeführt haben. Die Erinnerung an die Monographie über die Gattung Zyklamen erfährt eine Verwendung, als ob sie eine *Anspielung* auf das Gespräch mit dem Freunde wäre, ganz ähnlich wie im Traum von dem verhinderten Souper die Erwähnung der Freundin durch die Anspielung »geräucherter Lachs« vertreten wird. Es fragt sich nur, durch welche Mittelglieder kann der Eindruck der Monographie zu dem Gespräche mit dem Augenarzt in das Verhältnis der Anspielung treten, da eine solche Beziehung zunächst nicht ersichtlich ist. (...) In unserem (...) Beispiel handelt es sich um zwei gesonderte Eindrücke, die zunächst nichts gemeinsam haben, als daß sie am nämlichen Tage erfolgen. Die Monographie fällt mir am Vormittag auf, das Gespräch führte ich dann am Abend. Die Antwort, welche die Analyse an die Hand gibt, lautet: Solche erst nicht vorhandene Beziehungen zwischen den beiden Eindrücken werden nachträglich vom Vorstellungsinhalt des einen zum Vorstellungsinhalt des anderen angesponnen. Ich habe die betreffenden Mittelglieder bereits bei der Niederschrift der Analyse hervorgehoben. An die Vorstellung der Monographie über Zyklamen würde sich ohne Beeinflussung von anderswoher wohl nur die Idee knüpfen, daß diese die Lieblingsblume meiner Frau ist, etwa noch die Erinnerung an den vermißten Blumenstrauß der Frau L. Ich glaube nicht, daß diese Hintergedanken genügt hätten, einen Traum hervorzurufen.

›*There needs no ghost, my lord, come from the grave to tell us this*‹

heißt es im *Hamlet*. Aber siehe da, in der Analyse werde ich daran erinnert, daß der Mann, der unser Gespräch störte, *Gärtner* hieß, daß ich seine Frau *blühend* fand; ja ich besinne mich eben jetzt nachträglich, daß eine meiner Patientinnen, die den schönen Namen *Flora* trägt, eine Weile im Mittelpunkt unseres Gespräches stand. Es muß so zugegangen sein, daß sich über diese Mittelglieder aus dem botanischen Vorstellungskreis die Verknüpfung der beiden Tageserlebnisse, des gleichgültigen und des aufregenden, vollzog. Dann stellten sich weitere Beziehungen ein, die des Kokains, welche mit Fug und Recht zwischen der Person des Dr. *Königstein* und einer botanischen Monographie, die ich geschrieben habe, vermitteln kann, und befestigten diese Verschmelzung der beiden Vorstellungskreise zu einem, so daß nun ein Stück aus dem ersten Erlebnis als Anspielung auf das zweite verwendet werden konnte.

Ich bin darauf gefaßt, daß man diese Aufklärung als eine willkürliche oder als eine gekünstelte anfechten wird. Was wäre geschehen, wenn Professor Gärtner mit seiner blühenden Frau nicht hinzugetreten wäre, wenn die besprochene Patientin nicht *Flora* sondern *Anna* hieße? Und doch ist die Antwort leicht. Wenn sich nicht diese Gedankenbeziehungen ergeben hätten, so wären wahrscheinlich andere ausgewählt worden. Es ist so leicht, derartige Beziehungen herzustellen, wie ja die Scherz- und Rätselfragen, mit denen wir uns den Tag erheitern, zu beweisen vermögen. Der Machtbereich des Witzes ist ein uneingeschränkter. Um einen Schritt weiter zu gehen: wenn sich zwischen den beiden Eindrücken des Tages keine genug ausgiebigen Mittelbeziehungen hätten herstellen lassen, so wäre der Traum eben anders ausgefallen; ein anderer gleichgültiger Eindruck des Tages, wie sie in Scharen an uns herantreten und von uns vergessen werden, hätte für den Traum die Stelle der »Monographie« übernommen, wäre in Verbindung mit dem Inhalt des Gesprächs gelangt und hätte dieses im Trauminhalt vertreten. Da kein anderer als der von der Monographie dieses Schicksal hatte, so wird er wohl der für die Verknüpfung passendste gewesen sein. Man braucht sich nie wie Hänschen Schlau bei *Lessing* darüber zu wundern, ›daß nur die Reichen in der Welt das meiste Geld besitzen‹.

Diese beiden Träume geben uns Gelegenheit, nicht nur die Anwendung von Freuds allgemeinen Grundsätzen auf spezielle Träume zu studieren, sondern auch Freuds Deutung mit der zu vergleichen, die ich im zweiten Kapitel dieses Buches vorgeschlagen habe. Bei der Deutung des Nacktheitstraumes hält sich Freud an das oben beschriebene allgemeine Prinzip. Der Traum stellt die Erfüllung infantiler, irrationaler Wünsche dar, aber er entstellt und verhüllt die Wunscherfüllung unter dem Einfluß des Zensors. Der irrationale Wunsch, der erfüllt wird, ist der exhibitionistische Wunsch aus der Kindheit, seine Genitalien zu zeigen. Unsere erwachsene Persönlichkeit fürchtet sich vor solchen Wünschen und wird verlegen bei der Erfüllung des Wunsches, der im Kind in uns noch weiterlebt.

Diese Deutung ist zweifellos weitgehend richtig. Aber sie stimmt nicht immer, weil der Trauminhalt nicht unbedingt infantiler Natur sein muß. Freud übersieht die Tatsache, daß Nacktheit auch ein Symbol für andere Dinge als nur für den sexuellen Exhibitionismus sein kann. Nacktheit kann zum Beispiel Wahrheitsliebe symbolisieren. Nackt sein kann auch bedeuten, daß man völlig aufrichtig ist, und bekleidet sein kann heißen, daß man Gedanken und Gefühle äußert, die andere von uns erwarten, während sie in Wirklichkeit nicht die unseren sind. Der nackte Körper kann demnach das wahre Selbst symbolisieren; die Kleider können das gesellschaftliche Selbst symbolisieren, das dem gerade herrschenden kulturellen Muster entsprechend fühlt und denkt. Wenn jemand träumt, er sei nackt, dann kann in diesem Traum sein Wunsch zum Ausdruck kommen, er selber zu sein, alle falschen Vorspiegelungen aufzugeben, und in seiner Verlegenheit im Traum kann sich seine Angst spiegeln, die anderen könnten es am Ende mißbilligen, wenn er wagt, er selbst zu sein.

Die Deutung des Märchens von Andersen im Zusammenhang mit seiner Interpretation des Nacktheitstraumes ist ein gutes Beispiel dafür, wie Freud dieses Märchen aufgrund seiner Annahme mißversteht, Märchen seien genau wie die Träume und Mythen unter allen Umständen Ausdruck verdrängter sexueller Wünsche. Das Märchen von des Kaisers neuen Kleidern ist kein entstellter Ausdruck eines exhibitionistischen Wunsches. Es befaßt sich mit einer völlig anderen Erfahrung, nämlich mit unserer Bereitschaft, an die eingebildeten wunderbaren Eigenschaften von Autoritätspersonen zu glauben, und unserer Unfähigkeit, ihr wahres Format zu erkennen. Das Kind, das noch nicht von dieser Ehrfurcht vor der Autorität durchdrungen ist, kann allein sehen, daß der Kaiser nackt ist und keine unsichtbaren Kleider trägt. Alle anderen, die unter dem Eindruck der unausgesprochenen Drohung stehen, daß sie nicht zu den Guten und Treuen gehörten, wenn sie die Kleidung nicht sähen, unterliegen dieser Suggestion und glauben, sie sähen etwas, das ihre Augen unmöglich sehen können. Die Geschichte handelt von der Entlarvung der irrationalen Ansprüche von Autoritätspersonen und nicht vom Exhibitionismus.

Der Traum von der botanischen Monographie ist ein ausgezeichnetes Beispiel für die vielen Assoziationsfäden, die in diesen sehr kurzen Traum hineingewoben sind. Jeder, der Träume zu deuten versucht, indem er den Assoziationen nachgeht, die bei jedem einzelnen Traumelement auftauchen, kann nicht umhin, von dem außerordentlichen Reichtum an Assoziationen und der fast wunderbaren Art tief beeindruckt zu sein, wie sie zu dem Traumtext verdichtet werden.

Das Beispiel hat jedoch den Nachteil, daß Freud von einer umfassenden Deutung Abstand nimmt und nur einen einzigen, in dem Traum zum Ausdruck kommenden Wunsch erwähnt, nämlich den, sich selbst ins rechte Licht zu rücken, indem er auf seine Leistungen hinweist. Wenn wir uns nicht darauf versteifen, daß jeder Traum Ausdruck einer Wunscherfüllung ist, sondern erkennen, daß er auch alle möglichen anderen Arten von Seelentätigkeit zum Ausdruck bringen kann, werden wir auch hier zu einer anderen Deutung gelangen.

Im Mittelpunkt des Traumes steht das Symbol der getrockneten Blume. Eine getrocknete und sorgfältig aufbewahrte Blume enthält ein Element des Widerspruchs. Eine Blume ist etwas, das Lebendigkeit und Schönheit symbolisiert, das jedoch im getrockneten Zustand eben diese Eigenschaften verliert und zum Gegenstand objektiver wissenschaftlicher Untersuchung wird. Freuds Assoziationen zu dem Traum weisen auf diesen Widerspruch im Symbol hin. Er erwähnt, daß die Blume, eine Zyklame, deren Monographie er im Schaufenster der Buchhandlung gesehen hatte, die Lieblingsblume seiner Frau sei, und er macht sich den Vorwurf, daß er so selten daran denkt, ihr Blumen zu schenken. Die Monographie über die Zyklame weckt in ihm also das Gefühl, daß er in dem Bereich des Lebens, der durch Liebe und Zärtlichkeit symbolisiert wird, versagt. Alle übrigen Assoziationen weisen in eine einzige Richtung – sie deuten auf seinen Ehrgeiz. Die Monographie erinnert ihn an seine Arbeit über Kokain und den Ärger darüber, daß seine Entdeckung nicht die gebührende Anerkennung fand. Es fällt ihm ein, wie enttäuscht er war, als sein Schuldirektor so wenig Zutrauen zu seiner Fähigkeit zeigte, bei der Reinigung des Herbariums mitzuhelfen. Und die farbigen Tafeln erinnern ihn an einen weiteren Schlag, den sein Selbstgefühl erlitt, als sein Kollege ihn verspottete, weil eine der bunten Platten so schlecht ausgefallen war.

So scheint im Traum ein Konflikt zum Ausdruck zu kommen, den Freud, während er träumt, deutlich empfindet, dessen er sich aber in seinem wachen Dasein nicht bewußt zu sein scheint. Er wirft sich vor, die durch die Blumen und durch seine Frau symbolisierte Seite des Lebens um seines Ehrgeizes und seiner einseitig intellektuell wissenschaftlichen Einstellung zur Welt willen vernachlässigt zu haben. In dem Traum kommt tatsächlich ein tiefer Widerspruch in Freuds Gesamtpersönlichkeit und in seinem Lebenswerk zum Ausdruck. Der Hauptgegenstand seines Interesses und seiner wissenschaftlichen Arbeit sind Liebe und Sexualität. Aber er ist ein Puritaner; was wir vor allem anderen an ihm bemerken, ist seine viktorianische Abneigung gegen Sexualität und Lust, verbunden mit einer resignativen Toleranz gegenüber den diesbezüglichen menschlichen Schwächen. Er hat die Blume getrocknet und Sexualität und Liebe zum Gegenstand wissenschaftlicher Untersuchung und Spekulation gemacht, anstatt sie am Leben zu lassen. Der Traum drückt das große Paradoxon bei Freud aus: er ist keineswegs – wie er oft fälschlich hingestellt wird – der Vertreter der »sinnlich-frivolen, unmoralischen Wiener Atmosphäre«, sondern ganz im Gegenteil ein Puritaner, der nur deshalb so freimütig über die Sexualität und die Liebe schreiben konnte, weil er sie in ein Herbarium verbannt hatte. Er versucht eben diesen Konflikt zu verbergen, indem er den Sinn des Traumes falsch auslegt.

Bei seiner Interpretation von Mythen und Märchen hält sich Freud an das gleiche Prinzip wie bei seiner Traumdeutung. Er sieht in der Symbolik, wie wir sie im Mythos finden, eine Regression auf frühere Stufen der menschlichen Entwicklung, wo bestimmte Tätigkeiten wie Pflügen und Entfachen von Feuer noch mit sexueller Libido erfüllt waren. Im Mythos wird diese frühzeitliche und heute verdrängte libidinöse Befriedigung durch »Ersatzbefriedigungen« ausgedrückt, die es dem Menschen ermöglichen, die Befriedigung triebhafter Wünsche auf das Reich der Phantasie zu beschränken.

Im Mythos, wie im Traum, werden die primitiven Impulse nicht offen, sondern verhüllt zum Ausdruck gebracht. Sie betreffen jene Strebungen, von denen Freud entdeckt zu haben glaubte, daß sie regelmäßig im Leben des Kindes auftreten, besonders inzestuöse Wünsche, sexuelle Neugier und Kastrationsangst. Ein Beispiel für diese Methode der Mythenauslegung ist Freuds Interpretation des Rätsels der Sphinx. Die Sphinx hat verkündet, die Pest, die Theben mit Vernichtung bedrohte, werde erst aufhören, wenn jemand die richtige Antwort auf das von ihr gestellte Rätsel finde. Das Rätsel lautete: »Was ist das: Es geht zuerst auf vieren, dann auf zweien und zuletzt auf dreien?« Freud sieht in dem Rätsel und seiner Lösung – der Mensch – die Verkleidung einer anderen Frage, die die kindliche Phantasie vor allem beschäftige, das Rätsel: »Woher kommen die Kinder?« Der Frage der Sphinx liege die sexuelle Neugier des Kindes zugrunde, eine Neugier, die durch die elterliche Autorität entmutigt und in den Untergrund verdrängt werde. So nahm Freud an, daß im Rätsel der Sphinx die dem Menschen tief innewohnende sexuelle Neugier zum Ausdruck komme, jedoch so verhüllt, als ob es sich um eine harmlose intellektuelle Sache handele, die von der verbotenen Sexualsphäre weit entfernt sei.

Jung und Silberer, zwei der begabtesten Schüler Freuds, erkannten schon bald diese Schwäche in Freuds Traumdeutung und versuchten sie zu korrigieren. Silberer unterschied zwischen der sogenannten »anagogischen« und der »analytischen« Traumdeutung. Jung unterschied entsprechend zwischen der »prospektiven« und der »retrospektiven« Deutung. Sie vertraten die Ansicht, daß jeder Traum Wünsche aus der Vergangenheit repräsentiere, aber daß er auch auf die Zukunft gerichtet sei und Hinweise auf Ziele und Bestrebungen des Träumers gebe. Jung sagte dazu: »Die Seele ist Durchgangspunkt, daher notwendigerweise nach zwei Seiten bestimmt. Sie gibt einerseits ein Bild vom Niederschlag alles Vergangenen, und in diesem andererseits ein Bild der keimenden Erkenntnis alles Kommenden, insofern die Seele selber die Zukunft schafft.« (C. G. Jung, 1968, S. 205.) Jung und Silberer nahmen an, daß jeder Traum sowohl nach seiner anagogischen wie auch nach seiner analytischen Bedeutung zu verstehen sei, und man konnte mit einer gewissen Berechtigung erwarten, daß Freud diese Abänderung akzeptieren würde. Aber wenn beide einen Kompromiß mit Freud anstrebten, so schlug dieser Versuch fehl. Freud weigerte sich hartnäckig, irgendeine Änderung zu akzeptieren, und beharrte darauf, daß die einzig mögliche Interpretation eines Traumes die der Wunscherfüllungstheorie sei. Nachdem es zu einer Spaltung zwischen den Jungianern und der Freudschen Schule gekommen war, bemühte sich Jung, Freuds Begriffe aus seinem Denksystem herauszulösen und sie durch neue zu ersetzen; damals änderte sich auch Jungs Traumtheorie. Während Freud dazu neigte, sich hauptsächlich auf die freie Assoziation zu verlassen und den Traum als Ausdruck infantiler, irrationaler Wünsche zu verstehen, verzichtete Jung immer mehr auf die freie Assoziation und interpretierte nun den Traum nicht weniger dogmatisch als Ausdruck der Weisheit des Unbewußten.

Diese Auffassung paßt zu Jungs Verständnis des Unbewußten überhaupt. Er glaubte, »daß das Unbewußte zu Zeiten fähig ist, eine Intelligenz und Zweckgerichtetheit zu manifestieren, welche der zur Zeit möglichen bewußten Einsicht überlegen sind« (C. G. Jung, 1937, S. 41). Soweit habe ich gegen diese Behauptung nichts einzuwenden; sie entspricht meiner oben (S. 37f.) dargelegten Erfahrung mit der Traumdeutung.

Aber Jung geht noch weiter und behauptet, diese Tatsache sei »ohne Zweifel ein grundlegendes religiöses Phänomen«, und die Stimme, die in unseren Träumen spreche, sei nicht unsere eigene, sondern komme aus einer Quelle, die uns transzendiere. Auf den Einwand, »daß die von der Stimme vertretenen Gedanken nichts anderes seien als die Gedanken des Individuums selbst«, antwortete er (C. G. Jung, 1937, S. 41f.): »Das mag sein; aber ich würde einen Gedanken nur dann meinen eigenen nennen, wenn *ich* ihn gedacht habe, ebenso wie ich Geld nur dann als mein eigenes bezeichnen würde, wenn ich es bewußt und legitim erworben habe. Wenn jemand mir das Geld als Geschenk gibt, werde ich zu meinem Wohltäter sicherlich nicht sagen: ›Ich danke dir für *mein* Geld‹, obwohl ich nachher zu einer dritten Person sagen könnte: ›Dies ist mein eigenes Geld.‹ Mit der Stimme bin ich in einer ähnlichen Lage. Die Stimme gibt mir gewisse Inhalte, genau so, wie ein Freund mir seine Ideen mitteilen würde. Es wäre weder anständig noch wahrheitsgemäß, sondern ein Plagiat, zu behaupten, daß, was *er* sagt, ursprünglich und zuerst meine eigenen Ideen gewesen seien.«

Zum gleichen Punkt äußert er sich an anderer Stelle sogar noch deutlicher, wo er behauptet, dem Menschen werde nie geholfen durch das, was er selbst denke, sondern durch die Offenbarungen einer Weisheit, die größer sei als seine eigene.

Der Unterschied zwischen Jungs Interpretation und meiner eigenen läßt sich folgendermaßen zusammenfassen: Ich stimme mit ihm darin überein, daß wir in unserem Schlaf oft weiser und anständiger sind als in unserem wachen Dasein. Jung erklärt dieses Phänomen mit der Annahme einer uns transzendierenden Offenbarungsquelle, während ich glaube, daß das, was wir im Schlaf denken, *unser* Denken ist, und daß die Einflüsse, denen wir in unserem wachen Leben ausgesetzt sind, auf unsere intellektuellen und moralischen Fähigkeiten in vieler Hinsicht einen verdummenden Einfluß ausüben.

Auch das Verständnis der Jungschen Methode wird die Wiedergabe einer seiner eigenen Traumanalysen erleichtern. Der Traum stammt aus einer Reihe von über vierhundert Träumen, die ein Patient Jungs niedergeschrieben hat. Der Träumer ist katholisch erzogen, jedoch kein praktizierender Katholik mehr, und interessiert sich auch nicht für religiöse Probleme. Einer seiner Träume war der folgende:

»Alle Häuser haben etwas Bühnenhaftes, Theaterhaftes. Kulissen und Dekorationen. Der Name Bernard Shaw fällt. Das Stück soll in ferner Zukunft spielen. Über einer Kulisse steht englisch und deutsch:

> *›Dies ist die allgemeine katholische Kirche.*
> *Sie ist die Kirche des Herrn.*
> *Alle, die sich als Werkzeug des Herrn fühlen, mögen eintreten.‹*

Darunter kleiner gedruckt: Die Kirche ist gegründet von Jesus und Paulus – wie wenn man das Alter einer Firma anpreisen wollte. Ich sage zu meinem Freunde: ›Komm, das wollen wir uns einmal ansehen.‹ Er antwortet: ›Ich sehe nicht ein, warum viele Menschen beisammen sein müssen, wenn sie religiöse Gefühle haben.‹ Da antworte ich: ›Als Protestant wirst du das nie verstehen.‹ Eine Frau stimmt mir sehr zu. Nun sehe ich eine Art Aufruf an der Wand der Kirche: Er lautet:

›Soldaten!
Wenn Ihr fühlt, in der Macht des Herrn zu stehen, vermeidet es, ihn direkt anzusprechen. Der Herr ist durch Worte unerreichbar. Wir empfehlen Euch weiter dringend, keine Diskussionen über die Attribute des Herrn untereinander zu veranstalten. Es ist unfruchtbar, denn das Wertvolle und Wichtige ist unsagbar.
Gezeichnet: Papst... (Name unleserlich).‹

Nun gehen wir hinein. Das Innere ist ähnlich einer Moschee, besonders ähnlich der Hagia Sophia. Keine Bänke – schöne Raumwirkung, keine Bilder, eingerahmte Sprüche als Ornamente an der Wand (wie dort die Koransprüche). Einer der Sprüche lautet: ›Schmeichelt eurem Wohltäter nicht.‹ Die Frau, die mir früher zugestimmt hatte, bricht in Tränen aus und ruft: ›Da bleibt ja nichts mehr übrig.‹ Ich antworte: ›Ich finde das alles ganz richtig‹, aber sie verschwindet. Erst stehe ich so, daß ein Pfeiler vor mir ist und ich nichts sehen kann. Dann wechsle ich meine Stellung und sehe eine Menge von Menschen vor mir. Ich gehöre nicht zu ihnen und stehe allein. Aber sie sind deutlich vor mir, und ich sehe ihre Gesichter. Sie sagen alle unisono: ›Wir bekennen, in der Macht des Herrn zu stehen.

Das Himmelreich ist in uns.‹ Dies wird sehr feierlich gesprochen, dreimal. Dann wird Orgel gespielt, eine Bachsche Fuge mit Chor wird gesungen. Der ursprüngliche Text ist fortgelassen. Manchmal nur eine Art Koloratur, sodann wiederholt die Worte: ›Alles andere ist Papier‹ (soll heißen: wirkt auf mich nicht lebendig). Nachdem der Chor verklungen, beginnt sozusagen in studentischer Weise der gemütliche Teil der Sitzung. Es sind lauter heitere und ausgeglichene Menschen da. Man geht auf und ab, spricht miteinander, begrüßt einander, und es werden Wein (aus einem bischöflichen Priesterseminar) und Erfrischungen gereicht. Man wünscht der Kirche ein fröhliches Gedeihen und, wie um der Freude am Zuwachs von Vereinsmitgliedern Ausdruck zu geben, wird von einem Lautsprecher ein Schlager gespielt mit dem Refrain: ›Karl ist jetzt auch dabei‹. Ein Priester erklärt mir: ›Diese nebensächlichen Vergnügungen sind offiziell gebilligt und zugelassen. Wir müssen uns den amerikanischen Methoden etwas anpassen. Bei einem Massenbetrieb, wie wir ihn haben, ist das unvermeidlich. Von den amerikanischen Kirchen unterscheiden wir uns aber grundsätzlich durch eine ausgesprochen antiasketische Richtung.‹ Dann erwache ich. Gefühl großer Erleichterung.« (C. G. Jung, 1937, S. 25–27.)

Beim Versuch, diesen Traum zu deuten, weist Jung darauf hin, daß er mit Freud nicht übereinstimme, wenn dieser den Traum als eine bloße Fassade bezeichne, hinter der etwas absichtlich verborgen werde. Jung sagt (a.a.O., S. 27f.):
»Es besteht kein Zweifel, daß Neurotiker unangenehme Dinge verbergen, wahrscheinlich genau so, wie das auch normale Leute tun. Aber es ist eine andere Frage, ob eine solche Kategorie auf ein so normales und über die ganze Welt verbreitetes Phänomen angewandt werden darf, wie es der Traum ist. Ich zweifle daran, ob wir annehmen dürfen, daß ein Traum etwas anderes sei als das, was er zu sein scheint. Ich bin eher geneigt, eine andere jüdische Autorität anzurufen, nämlich den Talmud, welcher sagt, daß der Traum seine eigene Deutung sei. Mit andern Worten, *ich nehme den Traum als das, was er ist.* Der Traum ist ein derartig schwieriger und verwickelter Stoff, daß ich nicht wage, irgendwelche Annahmen über eine ihm möglicherweise innewohnende Täuschungstendenz zu machen. Der Traum ist ein Naturereignis, und es gibt keinen

ersichtlichen Grund zur Annahme, daß er eine schlaue Erfindung sei, bestimmt, uns irrezuführen. Der Traum geschieht, wenn Bewußtsein und Wille größtenteils ausgelöscht sind. Es scheint ein Naturprodukt zu sein, das sich auch bei Leuten findet, die nicht neurotisch sind. Überdies wissen wir so wenig über die Psychologie des Traumprozesses, daß wir mehr als vorsichtig sein müssen, wenn wir in seine Erklärung Elemente einführen, die dem Traum selber fremd sind.

Aus allen diesen Gründen glaube ich, daß unser Traum wirklich von Religion spricht. Da der Traum zusammenhängend und wohlgeformt ist, macht er den Eindruck einer gewissen Logik und Absichtlichkeit, d. h. es liegt ihm eine sinnvolle Motivation zugrunde, welche ihren direkten Ausdruck im Trauminhalt findet.«

Wie interpretiert Jung diesen Traum? Er bemerkt, daß die katholische Kirche, obwohl sie allgemeines Ansehen genießt, doch mit einer seltsamen heidnischen Anschauung gepaart sei, die mit einer von Grund auf christlichen Einstellung unvereinbar sei. In dem ganzen Traum seines Patienten sei keine Opposition gegen das kollektive Gefühl, gegen Massenreligion und Heidentum, abgesehen von dem bald zum Schweigen gebrachten protestantischen Freund. Die unbekannte Frau im Traum erklärt er als eine Repräsentation der »Anima«, in der er eine psychische Darstellung der Minderheit der weiblichen Gene in einem männlichen Körper sieht. Die Anima repräsentiert in der Regel das Unbewußte und gibt ihm seinen eigentümlich unangenehmen oder irritierenden Charakter.

»Die negative Reaktion der Anima im Kirchentraum weist darauf hin, daß die weibliche Seite des Träumers, also sein Unbewußtes mit seiner Einstellung nicht einverstanden ist (...)

Wir erfahren also aus dem Traum, daß die unbewußte Funktion des Träumers einen ziemlich flachen Kompromiß zwischen Katholizismus und einer heidnischen ›*joie de vivre*‹ hervorbringt. Das Produkt des Unbewußten drückt nicht einen festen Gesichtspunkt oder eine endgültige Meinung aus, sondern entspricht eher der dramatischen Exposition eines Überlegungsaktes. Man könnte dies vielleicht folgendermaßen formulieren: ›Wie steht es nun mit deiner religiösen Angelegenheit? Du bist Katholik, nicht wahr? Ist das nicht gut genug? Aber Asketentum – schön und gut, doch auch die Kirche muß sich ein wenig anpassen – Kino,

Radio, Jazz usw. – warum nicht auch etwas kirchlicher Wein und fröhliche Bekanntschaften?‹ Aber aus irgendeinem Grunde scheint diese unangenehme, aus vielen früheren Träumen wohlbekannte, mysteriöse Frau tief enttäuscht zu sein und geht fort.« (C. G. Jung, 1937, S. 32f.)

Jung sagt von seinem Patienten, er sei wegen »einer sehr schwerwiegenden Erfahrung« zu ihm gekommen.

»Er war äußerst rationalistisch und intellektuell und hatte erlebt, daß seine Geisteshaltung und seine Philosophie ihn angesichts seiner Neurose und ihrer demoralisierenden Kräfte vollständig im Stich ließen. In seiner ganzen Weltanschauung fand er nichts, das ihm zu einer genügenden Selbstbeherrschung hätte verhelfen können. Er war deshalb so ziemlich in der Lage eines Mannes, den seine bis dahin gehegten Überzeugungen und Ideale im Stich gelassen hatten. Es ist keineswegs ein außergewöhnlicher Fall, daß ein Mensch unter solchen Umständen zu der Religion seiner Kindheit zurückkehrt, in der Hoffnung, dort etwas Hilfreiches zu finden. Es war indessen kein bewußter Versuch oder Entschluß, frühere religiöse Glaubensformen wieder zu beleben. Er träumte es bloß; d. h. sein Unbewußtes produzierte eine eigenartige Konstatierung über seine Religion. Es ist gerade so, als ob Geist und Fleisch, die beiden ewigen Feinde im christlichen Bewußtsein, miteinander Frieden gemacht hätten in Form einer sonderbaren Abschwächung ihrer gegensätzlichen Natur. Geistigkeit und Weltlichkeit kommen in unerwarteter Friedfertigkeit zusammen. Die Wirkung ist einigermaßen grotesk und komisch. Der unerbittliche Ernst des Geistes scheint durch eine fast antike Fröhlichkeit unterminiert zu sein, mit Wein und Rosen parfümiert. Der Traum beschreibt jedenfalls eine geistliche und weltliche Atmosphäre, welche die Schärfe des moralischen Konfliktes abstumpft und alle seelischen Schmerzen und Nöte in Vergessenheit geraten läßt.« (A.a.O., S. 33.)

Aus dem Traum und der Beschreibung des Träumers, die Jung gibt, scheint mir diese Deutung nicht gerechtfertigt. Seine Interpretation bleibt an der Oberfläche und berücksichtigt nicht die zugrunde liegenden seelischen Kräfte, welche diesen Traum produziert haben. Meiner Ansicht nach ist der Traum alles andere als ein flacher Kompromiß zwischen Weltlichkeit und Religion, sondern eine bittere Anklage gegen die Religion und gleichzeitig ein ernsthaftes Verlangen nach geistiger Unabhängigkeit. Die Kirche wird als ein Theater, als eine Firma, eine Armee beschrieben. Der durch die Hagia Sophia repräsentierte Islam kommt bei einem Vergleich mit der christlichen Kirche besser weg, weil er keine Bilder und nur eingerahmte Sprüche hat, wie »Schmeichelt eurem Wohltäter nicht«. Dieser Satz stellt natürlich die eigene Kritik des Träumers an der Gewohnheit der Kirche dar, Gott zu schmeicheln. Im weiteren macht sich der Träumer über die Kirche lustig, indem er träumt, der Gottesdienst entarte zu einer heiteren Versammlung, in der Getränke herumgereicht werden und wo eine Ragtime-Melodie gespielt wird mit dem Refrain *Charles is now also in the game.* (Es scheint Jungs Aufmerksamkeit entgangen zu sein, daß der Vers *Charles is now also in the game* auf seinen eigenen ersten Vornamen Carl Bezug nimmt und daß dieser spöttische Hinweis auf den Analytiker genau dem Geist der Auflehnung gegen die Autorität entspricht, der den ganzen Traum durchzieht.) Der Träumer hebt diesen Punkt ausdrücklich hervor, indem er den Priester selbst einräumen läßt, die Kirche müsse »amerikanische Methoden« anwenden, um für die Massen attraktiv zu sein.

Die Rolle der Frau in diesem Traum kann man nur ganz verstehen, wenn man die antiautoritäre, rebellische Tendenz des gesamten Traumes berücksichtigt. Der Träumer ist – trotz seiner bewußten Gleichgültigkeit gegenüber der Religion – auf einer tieferen seelischen Ebene immer noch mit ihr verbunden, oder – genauer gesagt – er hängt noch an dem autoritären Typ der Religion, der ihm in seiner Kindheit vermittelt worden war. Seine Neurose ist ein Versuch, sich von der Bindung an irrationale Autoritäten zu befreien, aber das ist ihm bisher nicht gelungen, und die Folge ist, daß er neurotische Verhaltensmuster entwickelt hat. Zur Zeit des Traumes ist bei ihm der Versuch, aufzubegehren und sich von der Beherrschung durch Autoritäten zu befreien, ein dominierender seelischer Zug, der sich in seinem Traumleben bemerkbar macht. Die Frau, welche vermutlich seine Mutter symbolisiert, erkennt, daß er, wenn er das autoritäre Prinzip, der starken Vaterfigur (dem Wohltäter) zu schmeicheln, ablehnt, erwachsen werden wird und auch sie ihn verlieren wird. Deshalb weint sie und sagt: »Da bleibt ja nichts mehr übrig.«

Der Träumer ist tatsächlich an der Religion interessiert, aber er gelangt dabei nicht – wie Jung annimmt – zu einem flachen Kompromiß, sondern zu einer sehr klaren Auffassung vom Unterschied zwischen einer autoritären und einer humanistischen Religion. Die autoritäre Religion, in der Gehorsam die Haupttugend ist und in der der Mensch sich selbst klein und ohnmächtig macht, indem er alle Macht und Kraft Gott zuschreibt, ist die Art von Religion, gegen die er ankämpft; es ist der gleiche Kampf, der auch sein persönliches Leben durchzieht, die Rebellion gegen jede Art von autoritärer Beherrschung. Was er erstrebt, ist eine humanistische Religion, bei welcher die Betonung auf der Kraft und Güte des Menschen liegt und wo Tugend nicht gleichbedeutend mit Gehorsam, sondern mit der Verwirklichung der dem Menschen eigenen humanen Kräfte liegt. (Vgl. die Erörterung der autoritären und der humanistischen Religion in E. Fromm, 1950a, GA VI.) Aus der Reihenfolge der Traumbilder geht dies sehr klar hervor. Er hört die Menge »sehr feierlich« die Worte sprechen: »Das Himmelreich ist in uns... Alles andere ist Papier.« Der Träumer hat die Kirche als eine große Organisation, als eine Art Firma oder Armee verhöhnt, er hat sie beschuldigt, mit Hilfe von Schmeicheleien Gottes Gunst gewinnen zu wollen, und er sagt jetzt, Gott lebe in uns und abgesehen von dieser Erfahrung sei »alles andere Papier«, weil es auf ihn nicht lebendig wirke.

Die gleiche Auffassung finden wir auch im zweiten Traum desselben Patienten, den Jung ebenfalls in *Psychologie und Religion* (C. G. Jung, 1937, S. 37f.) erörtert:

»Ich komme in ein besonders weihevolles Haus, das ›Haus der Sammlung‹. Im Hintergrund sind viele Kerzen, die in einer besonderen Form mit vier nach oben zulaufenden Spitzen angeordnet sind. Außen an der Türe des Hauses steht ein alter Mann. Es gehen Leute hinein. Sie sprechen nichts und stehen regungslos, um sich innerlich zu sammeln. Der Mann an der Türe sagt von den Besuchern des Hauses: ›Sobald sie wieder heraustreten, sind sie rein.‹ Nun gehe ich selbst in das Haus hinein und kann mich ganz konzentrieren. Da spricht eine Stimme: ›Was du tust, ist gefährlich. Die Religion ist nicht die Steuer, die du bezahlen sollst, um das Bild der Frau entbehren zu können, denn dieses Bild ist unentbehrlich. Wehe denen, welche die Religion als Ersatz für eine andere Seite des Lebens der Seele gebrauchen; sie sind im Irrtum und werden verflucht sein. Kein Ersatz ist die Religion, sondern sie soll als letzte Vollendung zur anderen Tätigkeit der Seele hinzukommen. Aus der Fülle des Lebens sollst du deine Religion gebären, nur dann wirst du selig sein.‹ Bei dem besonders laut

gesprochenen letzten Satz höre ich ferne Musik, einfache Akkorde auf einer Orgel. Etwas daran erinnert an das Feuerzaubermotiv von Wagner. Als ich nun aus dem Haus trete, da sehe ich einen brennenden Berg, und ich fühle, ›ein Feuer, das nicht gelöscht werden kann, ist ein heiliges Feuer‹.«

In diesem Traum greift der Träumer die Kirche nicht mehr in der spaßhaften Weise an wie im vorigen Traum. Er macht eine tiefe und klare Feststellung über die humanistische im Gegensatz zur autoritären Religion. Einen Punkt hebt er dabei besonders hervor: Die Religion darf nicht versuchen, Liebe und Sexualität (das Bild der Frau) zu unterdrükken, und darf kein Ersatz für diese Seite des Lebens sein. Nicht aus der Unterdrückung, sondern aus der »Fülle des Lebens« muß die Religion geboren werden. Die letzte Feststellung, daß »ein Feuer, das nicht gelöscht werden kann, ein heiliges Feuer ist«, bezieht sich, wie aus dem gesamten Kontext des Traumes hervorgeht, auf das, was durch das »Bild der Frau« ausgedrückt ist, auf das Feuer von Liebe und Sexualität.

Dieser Traum ist interessant als Beispiel für die Art von Träumen, in denen die Seele Gedanken und Urteile mit einer Klarheit und Schönheit zum Ausdruck bringt, wie sie der Träumer in seinem wachen Leben nicht erreicht hat. Aber ich habe ihn hauptsächlich angeführt, um die Mängel von Jungs einseitiger, dogmatischer Interpretation zu veranschaulichen. Für ihn symbolisiert das »unauslöschliche Feuer« Gott, und »das Bild der Frau« und »die andere Seite des Lebens« repräsentieren das Unbewußte. Nun stimmt es zwar durchaus, daß das Feuer häufig ein Symbol Gottes ist, aber es ist auch oft ein Symbol der Liebe und der sexuellen Leidenschaft. Freud hätte den Traum vermutlich nicht so gedeutet, daß darin eine philosophische Behauptung zum Ausdruck komme, sondern er hätte darin die Erfüllung der infantilen, inzestuösen Wünsche des Träumers gesehen. Nicht weniger dogmatisch, läßt Jung diesen Aspekt völlig außer acht und denkt nur an die religiöse Symbolik. Mir scheint die Wahrheit in keiner dieser beiden Richtungen zu liegen. Der Träumer beschäftigt sich zwar mit einem religiösen und philosophischen Problem, aber er zieht keinen Trennungsstrich zwischen seinem philosophischen Interesse und seiner Sehnsucht nach Liebe. Ganz im Gegenteil stellt er fest, daß man sie nicht voneinander trennen darf, und er kritisiert die Kirche wegen ihres Verständisses von Sünde.

5

DIE GESCHICHTE DER TRAUMDEUTUNG

Wir haben bisher drei Ansätze zur Traumdeutung vorgestellt: erstens Freuds Auffassung, daß alle Träume Ausdruck der irrationalen und asozialen Natur des Menschen seien; zweitens Jungs Interpretation, daß die Träume Offenbarungen einer den einzelnen transzendierenden unbewußten Weisheit seien; drittens die Ansicht, daß die Träume jede Art von Seelentätigkeit ausdrücken, daß in ihnen sowohl unsere irrationalen Strebungen wie auch unsere Vernunft und Moralität – das Schlechteste wie auch das Beste in uns – zum Ausdruck kommen. Diese drei Theorien sind keineswegs neueren Datums. Ein kurzer Überblick über die Geschichte der Traumdeutung zeigt, daß die gegenwärtige Kontroverse über die Bedeutung von Träumen eine Auseinandersetzung enthält, die schon dreitausend Jahre alt ist.

a) Die frühe, nicht-psychologische Traumdeutung

Die Geschichte der Traumdeutung beginnt mit Versuchen, die Bedeutung der Träume nicht als psychologisches Phänomen, sondern als reale Erlebnisse der vom Körper losgelösten Seele oder als die Stimme von Geistern oder Gespenstern zu verstehen. So ist nach Auffassung der Aschantis ein Mann, der träumt, er habe mit der Frau eines anderen Geschlechtsverkehr gehabt, mit der üblichen Buße für Ehebruch zu bestrafen, weil seine und ihre Seele sexuellen Verkehr miteinander hatten. (Vgl. R. S. Rattray, 1947.) Die Kiwai Papuans von (Britisch) Neuguinea glauben, wenn es einem Zauberer gelinge, jemandes Seele im Traumzustand zu fangen, werde der Schläfer nie wieder aufwachen. (Vgl. G.

Landtman, 1947.) Eine andere Form des Glaubens, daß die Vorkommnisse im Traum realer Natur seien, ist die Vorstellung, daß die Geister Verstorbener im Traum erscheinen, um uns zu ermahnen, zu warnen oder uns Botschaften anderer Art zu überbringen. Bei den Mohave- und bei den Yuma-Indianern zum Beispiel ist die Erscheinung von kürzlich verstorbenen Verwandten im Traum besonders gefürchtet. (Vgl. E. W. Gifford, 1947.)

Andere primitive Völker haben eine Vorstellung von der Bedeutung der Träume, die der Auffassung nähersteht, welche in den großen Kulturen des Ostens zu finden ist. Hier wird der Traum entsprechend einem festgelegten religiösen und ethischen Bezugssystem gedeutet. Jedes Symbol hat seine bestimmte Bedeutung, und die Interpretation besteht in der Auslegung dieser festgelegten Bedeutung der Symbole. Ein Beispiel für diese Art der Deutung gibt J. S. Lincoln (1947) in seiner Arbeit über die Navaho-Indianer:

»Der Traum: *Ich träumte von einem sehr großen Ei aus einer steinharten Substanz. Ich schlug es auf, und heraus flog ein junger, aber bereits voll ausgewachsener Adler. Es geschah im Hausinneren, und der Adler flog hin und her und versuchte hinauszufliegen, doch konnte er nicht hinausgelangen, weil das Fenster geschlossen war.*

Die Deutung: Der Adler gehört zur Vogelgruppe der höheren Geister, die eine der drei verbündeten Geistergruppen ist, der Geister des Windes, des Blitzes und der Vögel, die alle auf dem Gipfel des San Francisco-Berges wohnen. Wenn diese Geister beleidigt werden, können sie große Verwüstung und Zerstörung anrichten. Sie können auch freundlich sein. Der Adler kann nicht hinausfliegen, weil du den Vogelgeist beleidigt haben mußt, vielleicht weil du auf sein Nest getreten bist, oder vielleicht war es auch dein Vater, der ihn gekränkt hat.«

Die frühe orientalische Traumdeutung gründete sich ebenfalls nicht auf eine psychologische Traumtheorie, sondern auf die Annahme, daß der Traum eine Botschaft darstellt, die den Menschen von göttlichen Mächten gesandt wird. Die bekanntesten Beispiele für diese Art der nichtpsychologischen Traumdeutung sind die Träume des Pharao, wie sie die Bibel berichtet. Als der Pharao einen Traum hatte, der ihn beunruhigte, schickte er hin »und ließ alle Wahrsager und Weisen Ägyptens rufen. Der Pharao erzählte ihnen seine Träume, doch keiner war da, der sie ihm hätte deuten können« (Gen 41,8). Als er dann Josef auffordert, den Traum zu deuten, antwortet dieser: »Nicht ich, sondern Gott wird zum Wohl des Pharao eine Antwort geben« (Gen 41,16). Der Traum war folgender (Gen 41,17–24):

»In meinem Traum stand ich am Nilufer. Aus dem Nil stiegen sieben wohlgenährte stattliche Kühe und weideten im Riedgras. Nach ihnen stiegen sieben andere Kühe herauf, elend, sehr häßlich und mager. Nie habe ich in ganz Ägypten so häßliche Kühe gesehen. Die mageren und häßlichen Kühe fraßen die sieben ersten, fetten auf (...) Dann wachte ich auf. Weiter sah ich in meinem Traum: Auf einem einzigen Halm gingen sieben volle, schöne Ähren auf. Nach ihnen wuchsen sieben taube, kümmerliche, vom Ostwind ausgedörrte Ähren. Die kümmerlichen Ähren verschlangen die sieben schönen Ähren. Ich habe das den Wahrsagern erzählt, aber keiner konnte mir die Deutung sagen.«

Josefs Deutung lautet (Gen 41,26–36):

»(...) Die sieben schönen Kühe sind sieben Jahre, und die sieben schönen Ähren sind sieben Jahre. Es ist ein und derselbe Traum. Die sieben mageren und häßlichen Kühe, die nachher heraufkamen, sind sieben Jahre, und die sieben leeren, vom Ostwind ausgedörrten Ähren sind sieben Jahre Hungersnot. Das ist es, was ich meinte, als ich zum Pharao sagte: Gott ließ den Pharao sehen, was er vorhat. Sieben Jahre kommen, da wird großer Überfluß in ganz Ägypten sein. Nach ihnen aber werden sieben Jahre Hungersnot heraufziehen: Da wird der ganze Überfluß in Ägypten vergessen sein, und Hunger wird das Land auszehren. Dann wird man nichts mehr vom Überfluß im Land merken wegen des Hungers, der danach kommt; denn er wird sehr drückend sein. Daß aber der Pharao gleich zweimal träumte, bedeutet: Die Sache steht bei Gott fest, und Gott wird sie bald ausführen. Nun sehe sich der Pharao nach einem klugen, weisen Mann um und setze ihn über Ägypten. Der Pharao möge handeln: Er bestelle Bevollmächtigte über das Land und besteuere Ägypten mit einem Fünftel in den sieben Jahren des Überflusses. Die Bevollmächtigten sollen alles Brotgetreide der kommenden guten Jahre sammeln und auf Weisung des Pharao Korn aufspeichern; das Brotgetreide sollen sie in den Städten sicherstellen. Es soll dem Land als Rücklage dienen für die sieben Jahre der Hungersnot, die über Ägypten kommen werden. Dann wird das Land nicht an Hunger zugrunde gehen.«

Der biblische Bericht besagt, daß der Traum als eine den Menschen von Gott offenbarte Vision angesehen wurde. Man kann den Traum des Pharao jedoch auch vom psychologischen Standpunkt aus betrachten. Es konnten ihm gewisse Faktoren bekannt sein, die möglicherweise die Fruchtbarkeit des Bodens in den nächsten vierzehn Jahren beeinflussen würden, doch war ihm dieses intuitive Wissen vielleicht nur im Schlaf zugänglich. Es ist Ansichtssache, ob der Traum so oder so zu verstehen ist. Jedenfalls zeigt der biblische Bericht – genau wie viele andere Berichte aus alten orientalischen Quellen –, daß man im Traum nicht etwas sah, was menschlichen Ursprungs war, sondern daß man darin eine göttliche Botschaft erblickte.

Besonders in Indien und Griechenland glaubte man, daß Träume noch eine andere Funktion besäßen, nämlich Krankheiten vorauszusagen. Man glaubte, daß bestimmte Symbole auf gewisse somatische Symptome hinweisen. Aber auch hier ist – ebenso wie im prophetischen Traum des Pharao – eine psychologische Deutung möglich. Wir dürfen annehmen, daß wir im Schlaf ein viel feineres Wahrnehmungsvermögen für bestimmte körperliche Veränderungen besitzen als in unserem wachen Dasein und daß wir solche Wahrnehmungen in das Traumbild übertragen, so daß sie uns dazu dienen können, Krankheiten zu diagnostizieren und bestimmte somatische Vorgänge vorauszusagen. (In welchem Ausmaß das zutrifft, müßte man durch eine umfangreiche Untersuchung von Träumen feststellen, die von bestimmten Personen geträumt wurden, bevor bei ihnen eine Krankheit zum Ausbruch kam.)

b) Die psychologische Traumdeutung

Im Gegensatz zur nicht-psychologischen Traumdeutung, die den Traum als Ausdruck »realer« Vorkommnisse oder als Botschaft von Mächten außerhalb des Menschen auffaßt, versucht die psychologische Deutung, den Traum als Ausdruck der eigenen Seele des Träumers zu verstehen. Diese beiden Methoden sind keineswegs immer voneinander getrennt. Ganz im Gegenteil finden wir bis zum Mittelalter viele Autoren, die beide Standpunkte miteinander verbinden und zwischen Träumen unterscheiden, die als religiöse Phänomene zu interpretieren sind, und solchen, die man psychologisch verstehen muß. Ein Beispiel dieser Methode gibt uns ein indischer Autor, der etwa zu Beginn der christlichen Zeitrechnung lebte:

»Sechs Arten von Menschen gibt es, die Träume sehen – der Mensch von stürmischem oder von cholerischem oder von phlegmatischem Temperament, der Mensch, der unter eines Gottes Einfluß träumt, der dies unter dem Einfluß seiner eigenen Gewohnheiten tut, und derjenige, der es in der Art einer Prophezeiung tut. Und von diesen, o König, ist nur die letzte Art von Träumen wahr; alle übrigen sind falsch.« (Aus *The Questions of King Milinda;* unbekannter Verfasser, niedergeschrieben im Norden von Indien zu Beginn der christlichen Zeitrechnung; zitiert aus R. Wood, 1947.)

Im Gegensatz zur nicht-psychologischen Deutung, wo der Traum so interpretiert wird, daß man bestimmte Symbole aus ihrem religiösen Kontext heraus versteht, befolgt unsere indische Quelle die Methode aller psychologischen Traumdeutung: Sie bringt den Traum mit der Persönlichkeit des Träumers in Beziehung. Ihre drei ersten Kategorien sind in Wirklichkeit nur eine, da sie sich alle auf das Temperament des Träumers beziehen – auf dessen psychische Eigenschaften, die in einer körperlichen Anlage begründet sind. Der Autor weist auf einen bedeutsamen Zusammenhang zwischen Temperament und Trauminhalt hin, der in unserer gegenwärtigen Traumdeutung kaum Beachtung findet, obwohl es sich um einen wichtigen Aspekt der Traumdeutung handelt, wie weitere Forschungen zweifellos zeigen werden. Die von einem Gott gesandten Träume sind für ihn nur ein Traumtyp unter anderen. Er unterscheidet dann zwischen Träumen, die von den Gewohnheiten des Träumers beeinflußt sind, und solchen, die eine Voraussage enthalten. Unter Gewohnheiten versteht er vermutlich die in der Charakterstruktur des Betreffenden dominierenden Strebungen; unter die prognostischen Träume dürfte er die rechnen, die Ausdruck einer höheren Einsicht während des Schlafes sind.

Eines der ältesten Beispiele für die Auffassung, daß Träume entweder Ausdruck unserer vernünftigsten oder unserer unvernünftigsten Kräfte sein können, findet sich bei Homer. Er sagt, es gebe zwei verschiedene Tore für die Träume: das aus Horn für die Wahrheit, und das aus Elfenbein für Irrtum und Wahn (womit er sich auf die Durchsichtigkeit des

Horns und die Undurchsichtigkeit des Elfenbeins bezieht). Man könnte diese zwei Möglichkeiten der Traumtätigkeit kaum klarer und knapper ausdrücken.

Sokrates war – wie Platon im *Phaidon* berichtet – der Auffassung, daß die Träume die Stimme des Gewissens repräsentieren und daß es von größter Wichtigkeit sei, diese Stimme ernst zu nehmen und zu befolgen. In einem Gespräch kurz vor seinem Tod bringt er diesen Standpunkt sehr klar zum Ausdruck:

»Darauf nahm Kebes das Wort und sagte: Beim Zeus, Sokrates, das ist gut, daß du mich daran erinnerst. Denn nach deinen Gedichten, die du gemacht hast, indem du die Fabeln des Äsop in Verse gebracht, und nach dem Hymnus an den Apollon haben mich auch andere schon gefragt, und noch neulich Euenos, wie es doch zugehe, daß, seitdem du dich hier befindest, du Verse machest, da du es zuvor nie getan hast. Ist dir nun etwas daran gelegen, daß ich dem Euenos zu antworten weiß, wenn er mich wieder fragt, und ich weiß gewiß, das wird er: so sprich, was ich ihm sagen soll. – Sage ihm denn, sprach er, o Kebes, die Wahrheit, daß ich es nicht tue, um etwa gegen ihn und seine Gedichte aufzutreten, denn das wüßte ich wohl, wäre nicht leicht, sondern um zu versuchen, was wohl ein gewisser Traum meine, und mich vor Schaden zu hüten, wenn etwa dies die musische Tätigkeit sein sollte, die er mir anbefiehlt. Es war nämlich dieses: Es ist mir oft derselbe Traum vorgekommen in dem nun vergangenen Leben, der mir, bald in dieser, bald in jener Gestalt erscheinend, immer dasselbe sagte: Sokrates, sprach er, schaff und treibe musische Kunst! Und ich dachte zuerst, der Traum wolle mich zu dem ermuntern und antreiben, was ich schon tat, und wie man die Laufenden anzutreiben pflegt, so ermuntere mich auch der Traum zu dem, was ich schon tat, Musenkunst zu treiben, weil nämlich die Philosophie die vortrefflichste Musenkunst ist und ich diese doch trieb. Jetzt aber, seit das Urteil gefällt ist und das Fest des Gottes meinen Tod noch verschoben hat, dachte ich doch, ich müsse, falls etwa der Traum mir doch befähle, mich mit dieser volkstümlichen Musenkunst zu beschäftigen, auch dann nicht ungehorsam sein, sondern es tun. Denn es sei doch sicherer, nicht abzuscheiden, bis ich mein Gewissen beruhigt und Gedichte gemacht habe, um dem Traum zu gehorchen. So habe ich denn ein Gedicht auf den Gott gemacht, dem das gegenwärtige Opferfest galt, und nächst dem

Gott habe ich in dem Gedanken, ein Dichter müsse, wenn er ein solcher sein wolle, Fabeln dichten und dürfe sich nicht in nüchterner Prosa ergehen, und weil ich selbst mich nicht auf Fabeln verstehe, die nächsten besten Fabeln des Äsop, die mir geläufig waren und die ich kannte, in Verse gebracht. Dies also, Kebes, sage dem Euenos, ich lasse ihm Lebewohl sagen, und wenn er verständig sei, soll er mir so bald als möglich nachkommen. Ich werde aber, wie es scheint, noch heute weggehen. Denn so wollen es die Athener« (Platon, 1931, S. 72f.).

Ganz im Gegensatz zu Sokrates' Auffassung ist die Theorie Platons eine fast wörtliche Vorausnahme von Freuds Traumtheorie (Platon, 1939, S. 298f.):

»[Sokrates:]
›(...) Unter den entbehrlichen sinnlichen Genüssen und Trieben befinden sich einige, die verbrecherisch sind. Sie drohen, sich bei jedem bemerkbar zu machen. Werden sie aber durch die Gesetze und die edleren Triebe unter dem Beistand der Vernunft in Schranken gehalten, so verlieren sie sich bei manchen Menschen völlig oder sind doch nur gering an Zahl wie an Kraft; bei anderen ist ihre Zahl und Kraft größer.‹
[Adeimantos:]
›Was für Triebe meinst du damit?‹
[Sokrates:]
›Ich meine die, welche im Schlafe hervortreten. Der eine Teil der Seele, der vernünftige, gemäßigte Herr des anderen Teiles ruht; dieser andere aber, der tierische, ungebändigte, gekräftigt durch Speise und Trank, wird lebendig (...) Du weißt, er ist dann zu allem fähig; alle Scham und Besinnung ist ihm abhanden gekommen. Er schrickt nicht davor zurück, in Gedanken die eigne Mutter zu umarmen, ebenso jeden anderen Menschen, jeden Gott, jedes Tier. Er begeht jeden Mord und genießt jede Speise, nach der es ihn gelüstet. Mit einem Wort, es gibt keine Torheit und Frechheit, die er nicht beginge.‹
[Adeimantos:]
›Das ist vollkommen wahr.‹
[Sokrates:]
›Anders ist es, wenn ein innerlich Gesunder und Besonnener nach Anregung und Stärkung seiner Vernunft durch gute Gespräche und Betrach-

tungen zur Ruhe geht. Er ist zur Selbstbesinnung gekommen und hat seine Triebe weder unbefriedigt gelassen, noch ihnen zu viel Nahrung gegeben. Sie sollen nun ruhen und dem edelsten Teile der Seele nicht beschwerlich fallen durch ihre Lust oder ihren Schmerz. Sie sollten ihn ungestört und unberührt nachdenken lassen, damit er seinem Verlangen nach neuen Erkenntnissen nachgehen kann, Erkenntnissen vergangener oder gegenwärtiger oder künftiger Dinge. Ebenso hat er seinen Willen beruhigt und ihn nicht durch zornige Wallungen aufgeregt. Diese beiden Teile hat er eingeschläfert, und den dritten, dessen Aufgabe das Denken ist, zum Leben erweckt. Wenn er sich so dem Schlafe hingibt, so findet er im Traume, wie du weißt, am besten die Wahrheit, und am wenigsten suchen ihn die verbrecherischen Träume heim.‹

[Adeimantos:]

›Meiner Meinung nach durchaus.‹

[Sokrates:]

›Wir haben uns zu weit führen lassen. Was wir uns klarmachen wollen, ist nur, daß in jedem Menschen, sogar in manchen von uns, die so maßvoll scheinen, ein arges, ungebändigtes, verbrecherisches Geschlecht von Trieben haust. Im Schlaf kommt das zutage. Ist das eine vernünftige Behauptung, mit der du dich einverstanden erklärst?‹

[Adeimantos:]

›Ja.‹ «

Während Platon wie Freud die Träume als Ausdruck unserer irrationalen Triebnatur ansieht, nimmt er doch eine Qualifikation vor, die diese Interpretation in gewissem Maß wieder einschränkt. Er nimmt an, daß der Schläfer, wenn er in einer ruhigen, friedlichen inneren Stimmung einschläft, am wenigsten von irrationalen Träumen heimgesucht wird. Man darf diese Auffassung jedoch nicht mit der dualistischen Interpretation verwechseln, daß die Träume Ausdruck sowohl unserer irrationalen wie auch unserer rationalen Natur seien; für Platon sind sie im wesentlichen Ausdruck des Wilden und Schrecklichen in uns, und nur bei Menschen, welche die höchste Reife und Weisheit erlangt haben, ist dies weniger der Fall.

Aristoteles betont die rationale Seite der Träume. Er nimmt an, daß wir im Schlaf eine verfeinerte Wahrnehmungsgabe für subtile körperliche

Vorgänge haben und daß wir uns außerdem mit Plänen und Verhaltensmaßregeln beschäftigen, die wir klarer erkennen als tagsüber. Er nimmt allerdings nicht an, daß alle Träume bedeutungsvoll sind, sondern daß viele rein zufällig zustande kommen und es nicht verdienen, daß man ihnen prognostische Funktionen zuschreibe. Der folgende Abschnitt aus den *Parva naturalia*, der *Über Weissagung durch Träume* handelt (Aristoteles, 1953, S. 104–106), zeigt deutlich seinen Standpunkt:

»Die Träume müßten entweder Ursachen der Ereignisse sein oder Anzeichen oder mit ihnen zusammenfallen, sei es alles dies auf einmal oder nur einiges oder eines davon. Unter Ursache verstehe ich z. B. den Mond für die Sonnenfinsternis und die Anstrengung für die Erhitzung, unter Anzeichen der Verfinsterung, daß das Gestirn in die Sonnenscheibe eindringt, oder die belegte Zunge für das Fieber, unter Zusammentreffen, daß während eines Spazierganges die Sonnenfinsternis eintritt; dies letzte ist ja weder ein Anzeichen für die Verfinsterung noch eine Ursache, auch die Verfinsterung nicht für den Spaziergang. Daher findet ein Zusammentreffen weder immer noch auch nur meistens statt. Sind nun die Träume teils Ursachen, teils Anzeichen, z. B. etwa für körperliche Vorgänge? Jedenfalls gibt es tüchtige Ärzte, die behaupten, man müsse sehr auf die Träume achten. Und diese Auffassung empfiehlt sich auch für Nichtfachleute, die auf Erkenntnis und Weisheit aus sind.

Die tagsüber verlaufenden Bewegungen nämlich bleiben, wenn sie nicht nachhaltig und stark genug sind, neben größeren Bewegungen des Wachseins verborgen. Im Schlaf dagegen ist es umgekehrt, da erscheinen auch die kleinen groß, wie man häufig aus den Vorgängen beim Schlaf erkennt: man glaubt, es habe gepoltert und gedonnert, wenn nur ein kleiner Nachhall im Ohre ist, und man glaubt, Honig und süßen Geschmack auf der Zunge zu haben, wenn nur ein Tröpfchen Speichel herabrinnt, und durch Feuer zu waten und zu verbrennen, wenn nur eine kleine Erwärmung an irgendeiner Stelle eintritt. Wird man wach, dann entpuppt es sich so. Da also aller Dinge Anfang geringfügig ist, so ist begreiflich, daß es auch bei Krankheiten und andern körperlichen Leiden, die sich anbahnen, so ist. Man sieht also, daß diese in den Schlafzuständen sich eher bemerkbar machen müssen, als im Wachen. Aber auch das ist nicht unwahrscheinlich, daß manche Erscheinungen im Schlaf sogar Ursache sind für die besonderen Vorgänge in einem Körper. Denn wie man oft in den Traum hinein verfolgt wird von dem, was man vorhat oder womit man beschäftigt ist oder was man eben getan hat – der Grund ist, daß die Bahn für solche Bewegungen durch das am Tage Begonnene vorbereitet ist –, so müssen ja umgekehrt oft auch die im Schlaf erfolgenden Bewegungen die Ursache sein für die Handlungen des Tages, weil nun wieder für sie die Bahn des Nachdenkens frei gemacht ist durch die nächtlichen Vorstellungsbilder. Auf diese Weise können manche von den Träumen Ursachen und Anzeichen sein. Aber die meisten sind doch einem Zusammentreffen gleichzuachten, besonders alle überschwänglichen und solche, deren Inhalt man nicht selbst in der Hand hat, wenn man z. B. von einer Seeschlacht träumt und von weit entfernten Dingen. Hiermit wird es sich so verhalten, wie wenn etwas gerade dann eintritt, wenn man daran denkt. Warum soll dies nicht auch für die Vorgänge beim Schlafen gelten? Ja, es ist nur natürlich, daß viel derartiges sich ereignet. So wenig also, wie man die Erinnerung als Ursache oder Anzeichen für die Ankunft des Freundes auffaßt, ist auch der Traum für das, was sich am Träumenden erfüllt, Ursache oder Anzeichen, sondern nur ein Zusammentreffen. Daher gehen viele Träume nicht in Erfüllung, weil Zusammentreffen weder immer noch auch nur meist erfolgen.«

Die Traumauffassung der Römer hält sich ziemlich eng an die in Griechenland entwickelten Theorien, doch erreicht sie nicht immer die Klarheit und Tiefe der Einsicht, die wir bei Platon und Aristoteles antreffen. Lukrez kommt in seinem Werk *De rerum natura* (1960, Verse 962–986) der Freudschen Theorie von der Wunscherfüllung nahe, wenn er auch die Irrationalität dieser Wünsche nicht so stark wie Freud hervorhebt. Er stellt fest, daß unsere Träume sich mit Dingen befassen, für die wir uns tagsüber interessieren, oder auch mit körperlichen Bedürfnissen, die im Traum befriedigt werden:

»Welchem Geschäfte man nun im Geist am eifrigsten obliegt,
Oder wobei sich zuvor das Gemüt am meisten verweilt hat,
Sich der Verstand darauf mit strengerem Fleiße verwendet,
Ebendasselbe kömmt gewöhnlich uns wieder im Traum vor.
Rechtsgelehrte verfassen Gesetz' und führen Prozesse;
Feldherrn ordnen das Heer und liefern blutige Schlachten;
Schiffer führen den Kampf, den sie mit den Winden beschlossen;

Und ich treibe nun dies und forsche der Dinge Natur nach,
Lege dann, was ich erforscht, im vaterländischen Vers dar.

Also scheinen im Schlaf' auch andere Künst' und Geschäfte
Immer des Menschen Gemüt mit spielender Täuschung zu halten.
Mancher, welcher mit Fleiß das Schauspiel mehrere Tage
Hintereinander besucht, und sind die Dinge nun nicht mehr
Ihm vor Augen, so bleiben im Geist doch offen die Wege,
Ebendieselbigen Bilder zu diesem gelangen zu lassen.
Und so schweben sie noch ihm mehrere Tage vor Augen,
Daß er wachend sogar die Tanzenden sieht, wie die weichen
Glieder sie regen; das schmelzende Lied zur Zither, der Saiten
Sprechende Töne glaubt mit dem Ohr zu vernehmen, und jenen
Kreis der Versammlung zu sehn und den Reiz des bunten Theaters.

So viel lieget am Fleiß und an der beharrlichen Neigung,
Und in welcher Beschäftigung man sich zu üben gewöhnt hat;
Nicht bei den Menschen allein, auch selbst bei der Tiere Geschlechtern.«

Eine systematische Traumtheorie hat uns Artemidor von Daldis in seinem *Traumbuch* hinterlassen. Er lebte im 2. Jahrhundert und hatte mit seiner Schrift einen großen Einfluß auf die Ansichten des Mittelalters. Nach ihm gibt es fünf verschiedene Kategorien von Traumgebilden: der Traum, das Traumgesicht, das Orakel, das Phantasma (oder die pure Einbildung) und die Vision. »Traum« wird genannt, was die »Zustände der Gegenwart enthüllt« (Artemidor von Daldis, 1979, S. 9); hierzu gehört etwa Josefs Deutung von Pharaos Traum, daß die sieben mageren Kühe die sieben fetten verschlingen werden, oder etwa der Traum von den Kornähren. Das »Traumgesicht« enthüllt die Zukunft: Es »wirkt als Schlaferleben in der Weise, daß es die Aufmerksamkeit des Träumenden auf die Vorhersage der Zukunft lenkt« (a.a.O., S. 10); so etwa widerfuhr es Vespasian, als er den Chirurgen sah, der Heros den Zahn zog. Ein »Orakel« ist eine Offenbarung oder Verkündigung, die uns im Schlaf durch einen Engel oder Heiligen zuteil wird, damit wir Gottes Willen ihrer Mitteilung gemäß erfüllen; so etwa geschah es Josef, dem Mann der heiligen Jungfrau, und den drei Weisen. Das »Phantasma«, das wie der Traum »für die Voraussage der Zukunft bedeutungslos ist«

(a.a.O., S. 12), kommt so zustande: »Es gibt gewisse Affekte, die so geartet sind, daß sie im Schlaf wieder emporsteigen, sich der Seele wieder darbieten und Träume hervorrufen« (a.a.O., S. 9). Wir stellen uns also nachts im Phantasma das wieder vor, womit wir am Tage beschäftigt waren. »So träumt zum Beispiel der Liebhaber zwangsläufig von einem Zusammensein mit seinem Lieblingsknaben« (a.a.O., S. 9); oder es träumt jemand, der den ganzen Tag über gefastet hat, nachts davon, daß er ißt; oder es träumt einer, der tagsüber durstig war, nachts vom Trinken und ist darüber höchst erfreut. Und der Geizhals und Wucherer träumt von Geldsäcken, ja er pflegt gar davon im Schlafe zu sprechen. Schließlich gibt es die »Vision«, die Schwache und Greise nachts heimsucht, wenn diese sich einbilden, ein Schreckgespenst nähere sich ihnen, um ihnen Angst einzujagen oder um ihnen wehzutun.

Wie wir sehen, nimmt Artemidor von Daldis an, daß das, was er als »Traum« bezeichnet, eine in symbolischer Sprache ausgedrückte Einsicht ist. Der Traum des Pharao ist für ihn kein von Gott gesandtes Traumgesicht, sondern symbolischer Ausdruck dessen eigener rationaler Einsicht. Er behauptet, es gäbe auch Träume, in denen ein Engel Gottes Willen offenbare, doch diese bezeichnet er als »Orakel«. Das Traumgebilde, in dem sich unsere irrationalen Wünsche artikulieren, wird der Kategorie des Traums zugerechnet, und er bezeichnet dabei den Traum, auf den Platons und Freuds Deutung zutrifft, als Phantasma (oder pure Einbildung). Angstträume, die er »Visionen« nennt, erklärt er mit dem besonderen Zustand von schwachen Kindern und alten Menschen. Artemidor von Daldis weist ausdrücklich darauf hin, daß es keine allgemeingültigen Regeln für die Traumdeutung gebe und daß man die Träume auch nicht für alle gleichermaßen zufriedenstellend deuten könne, da sie oft je nach Zeit und Person unterschiedlich zu deuten seien.

Unser Bild von der Traumdeutung der Römer wäre unvollständig, wenn wir nicht auch die Stimme eines reinen Skeptikers zu Wort kommen ließen. In seinem Gedicht *Über die Weissagung* formulierte Cicero (1947): »Träume verdienen keinerlei Glauben oder Beachtung. Wenn also Träume nicht von Gott kommen und es keine Dinge in der Natur gibt, zu denen sie in einer unabänderlichen Wechselwirkung und Beziehung stehen, und wenn es unmöglich ist, durch Versuche und Beobachtung zu einer sicheren Deutung derselben zu gelangen, so ist die Folge, daß sie keinerlei Glauben noch Beachtung verdienen (...) Lehnen wir es deshalb ab, an die Weissagung von Träumen, wie auch an Weissagungen jeder anderen Art zu glauben. Denn, um die Wahrheit zu sagen, hat dieser Aberglaube, der bei allen Völkern Verbreitung gefunden hat, die geistigen Kräfte aller Menschen beeinträchtigt und sie zu endlosen Torheiten verleitet.«

Im Talmud wird von einer etwa in die gleiche Zeit zurückreichenden, kunstvoll ausgearbeiteten Theorie der Traumdeutung berichtet. Die Tatsache, daß es nach dem Talmud zur Zeit Jesu in Jerusalem 24 Traumdeuter gab, weist darauf hin, welche Rolle die Traumdeutung spielte. »Rabbi Chisda sagte: Jeder Traum bedeutet etwas, ausgenommen ein solcher, der durch Fasten kommt. Ferner sagte Rabbi Chisda: Ein ungedeuteter Traum gleicht einem ungelesenen Brief.« (Talmud, Berachot 55a.) Diese Behauptung formuliert eine Einstellung, wie sie Freud mit ähnlichen Worten fast zweitausend Jahre später verkündet hat: daß alle Träume ausnahmslos eine Bedeutung haben, daß sie wichtige Mitteilungen an uns selbst sind und daß wir es uns nicht leisten könnten, ihre Deutung zu unterlassen. Rabbi Chisda fügt noch eine wichtige Einschränkung hinzu, indem er bei seiner psychologischen Traumdeutung besonders auf die durch Fasten hervorgerufenen Träume hinweist. Diese Einschränkung bedeutet allgemeiner ausgedrückt, daß die durch starke körperlich-somatische Reize hervorgerufenen Träume die einzige Ausnahme von der Regel sind, daß die Träume seelische Ursachen haben.

Die talmudischen Autoren nahmen an, daß gewisse Arten von Träumen Voraussagen enthielten. Rabbi Jochanan sagte: »Drei Träume gehen in Erfüllung: ein Morgentraum, ein Traum, den sein Genosse über ihn träumte, und ein Traum, der im Traum selbst gedeutet wurde. Manche sagen: Auch ein Traum, der sich wiederholt hat, wird sich bewahrheiten.« (Talmut, Berachot 55b.)

Wenn für diese Behauptung auch keine Gründe angegeben werden, so sind diese doch nicht schwer zu entdecken. Der Schlaf am Morgen ist weniger tief als der in den ersten Stunden der Nacht, und der Schläfer ist daher seinem wachen Bewußtsein näher. Offenbar nimmt Rabbi Jochanan an, daß in diesem Schlafzustand das vernünftige Urteilsvermögen den Traumprozeß beeinflußt, wodurch wir die Möglichkeit zu einer klareren Einsicht in die Kräfte haben, die in uns oder in anderen am Werk sind, und deshalb zukünftige Ereignisse voraussehen können. Die Annahme, daß ein Traum, den ein anderer über uns träumt, sich bewahrheitet, dürfte sich auf die Idee gründen, daß andere uns oft besser beurteilen können als wir selbst und daß im Schlafzustand ihre Einsicht in uns besonders deutlich ist, weshalb sie Voraussagen ermöglicht. Die Überlegung, die der Theorie zugrunde liegt, daß Träume sich bewahrheiten, die von einem anderen Traum gedeutet werden, ist vermutlich, daß wir im Schlafzustand zu intuitiven Einsichten fähig sind, die uns erlauben, einen Traum dadurch zu deuten, daß wir seine »Deutung« träumen. Neuere Experimente mit der Trauminterpretation unter Hypnose scheinen diese Ansicht zu bestätigen. Als man Versuchspersonen unter Hypnose aufforderte, verschiedene Träume zu deuten, lieferten sie ohne Zögern eine sinnvolle Interpretation der im Traum verwendeten symbolischen Sprache. Als sie nicht mehr unter Hypnose standen, erschienen ihnen dieselben Träume völlig sinnlos. Diese Experimente deuten darauf hin, daß wir alle die Gabe besitzen, die symbolische Sprache zu verstehen, daß aber dieses Wissen nur in jenem unkontrollierten Zustand wirksam wird, der durch die Hypnose erzeugt wird. Unser talmudischer Autor steht auf dem Standpunkt, daß das gleiche auch für den Schlafzustand gilt, daß wir im Schlaf die Bedeutung eines anderen Traumes verstehen und ihn richtig auslegen können. Darüber, daß der sich wiederholende Traum eine besondere Bedeutung besitzt, besteht kaum ein Zweifel. Viele heutige Psychologen haben die Beobachtung gemacht, daß ein Traum, den jemand wiederholt träumt, wichtige Lebensfragen des Betreffenden zum Ausdruck bringt. Wenn dann jemand dazu neigt, sich immer wieder einem solchen Leitmotiv entsprechend zu verhalten, kann man sagen, daß derartige sich wiederholende Träume oft zukünftige Ereignisse im Leben des Betreffenden voraussagen.

Von besonderem Interesse ist die talmudische Deutung von Symbolen. Sie folgt der Methode Freuds, zum Beispiel bei der Deutung eines Traumes, daß jemand einen Ölbaum mit Olivenöl begießt (vgl. Talmud, Berachot 55b). Die Deutung lautet, der Traum symbolisiere einen Inzest. In einem Traum, in dem der Träumer sieht, wie seine Augen sich küssen, bedeutet dieses Symbol Geschlechtsverkehr mit der Schwester. Aber während den an sich nicht-sexuellen Symbolen eine sexuelle Bedeutung beigemessen wird, werden ausgesprochen sexuelle Symbole interpretiert, als ob sie etwas Nicht-Sexuelles bedeuteten. So sagt unsere talmudische Quelle, ein Traum, in dem jemand Geschlechtsverkehr mit seiner Mutter habe, bedeute, daß er hoffen könne, großer Weisheit teilhaftig zu werden. Oder jemand, der von sexuellen Beziehungen mit einer verheirateten Frau träumt, kann sich seiner eigenen Erlösung sicher sein. Die talmudische Deutung gründet sich offenbar auf den Gedanken, daß ein Symbol stets etwas anderes bedeutet und daß deshalb ein Symbol, das an und für sich sexueller Natur ist, etwas anderes bedeuten muß als seine manifeste Bedeutung aussagt. Dabei wird jedoch eine interessante Einschränkung gemacht. Ein Mann, der träumt, er habe mit einer verheirateten Frau Geschlechtsverkehr gehabt, kann seiner Erlösung nur dann sicher sein, wenn er die Frau aus dem Traum zuvor nicht gekannt hat und wenn er beim Einschlafen keine sexuellen Begierden hatte. (Vgl. Talmud, Berachot 55b.) Wir sehen hier, welche Bedeutung der Talmud dem Seelenzustand des Träumers vor dem Einschlafen beimißt. Wenn er sexuelle Wünsche hatte oder wenn er die Frau, von der er träumt, auch nur beiläufig kennt, ist anzunehmen, daß dann die allgemeine Regel, wonach ein Symbol etwas anderes repräsentiert, nicht gilt, und daß hier in der sexuellen Symbolik tatsächlich ein sexueller Wunsch zum Ausdruck kommt.

Die mittelalterliche Traumdeutung folgt ziemlich genau der Richtung, die wir in der klassischen Antike angetroffen haben. Synesius von Cyrene, ein Schriftsteller des vierten Jahrhunderts, hat uns eine der präzisesten und schönsten Darstellungen der Theorie hinterlassen, daß Träume auf eine erhöhte Fähigkeit zur Einsicht während des Schlafes zurückzuführen sind:

»Wenn Träume die Zukunft voraussagen, wenn Erscheinungen, die sich während des Schlafes der Seele darbieten, einige Indizien geben, nach denen man Zukünftiges vorausahnen kann – dann werden Träume gleichzeitig wahr und dunkel sein, und selbst in ihrer Dunkelheit wird noch die Wahrheit wohnen. ›Die Götter haben das menschliche Leben mit einem dichten Schleier verhüllt.‹ (Hesiod).

Ich wundere mich nicht darüber, daß manche die Auffindung eines Schatzes dem Schlaf verdanken und daß manch einer ganz unwissend sich schlafen gelegt hat und dann – nachdem er im Traum ein Gespräch mit den Musen geführt hat – als begabter Dichter aufwacht, was zu meiner Zeit manchen geschehen ist und woran nichts Merkwürdiges ist. Ich spreche nicht von Menschen, denen im Schlaf eine drohende Gefahr oder ein Mittel angekündigt wurde, das ihnen Heilung bringen würde. Aber wenn der Schlaf der Seele, die dies zuvor weder erstrebt noch an den Aufstieg in die intellektuelle Sphäre gedacht hat, den Weg zu einer höchst vollkommenen Einsicht in die Wahrheit eröffnet und sie dazu veranlaßt, sich über die Natur zu erheben und sich mit der intelligiblen Sphäre aufs neue zu vereinigen, von der sie sich so weit entfernt hat, daß sie nicht einmal mehr weiß, woher sie kam, dann ist dies meiner Meinung nach höchst wunderbar und dunkel.

Wenn jemand es als etwas Außergewöhnliches ansieht, daß die Seele so zu den höheren Regionen emporsteigen kann, und wenn er nicht glauben will, daß der Weg zu dieser glückseligen Vereinigung über die Einbildungskraft geht, dann möge er auf die heiligen Orakel hören, wenn sie über die verschiedenen Wege sprechen, die in die höhere Sphäre führen. Nach Aufzählung der verschiedenen *subsidia,* die der Seele zum Aufstieg verhelfen, indem sie ihre Kräfte wecken und entwickeln, sagen sie:

›Durch Belehrung werden die einen aufgeklärt,
Durch Schlaf die anderen erleuchtet‹ (Sibyllinische Orakel).

Du siehst, daß das Orakel folgendermaßen unterscheidet: einerseits haben wir die Inspiration und andererseits das Studium. Letzteres ist – so sagt das Orakel – Belehrung im Wachen, ersteres im Schlaf. Im Wachen ist der Lehrer stets ein Mensch, aber wenn wir schlafen, kommt uns die Erkenntnis von Gott (...) Die Erleuchtung im Traum ist so beschaffen, daß sie jedermann erreichbar ist. Sie ist leicht verständlich und erfordert keine besondere Geschicklichkeit. Sie ist heilig, weil sie sich keiner gewalttätigen Methoden bedient, und kann überall angewandt werden. Sie kommt aus ohne Quellen, Felsen und Klüfte und ist deshalb das, was wahrhaft göttlich ist. Zu ihrer Anwendung brauchen wir unsere Beschäftigungen nicht zu vernachlässigen und keinen Augenblick unseren Geschäften zu schaden (...) Niemand wird angehalten, seine Arbeit liegen zu lassen und schlafen zu gehen, insbesondere um zu träumen. Aber da unser Körper lange Nachtwachen nicht aushält, bringt uns die Zeit, welche die Natur uns zum Ausruhen vorbehalten hat, zusammen mit dem Schlaf noch eine noch kostbarere Beigabe, als es der Schlaf selber ist: Das Bedürfnis unserer Natur wird zu einer Quelle der Freude, und wir schlafen nicht nur um zu leben, sondern um zu lernen, ein gutes Leben zu führen (...) Doch ist in der Zukunftsschau durch Träume jeder von uns sein eigenes Werkzeug; was wir auch immer tun mögen, wir können uns nicht von unserem Orakel trennen; es wohnt in uns; es folgt uns überall hin nach, auf unseren Reisen in den Krieg, ins öffentliche Leben, in unsere landwirtschaftlichen Beschäftigungen und unsere kaufmännischen Unternehmungen. Die Gesetze einer argwöhnischen Republik untersagen diese Vorausschau zukünftiger Ereignisse nicht. Aber selbst wenn sie es täten, könnten sie doch nichts damit ausrichten: denn wie könnte man eine Übertretung dieser Gesetze nachweisen? Was ist am Schlaf Schlimmes? Kein Tyrann kann ein Edikt gegen Träume erlassen und noch weniger in seinem Herrschaftsbereich den Schlaf untersagen. Es wäre Narrheit, das Unmögliche zu gebieten, und außerdem Gottlosigkeit, wenn man sich dem Willen der Natur und Gottes widersetzen würde.

So wollen wir uns denn alle der Traumdeutung widmen, Mann und Frau, jung und alt, reich und arm, private Bürger und öffentliche Beamte, Stadt- und Landbewohner, Handwerker und Redner. Niemand genießt dabei besondere Vorrechte, weder aufgrund seines Geschlechts noch seines Alters noch seines Vermögens noch seines Berufes. Der Schlaf steht allen zur Verfügung; er ist ein Orakel, das stets bereit ist, uns ein unfehlbarer und stiller Ratgeber zu sein; in diesen neuartigen Mysterien ist jeder zugleich Priester und Eingeweihter. Genau wie die Weissagung kündigt es uns künftige Freuden an, und da es uns gleichsam ermöglicht, das Glück im voraus zu genießen, verleiht es unseren Freuden eine längere Dauer; auch warnt es uns vor drohendem Mißgeschick, so daß wir auf der Hut sein können. Die lieblichen Verheißungen der Hoffnung, die dem Menschen so teuer sind, die weitreichenden Berechnungen drohender Gefahren, all das wird uns durch unsere Träume zuteil. Nichts ist besser dazu geeignet, unsere Hoffnung zu nähren. Dieses Gut ist so groß und kostbar, daß wir – wie einer der berühmtesten Sophisten einmal gesagt hat – ohne es das Leben nicht ertragen könnten.« (Synesius von Cyrene, 1947.)

Dem von Synesius vertretenen Standpunkt ähnlich sind die Traumtheorien der jüdischen Aristoteliker im zwölften und dreizehnten Jahrhundert. Maimonides, der größte unter ihnen, stellt fest, daß die Träume – genau wie die Prophezeiungen – auf die Tätigkeit der imaginativen Fähigkeit während des Schlafes zurückzuführen sind: »Je nachdem, ob der Empfänger der Offenbarung sie rein oder getrübt aufzunehmen vermag und ob sein Denkvermögen stärker oder schwächer entwickelt ist, ist er selbst imstande, den geistigen Gehalt aus der sinnlichen Verhüllung abzulösen oder bedarf dazu der Hilfe eines vom Intellekt erleuchteten Deuters.« (J. Guttmann, 1933, S. 101.)

Thomas von Aquin unterscheidet vier Arten von Träumen:

»Wie schon dargelegt ist die Weissagung, die sich auf eine falsche Meinung stützt, abergläubisch und unerlaubt. Daher muß bedacht werden, was in bezug auf das Vorausahnen zukünftiger Dinge aus Träumen wahr ist. Manchmal nämlich sind Träume die Ursache zukünftiger Ereignisse: Wenn zum Beispiel der Geist eines Menschen über das, was er in Träumen schaut, erregt ist, wird er veranlaßt, etwas zu unternehmen oder etwas zu meiden.

Manchmal sind Träume Zeichen für zukünftige Ereignisse, insoweit diese Zeichen zurückgeführt werden [können] auf eine gemeinsame Ursache, sowohl für die Träume als auch für die zukünftigen Ereignisse. Auf diese Weise kommen am häufigsten Vorausahnungen zukünftiger Ereignisse aus Träumen zustande. Es muß daher überlegt werden, was die Ursache von Träumen ist, und ob es möglich ist, daß diese Ursache auch die Ursache zukünftiger Ereignisse sein könne, und ob man diese Ursache erkennen kann.

Man muß deshalb wissen, daß die Ursache von Träumen bisweilen eine innere, bisweilen eine äußere ist. Die innere Ursache der Träume ist eine zweifache. Eine davon ist seelischer Natur: insoweit nämlich im Schlaf der menschlichen Phantasie solche Dinge einfallen, bei denen das Denken und die Neigung im Wachzustand verweilt hatten. Eine solche Traumursache ist nicht Ursache zukünftiger Ereignisse. Daher haben solche Träume nur ein Verhältnis beiläufiger Art zu zukünftigen Ereignissen; und wenn Traum und Ereignis manchmal übereinstimmen, so ist das Zufall.

Manchmal aber ist die innere Ursache der Träume körperlicher Art. Aus einer inneren Disposition des Körpers bildet sich dann eine Bewegung in der Phantasie, die dieser Disposition entspricht: so wie sich bei einem Menschen, in dem die kalten Säfte überwiegen, Träume einstellen, er befinde sich im Wasser oder im Schnee. Daher lehren die Ärzte, es müsse auf die Träume geachtet werden, wenn man die inneren Dispositionen kennenlernen wolle.

Die äußere Ursache von Träumen ist gleichermaßen zweifach: nämlich körperlich und geistig. Körperlich ist sie, insoweit das Vorstellungsvermögen eines Schlafenden entweder von eingeschlossener Luft verändert wird oder durch den Einfluß eines Himmelskörpers, so daß dadurch einem Schläfer irgendwelche Phantasiebilder erscheinen, die dem Stand der Himmelskörper gleichförmig sind.

Die geistige Ursache aber stammt manchmal von Gott, der durch die Hilfe der Engel dem Menschen irgendwelche Dinge in Träumen offenbart, nach jenem Wort (Num 12,6): ›Wenn es bei euch einen Propheten gibt, so gebe ich mich ihm in Visionen zu erkennen und rede mit ihm im Traum.‹ Manchmal jedoch erscheinen durch die Tätigkeit von Dämonen den Schlafenden irgendwelche Phantasiebilder. Durch diese offenbaren die Dämonen manchmal denen zukünftige Dinge, mit denen sie unerlaubte Pakte geschlossen haben.

Deshalb ist zu sagen: Wenn jemand Träume benutzt, um zukünftige Dinge in Erfahrung zu bringen, dann ist es keine unerlaubte Weissagung, wenn diese Träume aus göttlicher Offenbarung stammen; ebensowenig bei einer natürlichen Ursache, sei sie innerlich oder äußerlich, wie weit sich eben die Kraft einer solchen Ursache erstrecken kann. Wenn aber eine derartige Weissagung verursacht wird aus einer Offenbarung durch Dämonen, mit denen Pakte geschlossen wurden – seien diese deutlich ausgehandelt, weil die Dämonen zu diesem Zweck angerufen werden, oder seien es stillschweigende Pakte, weil eine derartige Weissagung ausgedehnt wird auf Dinge, auf die sie sich nicht erstrecken kann – dann ist eine solche Weissagung unerlaubt und abergläubisch. – Dies genügt als Entgegnung auf die Einwände« (Thomas von Aquin, *Summa Theologiae,* II–II, q. 95, a.6; Übersetzung Christoph Berchtold).

Thomas von Aquin glaubte – wie Artemidorus und andere – daß manche Träume von Gott gesandt sind. Die Träume, die er als aus der eigenen Seele des Träumers entstammend interpretiert, versteht er nicht wie Maimonides als Ausdruck der höchsten intellektuellen Fähigkeiten, sondern als Produkte der Phantasie des Träumers, der sich mit den gleichen Wünschen und Interessen beschäftigt wie tagsüber. Interessant ist, daß Thomas von Aquin genau wie die indischen und griechischen Denker der Ansicht ist, daß gewisse somatische Prozesse durch die Traumsymbole angezeigt werden und daß innere körperliche Dispositionen durch die Deutung von Träumen zu erkennen sind.

Die neuere Traumdeutung (seit dem siebzehnten Jahrhundert) ist im wesentlichen eine Variation der Theorien der Antike und des Mittelalters, wenn auch gewisse neue Denkrichtungen auftauchen.

Während die Theorie, daß Träume Ausdruck somatischer Dispositionen sein können, von mehreren älteren Autoren vertreten wird, nimmt Hobbes an, daß sämtliche Träume durch somatische Reize hervorgerufen werden, eine bis zum heutigen Tage weit verbreitete Auffassung, die oft zur Widerlegung Freuds herangezogen wird:

»Weil indes die Entstehung der Träume in der Unbehaglichkeit einiger innerer Teile des Körpers ihren Grund haben soll, werden notwendig, je nachdem sie verschieden ist, auch verschiedene Träume entstehen. Daher kommt es, daß diejenigen, welche auf dem Lager Kälte empfinden, gewöhnlich fürchterliche Träume haben und Schreckbilder zu erblicken glauben (denn die Bewegung vom Gehirn zu den übrigen inneren Teilen geht von hier aus zu jenem wieder zurück). So wie auch ferner der Zorn im Wachen einige innere Teile erhitzt, bewirkt die Erhitzung dieser Teile im Schlafe den Zorn und schafft im Gehirn das Bild eines Feindes. Und wie der Anblick von Liebenden im Wachen Liebe erzeugt und einige innere Teile erhitzt, so bringt gleichfalls die Erhitzung dieser Teile im Schlafe das Bild der Liebe hervor. Mit einem Worte: die Träume und Vorstellungen eines Wachenden sind umgekehrt miteinander verbunden; beim Wachen nämlich entsteht die Bewegung im Gehirn, beim Schlafe hingegen in den inneren Teilen« (Th. Hobbes, 1978, S. 17f.).

Es ist nicht weiter verwunderlich, daß die Philosophen der Aufklärung allen Behauptungen, die Träume seien von Gott gesandt oder könnten zu Voraussagen gebraucht werden, skeptisch gegenüberstanden.

Voltaire bezeichnet die Idee, Träume könnten Zukünftiges voraussagen, als abergläubischen Unsinn. Aber trotz dieser Auffassung vertritt er die Ansicht, daß die Träume zwar oft Ausdruck körperlicher Reize und Folge von Exzessen »in bezug auf die Leidenschaften der Seele« seien, daß wir aber uns im Schlaf auch oft unserer höchsten rationalen Fähigkeiten bedienen:

»Wir müssen Petronius beipflichten, wenn er sagt: *quidquid luce, tenebris agit.* Ich habe Advokaten gekannt, die in Träumen ihre Plädoyers hielten, Mathematiker, die Probleme zu lösen versuchten, und Dichter, die Verse machten. Auch ich selber habe Verse gemacht, die ganz leidlich sind. Deshalb findet im Schlaf genau wie im Wachen unbestreitbar ein folgerichtiger Gedankenablauf statt, und diese Ideen kommen uns sicherlich ohne unser Zutun. Wir denken im Schlaf, so wie wir uns im Bett bewegen, ohne daß unser Wille mit der Bewegung oder dem Denken irgend etwas zu tun hätte. Euer Vater Malebranche hat recht, wenn er behauptet, daß wir nicht in der Lage seien, uns unsere Einfälle selber zu geben. Denn weshalb sollten wir im Wachen mehr Herr darüber sein als während des Schlafes?« (Voltaire, 1973).

Kants Traumtheorie ist der Voltaires ähnlich. Auch er glaubte, daß wir in unseren Träumen keine Visionen und heilige Eingebungen haben. Unsere Träume werden »einfach durch einen verdorbenen Magen verursacht«. Aber er behauptet auch folgendes:

»Ich vermute vielmehr, daß dieselben (Vorstellungen) klärer und ausgebreiteter sein mögen, als selbst die klärsten im Wachen, weil dieses bei der völligen Ruhe äußerer Sinne von einem so tätigen Wesen als die Seele ist, zu erwarten ist, wiewohl, da der Körper des Menschen zu der Zeit nicht mit empfunden ist, beim Erwachen die begleitende Idee desselben ermangelt, welche den vorigen Zustand der Gedanken als zu ebenderselben Person gehörig zum Bewußtsein verhelfen könnte. Die Handlungen einiger Schlafwanderer, welche bisweilen in solchem Zustand mehr Verstand als sonsten zeigen, ob sie gleich nichts davon beim Erwachen erinnern, bestätigen die Möglichkeit dessen, was ich vom festen Schlafe vermute. Die Träume dagegen, das ist, die Vorstellungen des Schlafenden, deren er sich beim Erwachen erinnert, gehören nicht hierher. Denn alsdenn schläft der Mensch nicht völlig; er empfindet in einem gewissen Grade klar und webt seine Geisteshandlungen in die Eindrücke der äußeren Sinne. Daher er sich ihrer zum Teil nachhero erinnert, aber auch an ihnen lauter wilde und abgeschmackte Chimären antrifft, wie sie es denn notwendig sein müssen, da in ihnen Ideen der

Phantasie und die der äußeren Empfindung untereinander geworfen werden.« (I. Kant, 1922, S. 353.)
Auch Goethe hebt unsere im Schlaf gesteigerten rationalen Fähigkeiten hervor. Als Eckermann ihm einmal einen »recht artigen« Traum erzählte, den er geträumt hatte, sagte Goethe:
»Man sieht [...], daß die Musen Sie auch im Schlaf besuchen, und zwar mit besonderer Gunst; denn Sie werden gestehen, daß es Ihnen im wachen Zustande schwer werden würde, etwas so Eigentümliches und Hübsches zu erfinden.«
Nicht nur ist unsere Einbildungskraft im Schlaf größer als im wachen Dasein, das uns angeborene Streben nach Gesundheit und Glück macht sich in unserem Schlaf oft stärker geltend, als wenn wir wach sind:
»Es liegen in der menschlichen Natur wunderbare Kräfte« erwiderte Goethe, »und eben, wenn wir es am wenigsten hoffen, hat sie etwas Gutes für uns in Bereitschaft. – Ich habe in meinem Leben Zeiten gehabt, wo ich mit Tränen einschlief; aber in meinen Träumen kamen nun die lieblichsten Gestalten, mich zu trösten und zu beglücken, und ich stand am anderen Morgen wieder frisch und froh auf den Füßen.« (J. P. Eckermann, Gespräche mit Goethe, 12. März 1828.)
Eine der schönsten und prägnantesten Aussagen über die höhere Vernunft unserer seelischen Prozesse im Schlaf stammt von R. W. Emerson (1904, S. 7f.):
»Träume besitzen eine dichterische Integrität und Wahrheit. In dieser Rumpelkammr und Abfallgrube des Denkens herrscht auch eine gewisse Vernunft. Ihre Abweichung von der Natur vollzieht sich auf einer höheren Ebene. Sie scheinen uns ein Hinweis auf eine Fülle und Beweglichkeit des Denkens zu sein, die wir im Wachen nicht kennen. Sie irritieren uns durch ihre Unabhängigkeit von uns, und trotzdem erkennen wir uns in diesem verrückten Durcheinander wieder und verdanken unseren Träumen eine Art Hellsicht und Weisheit. Meine Träume sind nicht ich; sie sind nicht die Natur oder das Nicht-Ich; sie sind beides. Sie haben ein doppeltes Bewußtsein, sie sind gleichzeitig sub- und ob-jektiv. Wir bezeichnen die aufsteigenden Phantome als Schöpfungen unserer Phantasie, aber sie benehmen sich wie Meuterer und schießen auf ihren Befehlshaber; sie zeigen uns, daß jede Handlung, jeder Gedanke, jede Ursache bipolar ist, daß in jeder Handlung bereits die Gegenhandlung

enthalten ist. Wenn ich zuschlage, werde ich geschlagen; wenn ich jage, werde ich verfolgt.
Weise und zuweilen furchtbare Hinweise werden dem Menschen von einer unbekannten Intelligenz in seine Träume eingestreut. Zwei- oder dreimal in seinem Leben soll er durch die Gerechtigkeit und die Bedeutsamkeit dieser Phantasien aufgerüttelt werden. Ein- oder zweimal soll er den Eindruck gewinnen, daß die Fesseln seines Bewußtseins gelöst werden, so daß er sich freier äußern kann. Ein prophetischer Geist hat zu allen Zeiten in ihnen sein Wesen getrieben. Oft gelangen in ihnen Meinungen zur Reife, die wir in unserem Bewußtsein noch nicht formulieren konnten, über deren Elemente wir aber bereits verfügten. So kenne ich im Wachen Ruperts Charakter, weiß aber nicht, was er möglicherweise tun wird. Im Traum sehe ich ihn bestimmte Handlungen begehen, die mir widersinnig und völlig unschicklich vorkommen. Er benimmt sich feindselig, grausam, schrecklich, er ist ein Feigling. Ein Jahr später erweist sich dies als Prophezeiung. Aber ich hatte ihn bereits als einen solchen Charakter im Kopf, und die sibyllinischen Träume haben meine Gedanken über ihn nur Gestalt annehmen lassen. Weshalb sollten deshalb Symptome, Vorzeichen, Ahnungen nicht – wie man sagt – die Ausgeburt unseres Geistes sein?
Durch diese Erfahrung werden wir in die hohe Region der ›Ursache‹ geführt und mit der Identität von durchaus unähnlich scheinenden Wirkungen bekanntgemacht. Wir lernen, daß Handlungen, deren Schändlichkeit sehr unterschiedlich beurteilt wird, aus ein- und denselben Neigungen stammen. Der Schlaf entkleidet uns des Kostüms der äußeren Umstände, er wappnet uns mit einer schrecklichen Freiheit, so daß jeder Wille sofort in die Tat umgesetzt wird. Ein darin geübter Mensch liest seine Träume, um sich selbst kennenzulernen; jedoch nicht die Einzelheiten, sondern seine [innere] Qualität. Welche Rolle spielt er in ihnen – eine heitere, männliche Rolle oder eine erbärmliche, kindische Rolle? Wie ungeheuerlich und grotesk die Traumerscheinungen auch immer sein mögen, sie haben einen Kern von Wahrheit. Die gleiche Behauptung kann man auch auf Vorzeichen und Zufälle ausdehnen, über die wir uns vielleicht schon gewundert haben. Für sie alle gilt, daß die Ursache für sie stets im betreffenden Individuum latent vorhanden ist. Goethe sprach einmal davon, daß diese wunderlichen Bilder, die ja aus

uns selber entstehen, wohl eine Analogie zu unserem ganzen Leben und Schicksal bilden mögen.«
Emersons Ausführungen sind deshalb so wichtig, weil er deutlicher als irgend jemand vor ihm den Zusammenhang zwischen Charakter und Traum erkannt hat. Unser Charakter spiegelt sich in unseren Träumen und vor allem jene Aspekte desselben, die in unserem manifesten Verhalten nicht in Erscheinung treten. Das gleiche gilt auch für den Charakter anderer. Wenn wir wach sind, sehen wir meist nur ihr Verhalten und ihre Handlungen. In unseren Träumen erkennen wir die ihrem Verhalten und ihren Träumen zugrunde liegenden verborgenen Kräfte, weshalb wir oft in der Lage sein werden, künftige Handlungen vorauszusagen.
Ich möchte diesen kurzen Überblick über die Geschichte der Traumdeutung mit einer der originellsten und interessantesten Theorien über Träume beschließen, der von Henri Bergson. Wie Nietzsche glaubt auch Bergson, daß verschiedene somatische Reize den Traumprozeß auslösen. Im Unterschied zu Nietzsche glaubt er jedoch nicht, daß diese Reize als die in uns dominierenden Strebungen und Leidenschaften zu deuten sind, sondern daß wir aus unserem reichen, ja fast unbegrenzten Schatz an Erinnerungen diejenigen auswählen, die zu diesen somatischen Reizen passen, und daß diese vergessenen Erinnerungen die Trauminhalte bilden. Bergsons Theorie von den Erinnerungen kommt der Freudschen sehr nahe. Auch er nimmt an, daß wir nichts vergessen und daß das, woran wir uns erinnern, nur ein kleiner Ausschnitt aus unserem Gesamtgedächtnis ist. Er sagt (H. Bergson, 1928, S. 84f.):
»Unsere Erinnerungen bilden in einem gegebenen Augenblick ein einheitliches Ganze, eine Pyramide, wenn Sie so wollen, deren unaufhörlich bewegter Gipfel mit unserer Gegenwart zusammenfällt und mit dieser in die Zukunft taucht. Aber hinter diesen Erinnerungen, die sich derart auf unserer gegenwärtigen Beschäftigung niederlassen und sich mittels ihrer offenbaren, gibt es viele andere, tausend und abertausend andere, die unten, unterhalb der vom Bewußtsein erhellten Zone bleiben. Ja, ich glaube, unser vergangenes Leben ist immer da, aufbewahrt bis in seine geringsten Einzelheiten; wir vergessen nichts, und alles, was wir vom ersten Erwachen unseres Bewußtseins an empfunden, gedacht und gewollt haben, besteht endlos fort. Doch leben die Erinnerungen, die mein Ge-

dächtnis so in seinen tiefsten Tiefen aufbewahrt, dort im Zustande unsichtbarer Phantome. Sie streben vielleicht nach dem Licht, und doch versuchen sie nicht zu ihm emporzusteigen; sie wissen, daß das unmöglich ist und daß ich als lebendes und handelndes Wesen etwas anderes zu tun habe, als mich mit ihnen zu befassen. Aber setzen Sie den Fall, daß ich in einem bestimmten Moment das Interesse an der gegenwärtigen Situation, an meinen dringendsten Geschäften, kurz an dem, was bisher alle Aktivität meines Gedächtnisses auf einen einzigen Punkt konzentrierte, verliere. Anders ausgedrückt, setzen Sie den Fall, ich schlafe ein. Dann würden diese reglosen Erinnerungen merken, daß das Hindernis weggeräumt ist, daß die Falltür geöffnet ist, die sie bis dahin im Kellergeschoß des Bewußtseins eingesperrt hielt, und nun geraten sie in Bewegung. Sie werden sich rühren, sich erheben und in der Nacht des Unbewußtseins einen ungeheuren Totentanz aufführen. Und alle miteinander werden zur Tür laufen, die sich eben halb geöffnet hat. Sie möchten gern alle hindurch. Sie können nicht, es sind ihrer zu viele. Bei dieser Fülle der Berufenen, welche werden die Auserwählten sein? Das erraten Sie ohne Mühe. Soeben, als ich wachte, wurden diejenigen Erinnerungen zugelassen, die sich auf Verwandtschaftsbeziehungen mit meiner gegenwärtigen Situation, mit meinen aktuellen Wahrnehmungen berufen konnten. Jetzt sind es vagere Formen, die sich vor meinem Blick abzeichnen; die Töne, die mein Ohr treffen, sind unbestimmter, das Gefühl, das über die Oberfläche meines Körpers verstreut ist, ist undeutlicher; zahlreicher aber sind dafür die Empfindungen, die mir aus dem Innern meines Körpers zukommen. Nun, von all diesen Erinnerungsphantomen, die danach streben, sich mit Farbe, Ton, kurz mit Materie zu behaften, werden nur diejenigen Erfolg haben, die sich dem von mir erblickten farbigen Lichtstaub, den von mir gehörten äußeren und inneren Geräuschen usw. angleichen können, und die außerdem in Einklang stehen mit dem allgemeinen Gemütszustand, der von meinen organischen Eindrücken herrührt. Wenn diese Verbindung zwischen Erinnerung und Empfindung zustande kommt, dann habe ich einen Traum.«

Bergson betont den Unterschied zwischen dem Zustand des Wachens und dem des Schlafes (a.a.O., S. 92f.):

»Du fragst mich, was ich tue, wenn ich träume? Ich will dir zunächst einmal sagen, was du tust, wenn du wachst. Du nimmst mich – das Traum-

Ich, mich, die Totalität deiner Vergangenheit – und durch Zusammenballung und immer weitere Zusammenballung bringst du mich dahin, daß ich mich in den ganz kleinen Kreis einschließe, den du um dein gegenwärtiges Handeln ziehst. Das heißt Wachen; das bedeutet das normale psychische Leben leben; das ist Kämpfen; das ist Wollen. Brauche ich dir nun noch den Traum zu erklären? Er ist der Zustand, in dem du dich natürlicherweise befindest, sobald du dich gehen läßt, sobald du davon absiehst, dich auf einen einzigen Punkt zu konzentrieren, sobald du aufhörst zu wollen. Wenn du noch mehr wissen willst, wenn du eine Erklärung verlangst, dann frage dich selbst, wie dein Wille es anstellt, damit er es in jedem Augenblick des Wachens erreicht, daß alles, was du in dir hast, sich sofort und beinahe unbewußt gerade auf den Punkt konzentriert, der dich interessiert. Aber dazu mußt du dich an die Psychologie des *Wachens* wenden. Ihre Aufgabe ist es, dir zu antworten, denn *Wachen* und *Wollen* sind ein und dasselbe.«

Bergsons nachdrückliche Betonung des Unterschiedes zwischen dem Zustand des Wachens und dem des Schlafens stimmt mit der Ansicht überein, die meiner eigenen Traumtheorie zugrunde liegt. Wir unterscheiden uns indessen dadurch, daß Bergson annimmt, wir seien im Schlaf lediglich desinteressiert und interessierten uns nur für die somatischen Reize, während wir meiner Ansicht nach intensiv an unseren eigenen Wünschen, Ängsten und Einsichten interessiert sind, wenn auch nicht an der Aufgabe, mit der Realität fertig zu werden.

Schon aus dieser kurzen Übersicht über die Geschichte der Traumdeutung ist zu ersehen, daß wir auf diesem, wie auf so vielen anderen Gebieten der Wissenschaft vom Menschen wenig Grund zur Annahme haben, wir wüßten mehr darüber als die großen Kulturen der Vergangenheit. Allerdings gibt es einige Entdeckungen, die in keiner der älteren Theorien zu finden sind: Freuds Prinzip der freien Assoziation als Schlüssel zum Verständnis der Träume und seine Einsicht in das Wesen der »Traumarbeit«, besonders in die Mechanismen der Verdichtung und Verschiebung. Selbst wenn man sich viele Jahre lang mit Träumen beschäftigt hat, ist man immer wieder erstaunt, wenn man sieht, wie Assoziationen, die aus vielen verschiedenen und oft weit hergeholten Erinnerungen stammen, zusammenpassen und es ermöglichen, das Bild der

wahren Gedanken des Schläfers unter dem manifesten Traum bloßzulegen, der selbst oft unverständlich oder irreführend ist.
Was den Inhalt der alten Traumtheorien betrifft, so möchte ich dazu nur zusammenfassend sagen, daß von den meisten, die sich mit Träumen beschäftigt haben, entweder die eine oder die andere Ansicht darüber vertreten wird: nämlich daß sie entweder Manifestationen unserer tierischen Natur – das Tor des Wahns – oder der höchsten Kräfte unserer Vernunft – das Tor zur Wahrheit – sind. Wie Freud glauben einige, daß alle Träume ihrem Wesen nach irrational sind; andere – wie Jung – sehen in ihnen stets die Offenbarung einer höheren Weisheit. Aber viele Wissenschaftler teilen auch die in diesem Buch zum Ausdruck gebrachte Ansicht, daß Träume *sowohl* an unserer irrationalen *als auch* an unserer rationalen Natur teilhaben und daß es das Ziel der Kunst der Traumdeutung ist, zu erkennen, wann unser besseres Selbst und wann unsere tierische Natur sich im Traum vernehmen läßt.

6

DIE KUNST DER TRAUMDEUTUNG

Das Verständnis der Traumsprache ist eine Kunst, die – wie jede andere Kunst – Kenntnisse, Talent, Erfahrung und Geduld erfordert. Talent, die praktische Anwendung des Gelernten und Geduld kann man nicht aus Büchern erwerben. Dagegen kann man die für das Verständnis der Traumsprache erforderlichen Kenntnisse übermitteln, und das eben ist der Zweck dieses Kapitels. Da dieses Buch jedoch für Laien und Studenten der ersten Semester geschrieben ist, will ich versuchen, hier nur relativ einfache Beispiele zur Veranschaulichung der wichtigsten Prinzipien der Traumdeutung zu bringen.

Aus unseren theoretischen Erwägungen über die Bedeutung und Funktion des Traumes folgt, daß eines der wichtigsten und oft auch schwierigsten Probleme bei der Traumdeutung darin besteht, daß man erkennt, ob ein Traum einen irrationalen Wunsch und dessen Erfüllung, eine schlichte Furcht oder Angst oder eine Einsicht in innere oder äußere Kräfte und Ereignisse zum Ausdruck bringt. Ist der Traum als Stimme unseres niedrigeren oder unseres höheren Selbst zu verstehen und auf welche Weise können wir herausfinden, mit welchem Schlüssel er sich uns erschließt?

Andere die Technik der Traumdeutung betreffende Fragen sind: Benötigen wir die Assoziationen des Träumers, wie Freud das postuliert, oder können wir den Traum auch ohne sie verstehen? Außerdem ist zu fragen, in welcher Beziehung der Traum zu jüngsten Ereignissen, insbesondere zu den Erlebnissen des Träumers vom Tag zuvor und zu dessen Gesamtpersönlichkeit, zu seinen Ängsten und Wünschen steht, die in seinem Charakter wurzeln.

Ich möchte mit einem einfachen Traum beginnen, der zeigt, daß kein Traum sich mit bedeutungslosem Material befaßt:

»Eine junge Frau, die sich für die Probleme der Traumdeutung interessiert, erzählt ihrem Mann beim Frühstück: ›*Heute nacht hatte ich einen Traum, der zeigt, daß es auch Träume gibt, die keine Bedeutung haben. Ich habe lediglich geträumt, daß ich dir Erdbeeren zum Frühstück vorgesetzt habe.*‹ Der Mann lacht und sagt: ›Offenbar hast du nur vergessen, daß Erdbeeren das einzige Obst ist, das ich nicht esse.‹«

Offensichtlich ist der Traum alles andere als bedeutungslos. Sie bietet ihrem Mann etwas an, wovon sie weiß, daß er es nicht annehmen kann und daß es ihm weder nützt noch Freude bereitet. Geht aus diesem Traum hervor, daß sie ein Mensch ist, der den anderen enttäuschen möchte, dem es Spaß macht, ihm gerade das zu geben, womit er nichts anfangen kann? Ist er ein Hinweis auf einen tiefsitzenden Konflikt in der Ehe dieser beiden Menschen, der durch ihren Charakter verursacht, ihr aber völlig unbewußt geblieben ist? Oder ist der Traum nur eine Reaktion auf eine Enttäuschung, die ihr ihr Mann am Tag zuvor bereitet hat, und Ausdruck eines vorübergehenden Ärgers, den sie sich vom Hals schafft, indem sie nachts träumt, daß sie sich dafür revanchiert. Wir können diese Fragen nicht beantworten, ohne mehr über die Träumerin und ihre Ehe zu wissen, aber wir wissen bestimmt, daß der Traum alles andere als bedeutungslos ist.

Der folgende Traum ist komplizierter, wenn auch nicht wirklich schwer zu verstehen:

»Ein achtundzwanzigjähriger Rechtsanwalt erinnert sich beim Aufwachen an folgenden Traum, den er später dem Analytiker erzählt: ›*Ich sah mich auf einem weißen Schlachtroß reiten und eine Truppenschau mit vielen Soldaten abhalten, die mir alle stürmisch zujubelten.*‹«

Die erste Frage, die der Analytiker dem Träumer stellt, ist ziemlich allgemeiner Art: »Was fällt Ihnen dabei ein?« – »Nichts«, antwortet der Mann, »der Traum ist dumm. Sie wissen doch, daß mir Krieg und Militär verhaßt sind und daß ich ganz gewiß nicht den Wunsch habe, ein General zu sein.« Er fügt hinzu: »Ich möchte auch nicht im Mittelpunkt der Aufmerksamkeit stehen und mich von Tausenden von Soldaten anstarren lassen, ob sie mir zujubeln oder nicht. Aus dem, was ich Ihnen gesagt habe, wissen Sie ja über meine Berufsprobleme Bescheid – wie schwer es mir fällt, bei Gericht einen Fall zu vertreten, wenn mich alle anschauen.«

Der Analytiker antwortet: »Dennoch stimmt es, daß es sich um *Ihren* Traum handelt, daß Sie die Handlung entworfen und sich Ihre Rolle zugeteilt haben. Trotz aller augenscheinlichen Ungereimtheiten muß er irgendeine Bedeutung haben und irgendwie sinnvoll sein. Beginnen wir also mit Ihren Assoziationen zu den Trauminhalten. Konzentrieren Sie sich auf das Traumbild, wie Sie auf dem weißen Pferd sitzen und die Truppen Ihnen zujubeln – und sagen Sie mir, was Ihnen bei diesem Bild einfällt.«

»Merkwürdig, jetzt sehe ich ein Bild, das ich mir, als ich vierzehn oder fünfzehn Jahre alt war, sehr oft betrachtet habe. Es war ein Bild von Napoleon – ja, tatsächlich, er saß auf einem weißen Pferd und ritt an der Spitze seiner Truppen – nur: ihm zugejubelt haben die Soldaten auf dem Bild nicht.«

»Diese Erinnerung ist gewiß interessant. Erzählen Sie mir noch mehr über Ihre Vorliebe für dieses Bild und über Ihr Interesse an Napoleon.«

»Darüber könnte ich Ihnen eine ganze Menge erzählen, aber es ist mir etwas peinlich. Ja, im Alter von vierzehn oder fünfzehn Jahren war ich ziemlich schüchtern. Ich war nicht sehr gut im Sport und hatte irgendwie Angst vor großen Jungen. Ach ja, jetzt fällt mir ein Vorfall aus dieser Zeit ein, den ich völlig vergessen hatte. Ich mochte einen von diesen starken Jungen gern und hätte ihn gern zum Freund gehabt. Wir hatten bis dahin kaum miteinander geredet, aber ich hoffte, daß er mich auch gut leiden könnte, wenn wir nur erst besser miteinander bekannt wären. Eines Tages nahm ich allen Mut zusammen und ging zu ihm hin und fragte ihn, ob er nicht mit mir heimgehen wolle; ich hätte ein Mikroskop und könnte ihm eine Menge interessanter Dinge zeigen. Er sah mich einen Augenblick lang an, dann fing er an zu lachen und er lachte und lachte. ›Du Waschlappen, geh doch heim und lade dir ein paar von den kleinen Freundinnen deiner Schwestern ein!‹ Ich wandte mich ab, um mein Schluchzen zu verbergen. Damals fing ich an, Bücher über Napoleon zu verschlingen; ich sammelte Abbildungen von ihm und schwelgte in Tagträumen, so zu werden wie er: ein berühmter General, der von der ganzen Welt bewundert würde. War er nicht auch klein gewesen? War er nicht auch als Junge schüchtern gewesen, genau wie ich? Warum sollte ich nicht auch so etwas wie er werden können? Viele Stunden am Tag träumte ich vor mich hin, wobei ich mich fast nie konkret mit den Mitteln und Wegen dazu befaßte, sondern immer nur mit der vollendeten Tatsache. Ich war Napoleon, bewundert und beneidet und trotzdem großmütig und bereit, meinen Verleumdern zu vergeben. Als ich ins College ging, hatte ich meine Heldenverehrung und meine Tagträume über Napoleon überwunden. Tatsächlich habe ich seit vielen Jahren nicht mehr an diese Zeit gedacht, und ganz gewiß habe ich noch nie mit jemand darüber gesprochen. Es ist mir selbst jetzt noch irgendwie peinlich, mit Ihnen darüber zu reden.«

»*Sie* haben es vergessen, aber Ihr anderes Ich, das viele Ihrer Handlungen und Gefühle bestimmt, das sich vor dem, was Sie tagsüber wahrnehmen, gut versteckt, sehnt sich immer noch danach, berühmt und bewundert zu werden und Macht zu besitzen. Dieses andere Ich hat letzte Nacht zu Ihnen gesprochen. Aber sehen wir einmal nach, weshalb das gerade letzte Nacht der Fall war. Erzählen Sie mir, was gestern geschehen ist und Ihnen wichtig war.«

»Überhaupt nichts, es war ein Tag wie jeder andere. Ich bin ins Büro gegangen und habe das Gesetzesmaterial für einen Schriftsatz zusammengesucht. Dann bin ich nach Hause gegangen, habe gegessen, bin im Kino gewesen und dann schlafen gegangen. Das ist alles.«

»Das scheint mir aber noch keine Erklärung dafür, weshalb Sie auf einem weißen Streitroß in die Nacht hinaus geritten sind. Erzählen Sie mir etwas mehr darüber, was sich in Ihrem Büro abgespielt hat.«

»Ach ja, jetzt fällt mir etwas ein... aber das kann doch nichts mit dem Traum zu tun haben... nun, ich werde es Ihnen trotzdem erzählen. Als ich zu meinem Chef hineinging – dem Seniorchef der Firma –, für den ich das Gesetzesmaterial zusammengesucht hatte, entdeckte er einen Fehler, den ich gemacht hatte. Er sah mich kritisch an und bemerkte: ›Ich muß mich wirklich wundern – ich hatte gedacht, Sie würden Ihre Sache besser machen.‹ Im ersten Augenblick war ich darüber recht erschrocken, und es schoß mir der Gedanke durch den Kopf, er würde mich am Ende später nicht als seinen Partner in die Firma hereinnehmen, wie ich gehofft hatte. Aber ich sagte mir, daß das Unsinn war, daß jeder einmal einen Fehler machen kann, daß er nur schlechte Laune hatte und daß der Zwischenfall auf meine Zukunft keinerlei Einfluß ha-

ben werde. Im Laufe des Nachmittags habe ich den Vorfall vergessen.«
»In welcher Stimmung waren Sie dann? Waren sie nervös oder irgendwie deprimiert?«
»Überhaupt nicht. Ganz im Gegenteil, ich war nur etwas müde und schläfrig. Es fiel mir schwer weiterzuarbeiten, und ich war sehr froh, als es soweit war, daß ich das Büro verlassen konnte.«
»Das letzte, was Ihnen an diesem Tag wichtig war, war dann wohl Ihr Kinobesuch. Wollen Sie mir erzählen, was gespielt wurde?«
»Ja, es war der Film *Juarez,* der mir sehr gut gefallen hat. Ich habe sogar ein bißchen dabei geweint.«
»An welcher Stelle denn?«
»Zuerst bei der Beschreibung von Juarez' Armut und seinen Leiden, und dann als er gesiegt hat; ich kann mich kaum an einen anderen Film erinnern, der mich so bewegt hätte.«
»Dann sind Sie zu Bett gegangen, sind eingeschlafen und haben sich selbst auf dem weißen Pferd gesehen, während die Truppen sie umjubelten. Jetzt verstehen wir etwas besser, weshalb Sie das geträumt haben, nicht wahr? Als Junge fühlten Sie sich schüchtern, linkisch und zurückgesetzt. Aus unserer bisherigen Arbeit wissen wir, daß das sehr viel mit Ihrem Vater zu tun hat, der so stolz auf seine Erfolge war und der so ganz und gar unfähig war, Ihnen nahe zu kommen und eine Zuneigung zu Ihnen zu empfinden – geschweige denn, sie zu zeigen – und der es nicht verstanden hat, Ihnen Mut zu machen. Der Vorfall, den Sie heute erwähnten, die Zurückweisung durch den groben Jungen, war sozusagen nur das letzte Glied einer langen Kette. Ihr Selbstgefühl hatte bereits schweren Schaden gelitten, und diese Episode bestätigte Sie nur noch darin, daß es Ihnen niemals gelingen würde, es Ihrem Vater gleichzutun, daß Sie es nie zu etwas bringen würden und daß die Menschen, die Sie bewunderten, Sie stets ablehnen würden. Was konnten Sie tun? Sie flüchteten sich in Ihre Phantasien, in denen Sie genau das erreichten, wovon Sie glaubten, Sie könnten es im wirklichen Leben nie fertigbringen. In der Welt Ihrer Phantasie, in die niemand eindringen und wo niemand sie ablehnen konnte, da waren Sie Napoleon, der große Held, der von Tausenden – und was vielleicht noch wichtiger ist – von Ihnen selbst bewundert wurde. Solange Sie diese Phantasien aufrechterhalten konnten, schützten diese Sie vor dem akuten Schmerz, den Ihnen Ihre Min-

derwertigkeitsgefühle im Kontakt mit der äußeren Wirklichkeit verursachten. Dann kamen Sie ins College. Sie waren jetzt von Ihrem Vater nicht mehr so abhängig. Sie fanden eine gewisse Befriedigung in Ihren Studien. Sie hatten das Gefühl, einen neuen und besseren Anfang machen zu können. Außerdem schämten Sie sich über Ihre ›kindischen‹ Tagträume, deshalb schoben Sie sie zur Seite. Sie hatten das Gefühl, auf dem Weg zu sein, ein richtiger Mann zu werden... Doch war diese Zuversicht, wie wir gesehen haben, etwas trügerisch. Sie hatten vor jedem Examen schreckliche Angst; sie hatten das Gefühl, daß sich kein junges Mädchen wirklich für Sie interessieren könnte, sobald ein anderer junger Mann auf der Bildfläche erschien; sie fürchteten stets die Kritik Ihres Chefs. Das führt uns hin zu den Ereignissen am Tage des Traumes. Genau das, was Sie so unbedingt hatten vermeiden wollen, war eingetreten – Ihr Chef hatte etwas an Ihnen auszusetzen; das alte Gefühl der Unzulänglichkeit kam schon wieder in Ihnen hoch, aber sie taten es zur Seite; Sie fühlten sich müde, anstatt sich ängstlich und traurig zu fühlen. Dann sahen Sie sich den Film an, der an Ihre alten Tagträume rührte, an den Helden, der zum bewunderten Erretter seines Volkes wurde, nachdem er als Junge verachtet und machtlos gewesen war. Wie in Ihrer Jugend stellten Sie sich auch jetzt als den bewunderten Helden vor, dem alle zujubelten. Merken Sie denn nicht, daß Sie immer noch nicht ganz aufgegeben haben, Ihre Zuflucht zu Phantasien von Ruhm und Ehre zu nehmen, daß Sie die Brücken noch nicht abgebrochen haben, die Sie zurück ins Land der Phantasie führen, sondern daß Sie im Begriff sind, immer wieder dorthin zurückzukehren, sobald die Wirklichkeit Sie enttäuscht oder Ihnen bedrohlich vorkommt? Sehen Sie denn nicht, daß aber gerade das immer wieder dazu beiträgt, die Gefahr heraufzubeschwören, vor der Sie solche Angst haben, nämlich noch ein Kind und noch immer kein Erwachsener zu sein und deshalb von Erwachsenen – und von Ihnen selbst – nicht ernstgenommen zu werden?«

Dieser Traum eignet sich sehr gut dazu, die verschiedenen Elemente zu untersuchen, die für die Kunst der Traumdeutung wichtig sind. Ist es ein Wunscherfüllungstraum oder enthält er eine Einsicht? Über die Antwort kann kaum ein Zweifel bestehen: Es handelt sich um die Erfüllung eines irrationalen Wunsches nach Ruhm und Anerkennung, den der Träumer als Reaktion auf die schweren Schläge, die sein Selbstgefühl erlitten hatte, entwickelt hat. Auf die irrationale Eigenart dieses Wunsches weist die Tatsache hin, daß er sich kein Symbol auswählt, das in der Realität sinnvoll und erreichbar wäre. Er interessiert sich in Wirklichkeit nicht für militärische Dinge; er hat niemals die geringste Anstrengung unternommen, General zu werden, und wird das auch in Zukunft ganz gewiß nicht tun. Das Material stammt aus den unreifen Tagträumen eines unsicheren Adoleszenten.

Welche Rolle spielen seine Assoziationen beim Versuch, den Traum zu verstehen? Könnten wir ihn auch verstehen, wenn wir die Assoziationen des Träumers nicht besäßen? Die im Traum benutzten Symbole sind universale Symbole. Der Mann auf dem weißen Schlachtroß, dem die Truppen zujubeln, ist ein universal verständliches Symbol der Herrlichkeit, der Macht und Bewunderung (universal natürlich in dem eingeschränkten Sinn, daß es nur einigen Kulturen, aber nicht unbedingt allen gemeinsam ist). Aus seinen Assoziationen über seine Napoleon-Verehrung gewinnen wir die weitere Einsicht, weshalb er gerade dieses Symbol wählte und welche psychologische Funktion es besitzt. Wenn wir diese Assoziation nicht hätten, könnten wir nur sagen, daß der Träumer Phantasien von Ruhm und Macht habe. Im Zusammenhang mit der Napoleon-Verehrung aus seiner Adoleszenz verstehen wir, daß diese Traumsymbolik das Wiederaufleben einer alten Phantasie bedeutet, welche ihm als Kompensation für sein Gefühl der Niederlage und Machtlosigkeit diente.

Wir erkennen auch die Bedeutung des Zusammenhangs zwischen dem Traum und wichtigen Erlebnissen am vorangegangenen Tag. Bewußt hat der Träumer das Gefühl der Enttäuschung und Angst vor der Kritik des Chefs aus seinen Gedanken verdrängt. Der Traum zeigt uns, daß die Kritik ihn wieder einmal an seiner empfindlichen Stelle getroffen hatte, seiner Angst vor Unzulänglichkeit und Versagen, und daß sie den alten Fluchtweg wieder erstehen ließ – den Tagtraum vom Ruhm. Dieser Tagtraum war latent immer gegenwärtig, aber er wurde erst manifest – und tauchte im Traum auf –, weil er etwas Entsprechendes in Wirklichkeit erlebt hatte. Es gibt kaum einen Traum, der nicht eine Reaktion – oft auch eine verspätete Reaktion – auf ein bedeutsames vorangegangenes Erlebnis wäre. Tatsächlich ist es so, daß oft erst der Traum zeigt, daß eine Begebenheit, die bewußt nicht als bedeutsam erlebt wurde, doch wichtig war, und daß er uns darauf hinweist, worin seine Wichtigkeit für uns bestand. Um voll verstanden zu werden, muß man einen Traum als Reaktion auf ein wichtiges Ereignis verstehen, das sich zutrug, bevor es zu dem Traum kam.

Wir treffen hier noch auf einen anderen Zusammenhang – wenn auch anderer Art – mit einem Erlebnis vom vorangegangenen Tag, nämlich mit dem Film, der ähnliches Material enthielt wie die Tagträume des Träumers. Es ist immer wieder erstaunlich zu sehen, wie der Traum es fertigbringt, verschiedene Fäden miteinander zu verweben. Hätte der Träumer diesen Traum nicht geträumt, wenn er den Film nicht gesehen hätte? Man kann diese Frage unmöglich beantworten. Zweifellos hätte das Erlebnis mit seinem Chef und seine tief eingeprägte Phantasie von Ruhm und Ehre genügt, diesen Traum zu produzieren; aber vielleicht mußte noch der Film hinzukommen, um die grandiose Phantasie so deutlich neu erstehen zu lassen. Doch selbst wenn man die Frage beantworten könnte, wäre die Antwort nicht von Bedeutung. Wichtig ist, daß wir den Traumtext verstehen, in dem Vergangenheit und Gegenwart, Charakter und realistisches Erlebnis zu einem Bild zusammengewoben sind, das uns viel über die Beweggründe des Träumers erzählt – über die Gefahren, vor denen er sich hüten muß, und die Ziele, die er sich setzen muß, um glücklich zu werden.

Der folgende Traum ist ein weiteres Beispiel von Träumen, die im Sinne von Freuds Wunscherfüllung zu verstehen sind. Der Träumer, ein Mann von dreißig Jahren, unverheiratet, litt seit vielen Jahren an schweren Angstanfällen, an einem überwältigenden Schuldgefühl und fast ständigen Selbstmordphantasien. Er fühlte sich schuldig wegen seiner angeblichen Schlechtigkeit und seiner bösen Strebungen. Er beschuldigte sich selbst, er habe das Bedürfnis, alles und jeden zu vernichten, er habe den Wunsch, Kinder umzubringen, und in seinen Phantasien schien der Suizid der einzige Ausweg zu sein, die Welt vor seiner bösen Gegenwart zu schützen und für seine Schlechtigkeit zu büßen. Aber diese Phantasien hatten auch noch einen anderen Aspekt: Nach seinem Opfertod hoffte er als allmächtiger, von allen geliebter Mensch wiedergeboren zu werden, der allen anderen Menschen an Macht, Weisheit und Güte weit überlegen sei. Zu Anfang seiner Analyse hatte er folgenden Traum:

»Ich steige auf einen Berg; rechts und links vom Weg liegen die Körper

toter Männer. Keiner ist lebendig. Als ich oben auf dem Gipfel ankomme, sehe ich dort meine Mutter sitzen; ich bin plötzlich wieder ein ganz kleines Kind und sitze auf ihrem Schoß.«

Der Träumer erwachte aus seinem Traum mit einem Angstgefühl. Zur Zeit dieses Traumes war er so sehr von Angst gepeinigt, daß er zu keiner Assoziation zu irgendeiner Einzelheit des Traumes in der Lage war und sich auch nicht an ein besonderes Ereignis vom Vortage erinnern konnte. Aber die Bedeutung des Traumes wird klar, wenn wir die Gedanken und Phantasien des Träumers aus der Zeit vor dem Traum mitheranziehen. Er ist der älteste Sohn und hat einen jüngeren Bruder, der ein Jahr nach ihm geboren wurde. Der Vater, ein autoritärer, strenger Pfarrer, hegte für den älteren Jungen – und übrigens auch für die anderen Menschen – nur wenig Liebe; seine einzige Beziehung zu dem Jungen bestand darin, daß er ihn unterrichtete, ausschalt, ermahnte, lächerlich machte und bestrafte. Das Kind hatte solche Angst vor ihm, daß es seiner Mutter Glauben schenkte, als diese ihm sagte, der Vater hätte ihn umgebracht, wenn sie nicht dazwischengetreten wäre. Die Mutter war ganz anders als der Vater. Sie war eine pathologisch besitzgierige Frau, die von ihrer Ehe enttäuscht war und sich für niemand und nichts interessierte als für die Herrschaft über ihre Kinder. Aber an ihren Erstgeborenen hatte sie eine besonders starke Bindung entwickelt. Sie jagte ihm Angst ein, indem sie ihm Geschichten von gefährlichen Gespenstern erzählte, und stellte sich dann als seine Beschützerin hin, die für ihn beten, ihn leiten und stark machen würde, so daß er eines Tages stärker sein würde als der gefürchtete Vater. Als der jüngere Bruder geboren wurde, war der Ältere offensichtlich tief verstört und eifersüchtig. Er selbst konnte sich an diese Zeit nicht erinnern, doch berichteten Verwandte von unmißverständlichen Anzeichen tiefer Eifersucht kurz nach der Geburt des Brüderchens.

Diese Eifersucht hätte vielleicht nicht so gefährliche Dimensionen angenommen, wie dies nach zwei oder drei Jahren der Fall war, wenn der Vater nicht das Neugeborene als *sein* Kind auserwählt hätte. Den Grund dafür kennen wir nicht. Vielleicht tat er es wegen der auffallenden körperlichen Ähnlichkeit mit sich selbst, oder vielleicht auch, weil seine Frau immer noch für *ihren* Lieblingssohn derart voreingenommen war. Als unser Träumer vier oder fünf Jahre alt war, war die Rivalität zwischen beiden Brüdern bereits in vollem Gang und nahm von Jahr zu Jahr zu. In der Feindschaft der beiden Brüder spiegelte sich die Feindschaft der Eltern, die von den Kindern ausgefochten wurde. In diesem Alter wurden die Grundlagen für die spätere schwere Neurose des Träumers gelegt: die intensive Feindschaft gegen den Bruder, der leidenschaftliche Wunsch zu beweisen, daß er diesem überlegen war, die große Angst vor dem Vater, die durch Schuldgefühle noch erheblich gesteigert wurde, weil er den Bruder haßte und heimlich den Wunsch hatte, später einmal stärker zu sein als der Vater. Das Gefühl von Angst, Schuld und Machtlosigkeit wurde durch die Mutter noch vergrößert. Wie bereits erwähnt, flößte sie ihm noch zusätzlich Angst ein. Aber sie bot ihm auch eine verlockende Lösung an: Wenn er ihr kleines Baby blieb, das ihr ganz gehörte und sich für niemand anderen interessierte, dann würde sie ihn groß und dem verhaßten Rivalen überlegen machen. Das war die Basis für seine Tagträume von Macht und Größe, wie auch für seine enge Bindung an die Mutter – jenen Zustand kindlicher Abhängigkeit, der ihn veranlaßte sich zu weigern, seine Rolle als Erwachsener anzunehmen.

Vor diesem Hintergrund ist der Traum leicht zu verstehen. »Er steigt auf einen Berg« – sein Ehrgeiz, allen überlegen zu sein, ist das Ziel seines Strebens. »Rechts und links vom Weg liegen die Körper toter Männer. Keiner ist lebendig« – die Erfüllung seines Wunsches nach Ausrottung aller Rivalen. Da er sich so ohnmächtig fühlt, kann er vor ihnen nur sicher sein, wenn sie tot sind. »Als er oben auf dem Gipfel ankommt« – als er das Ziel seiner Wünsche erreicht hat – »findet er dort seine Mutter vor, und er sitzt auf ihrem Schoß« – er ist wieder eins mit der Mutter, ist ihr Baby, das ihre Kraft und ihren Schutz empfängt. Alle Rivalen sind beseitigt – er ist mit ihr allein, frei, und braucht keine Angst mehr zu haben. Und trotzdem erwacht er mit einem Gefühl des Entsetzens. Gerade die Erfüllung seiner irrationalen Wünsche stellt eine Bedrohung seiner rationalen, erwachsenen Persönlichkeit dar, die nach Gesundheit und Glück strebt. Der Preis für die Erfüllung seiner infantilen Wünsche ist, daß er das Baby bleibt, das hilflos an seine Mutter gebunden und von ihr abhängig ist, das nicht selbständig denken und niemanden außer ihr lieben darf. Gerade die Erfüllung seiner Wünsche ist angsterregend.

Zwischen diesem Traum und dem zuvor erwähnten besteht in einer Hinsicht ein beträchtlicher Unterschied. Der erste Träumer ist ein schüchterner, gehemmter Mensch, der im Leben Schwierigkeiten hat, welche sein Glück beeinträchtigen und ihn schwach machen. Ein unbedeutender Vorfall, wie die Kritik seines Chefs, verletzt ihn tief und wirft ihn auf die Tagträume aus seiner Kindheit zurück. Im ganzen gesehen funktioniert er aber normal, und es bedarf eines solchen Vorfalls, um seine Größenphantasien von Ruhm und Ehre im Schlaf wieder auftauchen zu lassen. Unser zweiter Träumer ist schwerer krank. Sein gesamtes Leben – im Schlaf wie im Wachen – ist von Angst und Schuldgefühlen besessen und von dem intensiven Verlangen, zur Mutter zurückzukehren. Es bedarf keines besonderen Ereignisses, um den Traum hervorzurufen; fast jeder beliebige Vorfall kann es bewirken, weil er sein Leben nicht als Realität, sondern im Licht seiner frühen Erfahrungen erlebt.

In anderer Hinsicht sind die beiden Träume einander ähnlich. Sie stellen die Erfüllung irrationaler Wünsche dar, die in die Kindheit zurückreichen. Der erste erregt Befriedigung, weil der Wunsch mit den herkömmlichen Zielen eines Erwachsenen (Macht und Ansehen) vereinbar ist. Der zweite erregt Angst, weil er mit dem Leben eines Erwachsenen in keiner Weise vereinbar ist. Beide Träume sprechen die Sprache universaler Symbole und sind auch ohne Assoziationen zu verstehen, wenn wir auch – um ihre Bedeutung voll zu erfassen – etwas über die persönliche Vorgeschichte des Träumers wissen müssen. Aber selbst wenn wir darüber nichts wüßten, würden wir doch aus diesen Träumen eine gewisse Vorstellung von ihrem Charakter gewinnen.

Ich füge zwei kurze Träume an, die einen ähnlichen Inhalt haben, die sich jedoch in bezug auf ihre Bedeutung von den vorigen unterscheiden. Beide Träume stammen von einem jungen Homosexuellen.

Der erste Traum:

Ich sehe mich mit einer Pistole in der Hand. Der Lauf ist merkwürdig verlängert.

Der zweite Traum:

Ich halte einen langen, schweren Stock in der Hand. Ich habe das Gefühl, jemanden zu schlagen – obgleich sonst niemand im Traum vorhanden ist.

Nach Freuds Theorie müßten wir annehmen, daß beide Träume einen homosexuellen Wunsch zum Ausdruck bringen, wobei im ersten Traum die Pistole und im zweiten Traum der Stock das männliche Genitale symbolisieren. Auf die Frage, welche Ereignisse der vorangegangenen Tage ihm dabei einfielen, berichtete der Patient von zwei völlig verschiedenen Vorkommnissen:

Am Abend vor dem Pistolentraum hatte er sich mit einem anderen jungen Mann getroffen und einen intensiven sexuellen Drang verspürt. Vor dem Einschlafen hatte er sich sexuellen Phantasien hingegeben, deren Gegenstand jener junge Mann war.

Die Erörterung des zweiten Traumes, die etwa zwei Monate später erfolgte, entlockte ihm eine ganz andere Assoziation. Er hatte sich wütend über seinen College-Professor geärgert, weil er sich von diesem ungerecht behandelt fühlte. Er war zu schüchtern, mit dem Professor darüber zu reden, dachte sich jedoch vorm Einschlafen einen Racheplan aus, was seiner Gewohnheit entsprach, abends im Bett sich Tagträumen hinzugeben. Eine weitere Assoziation im Zusammenhang mit dem Stock war die Erinnerung daran, daß einer seiner Lehrer, den er als Zehnjähriger nicht leiden konnte, einmal einen anderen Jungen mit einem Stock geschlagen hatte. Er hatte immer Angst vor diesem Lehrer gehabt, und eben diese Angst hatte ihn daran gehindert, seine Wut zu äußern.

Was bedeutet das Symbol des Stocks im zweiten Traum? Ist dieser ebenfalls ein Sexualsymbol? Kommt in diesem Traum ein gut getarntes homosexuelles Verlangen zum Ausdruck, dessen Objekt der College-Professor oder vielleicht der verhaßte Lehrer aus seiner Kindheit ist? Wenn wir annehmen, daß die Ereignisse des vorangegangenen Tages und insbesondere die Stimmung des Träumers kurz vor dem Einschlafen wichtige Schlüssel für die Symbolik des Traumes sind, dann werden wir die Symbole trotz ihrer scheinbaren Ähnlichkeit unterschiedlich deuten.

Der erste Traum folgte auf einen Tag, an dem der Träumer homosexuelle Phantasien gehabt hatte, und wir müssen daher annehmen, daß die Pistole mit dem verlängerten Lauf einen Penis symbolisiert. Es ist jedoch kein Zufall, daß das Geschlechtsorgan durch eine Waffe repräsentiert wird. Diese symbolische Gleichsetzung ist ein wichtiger Hinweis auf die psychischen Kräfte, die den homosexuellen Strebungen des Träumers zugrunde liegen. Für ihn ist die Sexualität nicht ein Ausdruck von Liebe, sondern es kommt darin der Wunsch, zu herrschen und zu zerstören zum Ausdruck. Der Träumer hatte aus Gründen, auf die wir hier nicht näher einzugehen brauchen, von jeher gefürchtet, als Mann nicht vollwertig zu sein. Frühe Schuldgefühle wegen Masturbation, Angst, hierdurch seine Geschlechtsorgane zu schädigen, später dann die Angst, sein Penis sei kleiner als der anderer Jungen, und eine intensive Eifersucht auf alle Männer – all das zusammen hatte in ihm das Verlangen nach intimen Beziehungen mit Männern geweckt, bei denen er seine Überlegenheit zeigen und sein Sexualorgan als mächtige Waffe benutzen konnte.

Der zweite Traum hatte einen ganz anderen emotionalen Hintergrund. Hier war er zornig eingeschlafen; er hatte Hemmungen gehabt, seinen Zorn zu äußern; er hatte sogar im Schlaf noch Hemmungen, seinen Zorn unmittelbar zu äußern, indem er träumte, daß er seinen Professor mit dem Stock schlüge; er träumte, er halte den Stock in der Hand, und hatte das Gefühl, »irgend jemanden« zu schlagen. Daß er sich ausgerechnet einen Stock als Symbol für seinen Zorn wählte, kam von seinem Kindheitserlebnis mit dem verhaßten Lehrer, der den anderen Jungen geschlagen hatte. Sein gegenwärtiger Zorn auf den Professor vermengte sich mit seinem früheren Zorn über den Schullehrer. Die beiden Träume sind deshalb interessant, weil sie den allgemeinen Grundsatz veranschaulichen, daß ähnliche Symbole eine unterschiedliche Bedeutung besitzen können und daß die richtige Interpretation von der Stimmung des Träumers vor dem Einschlafen abhängt, die während des Schlafs ihren Einfluß weiter ausübt.

Ich füge hier noch einen weiteren kurzen Traum an, der ebenfalls die Erfüllung eines irrationalen Wunsches enthält und in krassem Gegensatz zu den Gefühlen steht, deren sich der Träumer bewußt war.

Der Träumer war ein intelligenter junger Mann, der sich wegen unbestimmter Depressionsgefühle in analytische Behandlung begeben hatte, obwohl er sonst »normal« war – wenn man das Wort »normal« in einem oberflächlichen, konventionellen Sinn versteht. Er hatte sein Studium zwei Jahre, bevor er die Analyse begann, abgeschlossen und arbeitete seither in einer Stellung, die seinen Interessen entsprach und die in bezug auf die Arbeitsbedingungen, das Gehalt usw. recht günstig war. Man hielt ihn für einen guten, ja glänzenden Arbeiter. Aber dieses äußere Bild täuschte. Er war von einem ständigen Unbehagen erfüllt, hatte das Gefühl, nicht soviel zu leisten, wie er eigentlich gekonnt hätte (was stimmte), und fühlte sich trotz seines offensichtlichen Erfolges deprimiert. Besonders unangenehm empfand er das Verhältnis zu seinem Chef, der zu einem etwas autoritären Auftreten neigte, wenn sich dieses auch in vernünftigen Grenzen hielt. Der Patient schwankte in seinem Auftreten zwischen Aufbegehren und Unterwerfung hin und her. Oft hatte er das Gefühl, daß man unfaire Anforderungen an ihn stellte, auch wenn das nicht der Fall war. Dann pflegte er schlechter Laune zu sein oder Streit anzufangen. Manchmal unterliefen ihm auch bei solchen »Zwangsarbeiten« Fehler. Andererseits war er überhöflich, ja fast unterwürfig dem Chef und anderen Autoritätspersonen gegenüber. Ganz im Gegensatz zu seiner rebellischen Einstellung bewunderte er in übertriebener Weise seinen Vorgesetzten und war überglücklich, wenn er von ihm gelobt wurde. Das ständige Hin- und Herschwanken zwischen diesen beiden Haltungen war sehr anstrengend und verschlimmerte seine depressive Stimmung. Hinzuzufügen ist, daß er als glühender Nazigegner nach Hitlers Machtergreifung aus Deutschland auswanderte. Er war allerdings ein leidenschaftlicher, intelligenter Gegner der Nazis, und nicht nur »anderer Meinung« als sie. Diese politische Überzeugung war vielleicht von Zweifeln freier als irgend etwas anderes, was er dachte oder fühlte. Man kann sich sein Erstaunen und seine Bestürzung vorstellen, als er sich eines Morgens klar und lebhaft an folgenden Traum erinnerte:

»Ich saß mit Hitler zusammen, und wir führten eine angenehme und interessante Unterhaltung. Ich fand ihn liebenswürdig und war sehr stolz darauf, daß er dem, was ich zu sagen hatte, mit großer Aufmerksamkeit zuhörte.«

Auf die Frage, was er denn zu Hitler gesagt habe, erwiderte er, er habe nicht die geringste Erinnerung an den Inhalt des Gesprächs. Zweifellos ist dieser Traum die Erfüllung eines Wunsches. Das Bemerkenswerte daran ist, daß dieser Wunsch seinem bewußten Denken so völlig fremd war und daß er sich im Traum in so unverhüllter Form präsentierte.

So überraschend der Traum für den Träumer im Augenblick war, ist er für uns doch nicht ganz so rätselhaft, wenn wir die Charakterstruktur des Träumers in Betracht ziehen, auch wenn wir uns dabei nur auf die wenigen hier mitgeteilten Daten stützen. Sein Hauptproblem ist seine Einstellung zur Autorität. Im täglichen Leben schwankt er hin und her zwischen Aufbegehren und unterwürfiger Bewunderung. Hitler repräsentiert die extreme Form der irrationalen Autorität, und der Traum zeigt uns deutlich, daß die unterwürfige Seite des Träumers trotz seines Hasses auf ihn stark entwickelt ist. Der Traum gibt uns die Möglichkeit, die Stärke dieser unterwürfigen Neigungen richtiger einzuschätzen, als es die Auswertung des bewußten Materials erlaubte.

Bedeutet der Traum, daß der Träumer »wirklich« für die Nazis ist und daß der Haß auf Hitler »nur« eine bewußte Tarnung seiner tieferliegenden Gefühle ist, die seine wahren Gefühle sind? Ich stelle diese Frage, weil der Traum uns die Möglichkeit gibt, ein Problem zu diskutieren, das für die Deutung aller Träume wichtig ist.

Freuds Antwort auf diese Frage wäre wohl recht aufschlußreich. Er hätte gesagt, der Patient habe in Wirklichkeit gar nicht von Hitler geträumt. Hitler sei ein Symbol für etwas anderes; er repräsentiere den von dem jungen Mann gehaßten und bewunderten Vater. Im Traum bediene sich der Patient sozusagen des gut geeigneten Hitler-Symbols, um Gefühle auszudrücken, die nicht der Gegenwart, sondern der Vergangenheit angehörten, nicht seiner Existenz als Erwachsener, sondern dem in ihm eingekapselten Kind. Freud hätte noch hinzugefügt, daß es mit den Gefühlen des Patienten seinem Chef gegenüber nicht anders sei; auch sie hätten nichts mit dem Chef zu tun, sondern seien vom Vater des Patienten auf diesen übertragen.

In gewissem Sinne mag das alles stimmen. Die Mischung von Rebellion und Unterwürfigkeit entstand und entwickelte sich in der Beziehung des Patienten zu seinem Vater. Aber die alte Einstellung existiert noch immer und macht sich auch in bezug auf andere Menschen bemerkbar, mit denen der Patient in Berührung kommt. *Er* neigt noch immer dazu, aufzubegehren und sich ihnen unterzuordnen; er und nicht das Kind in ihm oder »das Unbewußte« oder wie man auch immer eine Person bezeichnen will, die angeblich in ihm existiert, die aber nicht *er* ist. Die Vergangenheit ist – vom rein historischen Interesse abgesehen – nur insofern von Bedeutung, als sie noch gegenwärtig ist, und das ist bei dem Autoritätskomplex unseres Träumers der Fall.

Aber wird der Traum nicht zu einem machtvollen Zeugen gegen den Träumer, wenn wir nicht einfach sagen können, es sei nicht er, sondern das Kind in ihm, das mit Hitler auf freundschaftlichem Fuß stehen möchte? Verrät er uns dann nicht trotz allen Protests des Träumers, daß

er »tief drinnen« ein Nazi ist und sich nur »oberflächlich« für einen Gegner Hitlers hält?
Eine solche Auffassung läßt einen wichtigen Faktor bei der Traumdeutung außer acht, nämlich das *quantitative Element*. Träume sind gleichsam ein Mikroskop, durch das wir die verborgenen Vorgänge in unserer Seele betrachten. Eine verhältnismäßig geringe Neigung in der komplexen Struktur von Wünschen und Ängsten kann im Traum ebenso bedeutungsvoll erscheinen wie eine andere, die im Seelenleben des Träumers weit größeres Gewicht hat. Ein relativ geringfügiger Ärger über einen anderen kann zum Beispiel einen Traum hervorrufen, in dem dieser andere krank wird und deshalb nicht mehr in der Lage ist, uns zu ärgern. Trotzdem würde das nicht bedeuten, daß wir einen solchen Zorn auf ihn haben, daß wir »wirklich« wünschen, er würde krank. Träume geben uns Hinweise auf die Qualität verborgener Wünsche und Ängste, aber nicht auf ihre Quantität; sie ermöglichen eine qualitative, jedoch keine quantitative Analyse. Um die Quantität einer Tendenz festzustellen, müssen wir noch andere Aspekte in Betracht ziehen: die Wiederholung des betreffenden Themas oder ähnlicher Themen in anderen Träumen, die Assoziationen des Träumers, sein Verhalten im täglichen Leben und noch vieles andere – wie etwa seinen Widerstand gegen die Analyse einer solchen Tendenz; all das kann uns zu einer besseren Erkenntnis der Intensität der Wünsche und Ängste verhelfen. Übrigens genügt es noch nicht, die Intensität eines Wunsches zu berücksichtigen; um beurteilen zu können, welche Rolle und Funktion er im gesamten Seelenleben hat, müssen wir auch die Kräfte kennen, die gegen diese Tendenz aufgebaut worden sind, die sie als Handlungsmotiv bekämpfen und besiegen. Aber selbst das genügt noch nicht. Wir müssen wissen, ob diese Abwehrkräfte, die gegen die irrationalen Wünsche eingesetzt werden, hauptsächlich in der Angst vor Strafe oder Liebesverlust wurzeln und bis zu welchem Grad sie auf dem Vorhandensein konstruktiver Kräfte basieren, die sich den irrationalen, verdrängten Kräften widersetzen, oder – genauer gesagt – ob triebhafte Tendenzen durch Angst oder die stärkeren Kräfte von Liebe und Zärtlichkeit in Zaum gehalten und verdrängt werden. Alle diese Erwägungen sind unbedingt notwendig, wenn wir über die qualitative Traumdeutung hinausgehen wollen, um quantitativ festzustellen, welches Gewicht bestimmte irrationale Wünsche haben.

Kehren wir noch einmal zu dem Mann zurück, der von Hitler träumte. Der Traum beweist nicht, daß seine Einstellung gegen die Nazis nicht echt oder nicht besonders stark war. Aber er zeigt, daß der Träumer sich noch immer mit dem Verlangen auseinandersetzte, sich einer irrationalen Autorität unterzuordnen, selbst einer, die er so intensiv haßte, aus dem Wunsch heraus, er könnte sie doch nicht so widerwärtig finden, wie er geglaubt hatte.

Ich habe bisher nur Träume vorgestellt, auf die sich Freuds Wunscherfüllungstheorie anwenden ließ. Es handelt sich bei allen um die halluzinatorische Erfüllung irrationaler Wünsche während des Schlafes. Dabei haben wir weit weniger Assoziationen herangezogen, als Freud das gewöhnlich tat. Der Grund dafür ist, daß wir in zwei zuvor angeführten Träumen – nämlich dem Traum von der »botanischen Monographie« und im »Onkel-Traum« – bereits Beispiele für Träume gesehen haben, in denen die Assoziationen eine unentbehrliche Rolle spielen. Ich möchte jetzt noch einige Träume erörtern, die ebenfalls Wunscherfüllungen sind, in denen die Wünsche jedoch nicht so irrational sind wie in den bisher besprochenen Träumen.

Ein interessantes Beispiel dieser Art von Wunscherfüllung ist folgender Traum:

»Ich bin Zeuge eines Experiments. Ein Mann wurde in Stein verwandelt. Dann hat eine Bildhauerin aus diesem Stein eine Figur gemeißelt. Plötzlich wird die Figur lebendig und geht wütend auf die Bildhauerin zu. Ich sehe voller Entsetzen zu, wie er sie tötet. Dann wendet er sich gegen mich, und ich denke, wenn es mir gelingt, ihn ins Wohnzimmer zu schaffen, wo sich meine Eltern befinden, bin ich gerettet. Ich ringe mit ihm, und es gelingt mir, ihn ins Wohnzimmer zu drängen. Dort sitzen meine Eltern mit einigen ihrer Freunde. Aber sie blicken kaum auf, als sie mich um mein Leben kämpfen sehen. Ich denke: Ich hätte schon längst wissen müssen, daß ihnen nichts an mir liegt. Ich lächle triumphierend.«

Hier endet der Traum. Um ihn zu verstehen, müssen wir einiges über die Person des Träumers wissen. Es handelt sich um einen jungen, vierundzwanzigjährigen Arzt, der ein routinemäßiges Leben führt und völlig unter der Herrschaft seiner Mutter steht, die bestimmt, was in der Familie geschieht. Er denkt und fühlt nicht spontan, geht pflichtgemäß in die Klinik, ist wegen seines bescheidenen Verhaltens gern gesehen, doch fühlt er sich müde und deprimiert und weiß nicht recht, wozu er auf der Welt ist. Er ist der gehorsame Sohn, der zu Hause bleibt, der das tut, was seine Mutter von ihm erwartet und kaum ein eigenes Leben führt. Die Mutter liegt ihm in den Ohren, mit jungen Mädchen auszugehen, doch hat sie an jeder etwas auszusetzen, sobald er etwas Interesse zeigt. Zuweilen, wenn die Mutter noch größere Ansprüche an ihn stellt als gewöhnlich, begehrt er gegen sie auf. Sie läßt ihn dann fühlen, wie sehr er sie verletzt, wie undankbar er ist, und so kommt es, daß solche Wutausbrüche zu einer Orgie von Gewissensbissen führen und daß er sich ihr nur noch mehr unterordnet. Am Tag vor diesem Traum hatte er auf eine Untergrundbahn gewartet und beobachtet, wie sich drei Männer etwa seines Alters auf dem Bahnsteig miteinander unterhielten. Es waren offensichtlich Büroangestellte, die aus einem Kaufhaus heimgingen. Sie redeten über ihren Chef; einer sprach von seinen Aussichten auf eine Gehaltserhöhung, ein anderer erzählte, der Chef habe heute mit ihm über Politik gesprochen. Es war eine Unterhaltung zwischen jungen Leuten, deren routinemäßiges Leben sich in der Trivialität des Kaufhauses und im Interesse an ihrem Chef erschöpfte. Unser Träumer erschrak plötzlich, als er diese Leute beobachtete. »Das bin ja ich«, ging es ihm durch den Kopf, »das ist ja mein Leben! Ich bin ja auch nicht besser als diese drei Büroangestellten. Ich bin genau so tot wie sie!« In der darauffolgenden Nacht hatte er den erwähnten Traum.

Da wir die allgemeine seelische Situation des Träumers und die Ursache kennen, die den Traum unmittelbar auslöste, ist er nicht schwer zu verstehen. Der Träumer merkt, daß er in Stein verwandelt ist; er hat keine eigenen Gefühle und Gedanken mehr. Er hat das Gefühl, er sei tot. Dann merkt er, daß eine Frau aus dem Stein eine Figur meißelt. Zweifellos bezieht sich dieses Symbol auf seine Mutter und auf das, was sie mit ihm gemacht hat. Er erkennt, in welchem Ausmaß sie ihn zu einer leblosen Figur gemacht hat, von der sie völlig Besitz ergreifen konnte. Wenn er sich auch im wachen Leben gelegentlich über ihre Ansprüche an ihn beschwert hatte, war er sich doch nicht bewußt, in welchem Ausmaß sie ihn geformt hatte. Bis hierher enthält der Traum eine weit richtigere und klarere Einsicht, als er sie in seinem wachen Dasein hatte: eine Einsicht in seine eigene Situation und in die Rolle, die seine Mutter in seinem Leben spielte. Dann ändert sich die Situation. Der Träumer tritt in zwei

Rollen auf (wie das oft in Träumen vorkommt). Er ist der Zuschauer, der beobachtet, was da vorgeht, aber er ist zugleich auch die Statue, die lebendig geworden ist und zornentbrannt die Bildhauerin tötet. Hier erlebt er eine Wut auf seine Mutter, die er völlig verdrängt hatte. Weder er selbst noch irgend jemand sonst hätte ihn einer solchen Wut für fähig gehalten, und daß seine Mutter deren Zielscheibe sein könnte. Im Traum erlebt er seine Wut nicht als seine eigene, sondern als die der zum Leben erwachten Statue. »Er«, der Zuschauer, ist entsetzt über den wütenden Mann, der sich dann gegen ihn wendet.

Diese Spaltung einer Person in zwei, zu der es so offenkundig in diesem Traum kommt, ist eine Erfahrung, die wir alle gelegentlich mehr oder weniger deutlich machen. Der Träumer hat Angst vor seiner eigenen Wut; tatsächlich ist diese Wut seinem bewußten Denken so fremd, daß er den wütenden Mann als eine andere Person erlebt. Trotzdem aber ist »er« dieser wütende Mann, sein vergessenes, wütendes Ich, das im Traum zum Leben erwacht. Der Träumer, der Beobachter, der Mensch, der er in seinem täglichen Leben ist, fühlt sich von dieser Wut bedroht und hat Angst – Angst vor sich selbst. Er ringt mit sich selbst und hofft, wenn er den Konflikt, den »Feind« zu seinen Eltern bringe, werde er gerettet sein. In diesem Gedanken kommen die sein Leben beherrschenden Wünsche zum Ausdruck.

Wenn du eine Entscheidung zu treffen hast, wenn du mit Schwierigkeiten nicht fertig wirst, dann lauf zu deinen Eltern, lauf zu irgendeiner Autoritätsperson; sie werden dir sagen, was du tun sollst, sie werden dich retten – auch dann, wenn der Preis ständige Abhängigkeit und Unzufriedenheit ist. Mit dem Entschluß, den Angreifer ins Wohnzimmer zu drängen, folgt er seiner alten, immer wieder angewandten Methode. Aber sobald er die Eltern erblickt, kommt ihm eine völlig neue, überraschende Einsicht: seine Eltern – und speziell die Mutter, von der er doch Hilfe, Schutz und Rat erwartet hatte und von deren Weisheit und Liebe alles für ihn abzuhängen schien – diese Eltern blicken nicht einmal auf. Sie kümmern sich nicht um ihn und können ihm nicht helfen. Er ist allein und muß sein Leben selbst in die Hand nehmen. Alles, was er in der Vergangenheit erhoffte, war eine Illusion, die jetzt plötzlich in Trümmer geht. Aber eben diese Einsicht, die in gewisser Hinsicht bitter und enttäuschend ist, gibt ihm ein Gefühl, als ob er gewonnen hätte; er lächelt triumphierend, weil er einen Blick in die Wahrheit und einen ersten Schritt in die Freiheit getan hat.

Dieser Traum enthält eine Mischung verschiedener Motivationen. Wir finden tiefe Einsichten in sich selbst und in seine Eltern, die über alles hinausgehen, was er bisher wußte. Er sieht, wie sehr er zu Stein erstarrt und tot war, wie seine Mutter ihn nach ihren eigenen Wünschen geformt hatte, und er erkennt endlich, wie wenig den Eltern an ihm liegt und wie wenig sie ihm helfen können. Bis hierher handelt es sich bei diesem Traum um einen jener Träume, deren Inhalt nicht Wunscherfüllung, sondern Einsicht ist. Aber er enthält zugleich auch ein Wunscherfüllungselement. Seine im wachen Leben verdrängte Wut kommt zum Vorschein, er sieht sich selbst, wie er seine Mutter überwältigt und tötet. Sein Wunsch nach Rache erfüllt sich im Traum.

Diese Analyse des Wunsches scheint sich von den vorigen Beispielen für die Erfüllung irrationaler Wünsche im Traum nicht zu unterscheiden. Aber trotz dieser offensichtlichen Ähnlichkeit, gibt es einen bedeutsamen Unterschied. Wenn wir uns beispielsweise an den Traum mit dem weißen Schlachtroß erinnern, so war der darin erfüllte Wunsch das kindliche Verlangen des Träumers nach Ruhm und Ehre. Sein Wunsch richtete sich nicht auf Wachstum und Selbstverwirklichung, sondern nur auf die Befriedigung seines irrationalen Selbst, das vor den Prüfungen der Wirklichkeit zurückschreckte. Und auch der Mann, der von seiner freundschaftlichen Unterhaltung mit Hitler träumte, befriedigte nur seinen höchst irrationalen Wunsch, sich selbst einer verhaßten Autorität zu unterwerfen.

Die Wut auf die Bildhauerin, wie sie in dem hier analysierten Traum erlebt wurde, ist anderer Art. Auch die Wut des Träumers auf seine Mutter ist in gewissem Sinn irrational. Sie ist die Folge seiner Unfähigkeit, unabhängig zu werden, seiner Kapitulation vor ihr und seines daraus resultierenden Unglücks. Aber es gibt hier auch noch einen anderen Aspekt. Seine Mutter ist eine herrschsüchtige Frau, deren Einfluß auf ihn zu einer Zeit begann, als er noch ein kleiner Junge war und ihr noch keinen rechten Widerstand bieten konnte. Hier, wie stets in der Beziehung zwischen Kindern und Eltern, sind die Eltern die stärkeren, solange das Kind noch klein ist. Wenn es dann alt genug ist, seinen eigenen Willen zum Ausdruck zu bringen, hat dieser Wille und die Fähigkeit sich durchzusetzen bereits einen solchen Schaden erlitten, daß es nicht mehr »wollen« kann. Ist die Konstellation Unterwerfung–Beherrschung erst einmal festgefahren, so ist die unausbleibliche Folge Wut. Wenn dann dem Kind zugestanden würde, seine Wut bewußt zu empfinden, so könnte das die Grundlage für ein gesundes Aufbegehren sein; es würde zu einer Neuorientierung führen in dem Sinn, daß das Kind lernt sich durchzusetzen und so schließlich zu Freiheit und Reife zu gelangen. Ist dieses Ziel erreicht, dann verschwindet auch die Wut und macht einem Verständnis, ja vielleicht sogar einer freundschaftlichen Haltung gegenüber der Mutter Platz. Während diese Wut so an und für sich ein Symptom für mangelnde Selbstbehauptung ist, ist sie doch auch ein notwendiger Schritt bei einer gesunden Entwicklung, und nicht irrational. Im Fall dieses Träumers wurde die Wut jedoch verdrängt. Die Angst vor der Mutter und seine Abhängigkeit von ihrer Lenkung und Autorität ließen sie dem Träumer nicht zu Bewußtsein kommen, und so führte die Wut weit unter der Oberfläche dort ein geheimes Leben, wo sie der Träumer nie erreichen konnte. Durch die beängstigende und zugleich erhellende Vision seines eigenen Totseins erwachte er samt seiner Wut im Traum zum Leben. Diese Wut ist eine notwendige Übergangsstufe in seinem Reifungsprozeß und unterscheidet sich daher grundsätzlich von jenen Wünschen, mit denen wir uns in den zuvor behandelten Träumen beschäftigten, deren Erfüllung rückwärts und nicht vorwärts führt.

Der Träumer des nun folgenden Traumes ist ein Mann, der unter einem intensiven Schuldgefühl leidet. Noch jetzt, im Alter von vierzig Jahren, wirft er sich vor, am zwanzig Jahre zuvor erfolgten Tod seines Vaters schuld zu sein. Er hatte einen Ausflug gemacht, und während seiner Abwesenheit starb sein Vater an einem Herzanfall. Er hatte damals wie heute das Gefühl, daß er dafür verantwortlich war, weil sich der Vater vielleicht aufgeregt hatte und daran gestorben war, während, wenn er – der Sohn – dagewesen wäre, vielleicht jede Art von Aufregung hätte vermieden werden können.

Der Träumer hat ständig Angst, es könnte durch seine Schuld jemand erkranken, oder es könnte sonst ein Schaden entstehen. Er hat eine große Zahl privater Rituale entwickelt, welche die Funktion haben, für seine »Sünden« zu büßen und schlimme Folgen seiner Taten abzuwenden. Er gönnt sich nur selten ein Vergnügen, und ein Genuß ist ihm nur möglich, wenn es ihm gelungen ist, es als »Pflicht« zu klassifizieren. Er arbeitet äußerst hart und hat nur gelegentliche und oberflächliche sexuelle Beziehungen zu Frauen, die gewöhnlich mit der niederdrückenden Befürchtung enden, er habe das Mädchen verletzt, und es hasse ihn jetzt. Nach beträchtlicher analytischer Arbeit hatte er folgenden Traum:

»Es ist ein Verbrechen begangen worden. Ich erinnere mich nicht, um was für ein Verbrechen es sich handelte, und ich glaube, daß ich es im Traum auch nicht wußte. Ich gehe auf die Straße, und obgleich ich sicher bin, kein Verbrechen begangen zu haben, weiß ich doch, daß ich mich nicht verteidigen könnte, wenn plötzlich ein Detektiv auftauchte und mich des Mordes beschuldigte. Ich gehe immer schneller auf den Fluß zu. Als ich schon ganz nahe am Fluß bin, sehe ich plötzlich in der Ferne einen Berg, auf dem eine herrliche Stadt steht. Der Berg erstrahlt im Licht, ich sehe Leute auf den Straßen tanzen, und ich habe das Gefühl, alles käme in Ordnung, wenn ich nur den Fluß überqueren könnte.«

Der Analytiker: »Welche Überraschung! Es ist das erste Mal, daß Sie davon überzeugt sind, kein Verbrechen begangen zu haben, und daß Sie nur befürchten, sich gegen die Beschuldigung nicht verteidigen zu können. Ist Ihnen gestern etwas Gutes widerfahren?«

Der Träumer: »Nichts von Bedeutung, außer daß ich mit einiger Befriedigung feststellte, daß ein Versehen, das im Büro vorgekommen war, eindeutig die Schuld eines anderen und nicht meine Schuld war, was die anderen meiner Befürchtung nach vielleicht hätten glauben können.«

Der Analytiker: »Ich finde das auch recht befriedigend – aber vielleicht erzählen Sie mir, worin das Versehen bestand.«

Der Träumer: »Eine Dame hatte angerufen und wollte einen Teilhaber unserer Firma, Herrn X., sprechen. Ich telephonierte mit ihr und war von ihrer netten Stimme recht beeindruckt. Ich riet ihr, am nächsten Tag um vier Uhr hierherzukommen, und legte eine entsprechende Notiz auf den Schreibtisch von Herrn X. Seine Sekretärin nahm die Notiz an sich, aber anstatt ihn davon zu unterrichten, legte sie sie weg und vergaß sie völlig. Am nächsten Tag kam die junge Dame und war ärgerlich und enttäuscht, als sie hörte, daß Herr X. nicht im Hause war und daß die ganze Geschichte vergessen worden war. Ich sprach mit ihr und entschuldigte mich, und nach ein paar Minuten brachte ich sie dazu, mir das Problem

zu unterbreiten, das sie mit Herrn X. besprechen wollte. All das hat sich gestern zugetragen.«
Der Analytiker: »Ich nehme an, die Sekretärin erinnerte sich an ihr Versäumnis und sagte es Ihnen oder der jungen Dame?«
Der Träumer: »Ach ja, natürlich; komisch, daß ich vergessen habe, das zu erwähnen; gestern ist mir das äußerst wichtig vorgekommen – aber natürlich ist das Unsinn.«
Der Analytiker: »Hören wir uns den Unsinn an. Sie wissen ja aus Erfahrung, daß unser Unsinn gewöhnlich die weiseste Stimme in uns ist.«
Der Träumer: »Nun, ich möchte sagen, daß ich merkwürdig glücklich war, als ich mit der Dame sprach. Es handelte sich um ihre Scheidung, und ich entnahm ihrem Bericht, daß sie von ihrer ehrgeizigen Mutter durch Einschüchterung zu einer unmöglichen Ehe überredet worden war. Sie hatte es vier Jahre lang ausgehalten und sich jetzt entschlossen, der Sache ein Ende zu machen.«
Der Analytiker: »Sie haben doch auch Visionen von Freiheit, nicht wahr? Mich interessiert da ein kleines Detail. Sie sehen Leute auf den Straßen tanzen, und das ist das einzige Detail, das sie an der Stadt erkennen können. Haben Sie jemals eine solche Szene beobachtet?«
Der Träumer: »Warten Sie einen Augenblick... Das ist doch merkwürdig... jetzt fällt es mir ein... Ja, als ich 14 Jahre war, habe ich mit meinem Vater eine Reise nach Frankreich gemacht. Wir waren am 14. Juli in einer kleinen Stadt und sahen uns die Feier an, und am Abend sah ich zu, wie die Leute auf den Straßen tanzten. Wissen Sie, das war das letzte Mal, daß ich – soweit ich mich erinnern kann – richtig glücklich war.«
Der Analytiker: »Nun, letzte Nacht ist es Ihnen gelungen, den Faden wieder aufzugreifen. Sie konnten sich Freiheit, Licht, Glück und Tanz als eine Möglichkeit vorstellen, als etwas, das Sie schon einmal erlebt hatten und wieder aufs neue erleben können.«
Der Träumer: »Vorausgesetzt, daß ich weiß, wie ich den Fluß überqueren kann.«
Der Analytiker: »Ja: Sie erkennen zum erstenmal, daß sie in Wirklichkeit das Verbrechen nicht begangen haben, daß es die Stadt gibt, in der Sie frei sind, und daß nur ein Fluß, den man überqueren kann, Sie von diesem besseren Leben trennt. Waren keine Alligatoren im Fluß?«

Der Träumer: »Nein, es war ein gewöhnlicher Fluß, so einer wie der in unserer Stadt, vor dem ich als Kind immer ein wenig Angst hatte.«
Der Analytiker: »Dann muß es auch eine Brücke darüber geben. Sie haben wahrhaftig lange damit gewartet, sie zu überschreiten. Wir müssen jetzt herausfinden, was Sie noch immer daran hindert, es zu tun.«
Es ist dies einer jener wichtigen Träume, in denen ein entscheidender Schritt aus einer seelischen Erkrankung gewagt wird. Gewiß ist der Patient noch nicht gesund, aber er hat die wichtigste Vorbedingung für seine Gesundheit erlebt: Er hat eine klare und lebendige Vision von einem Leben gehabt, in dem er nicht der verfolgte Verbrecher, sondern ein freier Mensch ist. Ihm wird deutlich, daß er, um dorthin zu gelangen, einen Fluß überqueren muß – ein altes, universal gebrauchtes Symbol für eine wichtige Entscheidung, für den Beginn einer neuen Daseinsform, für Geburt oder Tod und dafür, daß man eine Lebensweise für eine andere aufgibt. Die Vision der Stadt ist eine Wunscherfüllung, aber es handelt sich um einen rationalen Wunsch; er repräsentiert das Leben, er stammt aus jenem Teil des Träumers, der verborgen und ihm selbst entfremdet war. Diese Vision ist real, genauso real wie alles, was seine Augen im Laufe des Tages sehen, nur daß er immer noch die Einsamkeit und Freiheit des Schlafs braucht, um ihrer sicher zu sein.
Ich möchte noch einen weiteren »Flußüberquerungstraum« anführen. Der Träumer ist ein verwöhntes Einzelkind, ein Junge. Er wurde von seinen Eltern verzärtelt, er wurde von ihnen als künftiges Genie bewundert, alles wurde ihm leicht gemacht und keinerlei Anstrengung von ihm erwartet – vom Frühstück an, das ihm seine Mutter morgens ans Bett brachte, bis zu den Unterredungen des Vaters mit seinen Lehrern, die immer damit endeten, daß dieser seiner Überzeugung Ausdruck verlieh, daß sein Junge wunderbare Gaben besitze. Beide Eltern hatten eine krankhafte Angst davor, er könne in Gefahr geraten; er durfte nicht schwimmen, nicht wandern und nicht auf der Straße spielen. Manchmal hatte er Lust, gegen diese lästigen Behinderungen aufzubegehren, aber weshalb sollte er sich beklagen, wo er doch alle diese schönen Dinge besaß: Bewunderung, zärtliche Liebe und soviele Spielsachen, daß er sie wegwerfen konnte, und wo er doch vor allen äußeren Gefahren fast völlig geschützt war. Er war tatsächlich ein begabter Junge, aber es war ihm nie ganz gelungen, auf eigenen Füßen zu stehen. Er versuchte nicht, das

Leben zu meistern, sondern wollte Beifall ernten und bewundert werden. So wurde er von anderen abhängig und – bekam Angst.
Aber gerade dieses Bedürfnis nach Lob und die Angst, es könne ihm versagt werden, machte ihn wütend, ja sogar grausam. Er war in die analytische Behandlung gekommen, weil ihn eine ständige innere Unruhe erfüllte, die seiner kindischen Angeberei, seiner Unselbständigkeit, seiner Angst und seinen Wutanfällen entsprang. Nach sechs Monaten analytischer Arbeit hatte er folgenden Traum:
»*Ich soll einen Fluß überqueren. Ich sehe mich nach einer Brücke um, aber da ist keine. Ich bin noch klein, vielleicht fünf oder sechs Jahre alt. Ich kann nicht schwimmen. [Tatsächlich lernte er erst mit achtzehn Jahren schwimmen.] Dann sehe ich einen großen dunklen Mann, der mir ein Zeichen gibt, er könne mich auf seinen Armen hinübertragen. Der Fluß ist nur ungefähr $1^1/_2$ Meter tief. Zuerst bin ich froh und lasse es geschehen. Als er mich aber auf den Armen hält und losgeht, gerate ich plötzlich in Panik. Ich weiß, daß ich sterben muß, wenn ich mich nicht davonmache. Wir befinden uns bereits im Fluß, aber ich nehme allen Mut zusammen und springe aus den Armen des Mannes ins Wasser. Zuerst denke ich, ich würde ertrinken. Aber dann fange ich an zu schwimmen und erreiche bald das andere Ufer. Der Mann ist verschwunden.*«
Der Träumer war am vorhergehenden Tag auf einer Party gewesen, und es war ihm dort plötzlich aufgegangen, daß sein ganzes Sinnen und Trachten sich darauf richtete, bewundert und gern gesehen zu werden. Er hatte – zum erstenmal – gefühlt, wie kindisch er in Wirklichkeit war und daß er eine Entscheidung treffen müsse. Er konnte das für nichts verantwortliche Kind bleiben, oder er konnte sich für den schmerzhaften Übergang zur Reife entscheiden. Er fühlte, daß er sich nicht länger vormachen durfte, alles sei so, wie es sein sollte, und daß er seine Beliebtheit nicht länger für eine echte Leistung halten durfte. Diese Gedanken hatten ihn stark erschüttert, und er war darüber eingeschlafen.
Der Traum ist nicht schwer zu verstehen. Das Überqueren des Flusses steht für die Entscheidung, die er treffen muß, vom Ufer der Kindheit zu dem der Reife überzusetzen. Aber wie ist ihm das möglich, wenn er sich für einen Fünf- oder Sechsjährigen hält, der nicht schwimmen kann? Der Mann, der sich anbietet, ihn hinüberzutragen, symbolisiert viele Personen: den Vater, die Lehrer, einen jeden, der bereit war, ihn zu tra-

gen – bestochen durch seinen Charme und seine vielversprechenden Anlagen. Bis hierher symbolisiert der Traum genau sein inneres Problem und die Art und Weise, wie er es immer wieder gelöst hatte. Aber jetzt kommt ein neuer Faktor hinzu. Er sagt sich, es werde sein Untergang sein, wenn er sich wieder tragen lasse. Es ist dies eine scharfe, klare Einsicht. Er fühlt, daß er einen Entschluß fassen muß, und springt ins Wasser. Er merkt, daß er tatsächlich schwimmen kann (offensichtlich ist er im Traum jetzt nicht mehr fünf oder sechs Jahre alt) und daß er das andere Ufer ohne fremde Hilfe erreicht. Das ist wiederum eine Wunscherfüllung, aber es ist – genau wie im vorigen Traum – eine Vision seines Zieles als Erwachsener; er entdeckt, daß seine übliche Methode, sich tragen zu lassen, zu seinem Ruin führen muß; außerdem weiß er, daß er tatsächlich schwimmen kann, wenn er nur den Mut hat, ins Wasser zu springen.

Natürlich verlor diese Vision im Laufe der Zeit ihre ursprüngliche Klarheit. Der »Lärm« des Tages legte es ihm nahe, daß man nichts »übertreiben« sollte, daß alles in bester Ordnung war, daß kein Grund bestand, alle Freundschaften aufzugeben, daß wir allesamt Hilfe brauchen und daß er sie ganz gewiß verdiente und so weiter – es gibt so viele Gründe, die wir uns zurechtmachen, um eine klare, aber unbequeme Einsicht zu vernebeln. Nach einiger Zeit jedoch war er auch tagsüber ebenso klug und mutig, wie er es nachts gewesen war und der Traum bewahrheitete sich.

Diese letzten Träume veranschaulichen einen wichtigen Unterschied zwischen rationalen und irrationalen Wünschen. Wir wünschen uns oft Dinge, die in unserer Schwäche wurzeln und sie kompensieren; wir träumen, wir seien berühmt, allmächtig, von jedermann geliebt, usw. Aber manchmal träumen wir auch von Wünschen, die unsere wertvollsten Ziele vorwegnehmen. Es kommt vor, daß wir uns tanzen oder fliegen sehen; wir sehen die Lichterstadt; wir erleben die beglückende Gegenwart von Freunden. Selbst wenn wir in unserem wachen Dasein noch nicht fähig sind, die Freude des Traums zu erleben, so zeigt uns doch das Traumerlebnis, daß wir wenigstens fähig sind, es uns zu wünschen und es in einer Traumphantasie erfüllt zu sehen. Phantasien und Träume sind der Beginn vieler Taten, und nichts wäre verkehrter, als sie geringzuschätzen und dem Betreffenden den Mut dazu zu nehmen. Es kommt auf die Art der Phantasien an, die wir haben – ob sie uns voranführen oder ob sie uns im Nicht-Produktiven zurückhalten.

Der folgende Traum drückt eine tiefe Einsicht in das Problem des Träumers aus und ist ein gutes Beispiel für die Funktion des assoziativen Materials. Der Träumer, ein fünfunddreißigjähriger Mann, litt seit seiner Adoleszenz an einer leichten, aber hartnäckigen Depression. Der Vater war ein leichtlebiger, aber liebloser Mann gewesen. Die Mutter hatte, seit der Junge acht oder neun Jahre alt war, an schweren Depressionen gelitten. Er durfte nicht mit anderen Kindern spielen; wenn er das Haus verließ, warf ihm die Mutter vor, er tue ihr damit weh. Nur bei seinen Büchern und in Gesellschaft seiner Phantasien in einer Zimmerecke war er vor ihren Vorwürfen sicher. Jede Äußerung von Begeisterung wurde von der Mutter mit einem Achselzucken und Bemerkungen abgetan, für ein derartiges Glücksgefühl und das ganze Getue bestehe kein Grund. Mit seinem Verstand erkannte der Träumer zwar, daß die Vorwürfe der Mutter nicht berechtigt waren, aber er hatte trotzdem das Gefühl, daß sie recht habe und daß er an ihrem Unglück schuld sei. Auch hatte er das Gefühl, schlecht für das Leben ausgerüstet zu sein, weil ihm in seiner Kindheit bestimmte wesentliche Voraussetzungen für eine erfolgreiche Lebensgestaltung gefehlt hatten. Er fürchtete ständig, die anderen könnten die Gefühlsarmut (nicht die materielle Armut) in seiner Familie bemerken. Ein besonderes Problem stellte für ihn der Umgang mit anderen Menschen dar, besonders wenn diese ihn angriffen oder neckten. Einem solchen Verhalten gegenüber war er völlig hilflos, und er fühlte sich nur im Umgang mit ein paar guten Freunden wohl in seiner Haut. Er hatte folgenden Traum:

»*Ich sehe einen Mann in einem Rollstuhl sitzen. Er eröffnet eine Schachpartie, jedoch ziemlich lustlos. Plötzlich unterbricht er das Spiel und sagt: ›Man hat schon vor langer Zeit zwei Figuren aus meinem Spiel herausgenommen. Aber ich werde sie durch ‚Thessail' ersetzen.‹ Dann fügt er noch hinzu: ›Eine Stimme (die meiner Mutter) hat mir zugeflüstert: Das Leben ist nicht lebenswert.‹*«

Teilweise ist dieser Traum leicht verständlich, wenn wir etwas über die Geschichte und das Problem des Träumers wissen. Der Mann im Rollstuhl ist er selbst. Das Schachspiel ist das Spiel des Lebens, besonders jener Aspekt desselben, wo er angegriffen wird und zum Gegenangriff

übergehen oder irgendeine andere Strategie anwenden muß. Er hat keine rechte Lust, dieses Spiel zu spielen, weil er meint, er sei schlecht dafür gerüstet. »Man hat schon vor langer Zeit zwei Figuren aus meinem Spiel herausgenommen.« Das entspricht dem Gefühl, das er auch im wachen Zustand hat, daß er in seiner Kindheit gewisse Dinge entbehren mußte und daß dies der Grund für seine Hilflosigkeit im Lebenskampf ist. Aber welche Figuren waren aus dem Spiel entfernt worden? Der König und die Königin, sein Vater und seine Mutter, die nicht wirklich da waren – außer in der negativen Funktion, daß sie ihn enttäuschten, an ihm herumnörgelten, ihn quälten und ihm Vorwürfe machten. Aber mit Hilfe von »Thessail« bringt er es trotzdem fertig zu spielen. Hier kommen wir nicht weiter, der Träumer selbst auch nicht.
Der Träumer: »Ich sehe das Wort deutlich vor mir, aber ich habe nicht die geringste Ahnung, was es bedeutet.«
Der Analytiker: »Im Traum wußten Sie offenbar, was es bedeutete; schließlich ist es *Ihr* Traum, und Sie haben das Wort geprägt. Versuchen Sie doch einfach frei zu assoziieren. Was fällt Ihnen ein, wenn Sie an das Wort denken?«
Der Träumer: »Das erste, was mir einfällt, ist Thessalien, ein Teil Griechenlands. Ja, jetzt erinnere ich mich, daß ich als Kind von Thessalien sehr beeindruckt war. Ich weiß nicht, ob es tatsächlich so ist, aber ich stelle mir Thessalien als einen Teil Griechenlands mit einem warmen, ausgeglichenen Klima vor, wo Hirten friedlich und glücklich leben. Es hat mir immer besser gefallen als Sparta und Athen. Sparta verabscheute ich wegen seines militaristischen Geistes – Athen gefiel mir nicht, weil die Athener mir wie überkultivierte Snobs vorkamen. Ich fühlte mich zu den Hirten von Thessalien hingezogen.«
Der Analytiker: »Das Wort, von dem Sie geträumt haben, ist aber »Thessail« und nicht Thessalien. Weshalb haben Sie es verändert?«
Der Träumer: »Komisch, jetzt denke ich an einen Dreschflegel, an das Gerät, das die Bauern zum Dreschen verwenden. Aber sie können es auch als Waffe benutzen, wenn sie nichts anderes haben.«
Der Analytiker: »Das ist sehr interessant. Thessail setzt sich demnach zusammen aus Thess-alien und *fl-ail* (= Dreschflegel). Auf eine merkwürdige Weise steht Thessalien – oder besser gesagt, das, was es für sie bedeutet – in enger Beziehung zu einem Dreschflegel, Hirten und Bau-

ern, das einfache, idyllische Leben. Kommen wir noch einmal auf Ihren Traum zurück. Im Traum spielen Sie Schach und wissen, daß man zwei Figuren aus Ihrem Spiel herausgenommen hat, aber Sie können sie durch ›Thessail‹ ersetzen.«

Der Träumer: »Jetzt ist es mir ziemlich klar. Im Spiel des Lebens fühle ich mich durch die Entbehrungen meiner Kindheit im Nachteil. Ich habe nicht alle Waffen (die Schachfiguren, mit denen gekämpft wird), welche die anderen haben, aber ich könnte mich in ein einfaches, idyllisches Leben zurückziehen, und ich könnte sogar mit einem Dreschflegel als Ersatz für die mir fehlenden Waffen – die Schachfiguren – kämpfen.«

Der Analytiker: »Aber damit ist der Traum nicht zu Ende. Nachdem Sie Ihr Schachspiel unterbrochen haben, sagen Sie: ›Eine Stimme hat mir zugeflüstert: Das Leben ist nicht lebenswert.‹«

Der Träumer: »Das verstehe ich sehr gut. Schließlich spiele ich das Spiel des Lebens nur, weil ich es muß. Aber ich bin nicht wirklich interessiert an diesem Leben. Das Gefühl, das ich mehr oder weniger stark seit meiner Kindheit habe, ist genau das, was ich im Traum sage: ›Das Leben ist nicht lebenswert.‹«

Der Analytiker: »Ja, dieses Gefühl hatten Sie ja schon immer. Doch gibt es da nicht eine wichtige Mitteilung, eine Botschaft, die Sie sich im Traum zugesandt haben?«

Der Träumer: »Sie meinen, daß mir das Depressive von meiner Mutter eingegeben wurde?«

Der Analytiker: »Ja, das meine ich. Wenn Sie erst einmal erkannt haben, daß Ihre depressive Beurteilung des Lebens nicht von Ihnen selbst stammt, sondern daß immer noch die Stimme Ihrer Mutter ihre gleichsam posthypnotische Wirkung auf Sie ausübt, dann haben Sie schon einen Schritt in die Richtung getan, sich von dieser Stimme zu befreien. Daß Ihre depressive Weltanschauung in Wirklichkeit gar nicht Ihre eigene ist, ist eine wichtige Entdeckung, die Sie gemacht haben – und die konnten Sie nur im Schlaf machen.«

Ein Traumtyp, für den wir bisher noch kein Beispiel gebracht haben, ist der Albtraum. Nach Freuds Auffassung bildet der Albtraum keine Ausnahme von der allgemeinen Regel, daß der latente Trauminhalt die Erfüllung eines irrationalen Wunsches ist. Natürlich gibt es einen naheliegenden Einwand gegen diese Ansicht, den jeder vorbringen wird, der schon einmal einen Albtraum hatte: Wenn man in einem Traum alle Schrecken der Hölle durchmacht und dann mit einer schier unerträglichen Angst aufwacht, ist es dann sinnvoll zu sagen, das sei eine Wunscherfüllung?

Dieser Einwand ist aber bei weitem nicht so treffend, wie es auf den ersten Blick scheinen möchte. Denn erstens kennen wir einen pathologischen Zustand, bei dem die Menschen sich getrieben fühlen, genau das zu tun, was sie zerstört. Der Masochist hat den – wenn auch unbewußten – Wunsch, einen Unfall zu erleiden, krank zu werden, gedemütigt zu werden. Bei der masochistischen Perversion – wo dieser Wunsch sexuell gefärbt und für den Betreffenden weniger gefährlich ist – ist dieses masochistische Verlangen sogar bewußt. Außerdem wissen wir, daß ein Suizid das Ergebnis eines übermächtigen Impulses nach Rache und Vernichtung sein kann, die sich gegen die eigene Person und nicht gegen andere richtet. Jedoch kann ein zur Selbstzerstörung oder zu einer anderen schmerzverursachenden Handlung getriebener Mensch mit dem anderen Teil seiner Persönlichkeit eine echte und intensive Angst empfinden. Dies ändert nichts an der Tatsache, daß die Angst die Folge seiner eigenen selbstzerstörerischen Wünsche ist. Aber nach der Beobachtung Freuds kann ein Wunsch nicht nur dann Angst hervorrufen, wenn es sich dabei um einen masochistischen oder selbstzerstörerischen Impuls handelt. Wenn wir uns etwas wünschen, was andere Menschen veranlassen wird, uns zu hassen oder wofür die Gesellschaft uns bestrafen wird, dann wird die Erfüllung dieses Wunsches in uns natürlich auch Angst hervorrufen.

Ein Beispiel eines Angsttraums dieser Art ist der folgende:

»*Ich gehe an einem Obstgarten vorbei und pflücke mir einen Apfel von einem Baum. Ein großer Hund kommt und springt mich an. Ich erschrecke furchtbar und wache laut um Hilfe rufend auf.*«

Um diesen Traum zu verstehen, braucht man nur zu wissen, daß der Träumer am Abend zuvor einer verheirateten Frau begegnet war, zu der er sich stark hingezogen fühlte. Sie hatte ihm offenbar Hoffnung gemacht, und er war mit der Phantasie eingeschlafen, mit ihr ein Verhältnis zu haben. Wir brauchen hier nicht zu untersuchen, ob die Angst, die er im Traum empfand, von seinem schlechten Gewissen oder von der Angst vor der öffentlichen Meinung kam – das Wesentliche bleibt, daß die Angst die Folge seiner Wunscherfüllung ist, des Wunsches, den gestohlenen Apfel zu essen.

Obwohl man auf diese Weise viele Angstträume als versteckte Wunscherfüllungen verstehen kann, möchte ich doch bezweifeln, daß dies bei allen oder auch nur bei den meisten der Fall ist. Wenn wir annehmen, daß das Träumen jede Art seelischer Tätigkeit im Schlafzustand ausdrückt, weshalb sollten wir uns im Schlaf dann nicht ebenso wie im wachen Zustand vor Gefahren fürchten?

Aber – so könnte jemand argumentieren – wird nicht jede Angst durch unsere Begierden erzeugt? Hätten wir Angst, wenn wir keinen »Durst« hätten – wie die Buddhisten sagen – wenn wir also nicht Dinge begehrten? Können wir daher nicht in einem allgemeinen Sinn sagen, daß jede Angst im Wachen wie im Traum das Resultat von Wünschen sei?

Dies ist ein treffendes Argument, und wenn wir sagten, es gäbe keinen Angsttraum (oder keine Angst im wachen Zustand) ohne das Vorhandensein eines Wunsches – einschließlich des fundamentalen Wunsches zu leben – so gäbe es wohl keinen Einwand gegen diese Behauptung. Aber Freuds Interpretation ist nicht in diesem allgemeinen Sinn gemeint. Es könnte zur Klärung des Problems beitragen, wenn wir uns noch einmal mit dem Unterschied zwischen den drei Arten von Angstträumen, die wir soeben besprochen haben, befassen.

Bei dem masochistischen, selbstzerstörerischen Albtraum ist der Wunsch selbst schmerzhaft und selbstzerstörerisch. Beim zweiten Typ des Angsttraums, wie bei dem Traum mit dem Apfel, ist der Wunsch selbst nicht selbstzerstörerisch, aber er ist von einer Art, daß seine Erfüllung in einem anderen Teil unseres Seelenbereiches Angst hervorruft. Der Traum ist von einem Wunsch verursacht, der als Nebenprodukt Angst erzeugt. Beim dritten Typ, bei dem man sich vor einer wirklichen oder eingebildeten Bedrohung seines Lebens, seiner Freiheit usw. fürchtet, wird der Traum von dieser Bedrohung verursacht, während der Wunsch zu leben, frei zu sein usw., der allgegenwärtige Impuls ist, der diesen spezifischen Traum nicht hervorruft. Die Angst wird also in der ersten und in der zweiten Kategorie durch das Vorhandensein eines Wunsches erzeugt, in der dritten Kategorie dagegen durch das Vorhandensein einer (wirklichen oder eingebildeten) Gefahr, wenn auch der

Wunsch zu leben oder andere universale Wünsche vorhanden sind. In dieser dritten Kategorie ist der Angsttraum zweifellos nicht die Erfüllung des Wunsches, sondern die Angst vor seiner Versagung.

Der folgende Traum ist ein Angsttraum, der vielen anderen Albträumen ähnlich ist:

»*Ich befinde mich in einem Gewächshaus. Plötzlich sehe ich eine Schlange, die auf mich losgeht. Meine Mutter steht neben mir und lächelt mir boshaft zu. Dann geht sie weg, ohne mir zu helfen. Ich laufe zur Tür, aber die Schlange ist bereits dort – und versperrt mir den Weg. Voller Entsetzen wache ich auf.*«

Die Träumerin ist eine fünfundvierzigjährige Frau, die unter schweren Angstzuständen leidet. Der hervorstechende Zug in ihrer Geschichte ist der auf Gegenseitigkeit beruhende Haß zwischen ihr und ihrer Mutter. Das Gefühl, daß ihre Mutter sie haßte, war keine Einbildung. Die Mutter war mit einem Mann verheiratet, den sie nie geliebt hatte; sie grollte ihrem erstgeborenen Kind, der Träumerin, das sie ihrer Meinung nach durch seine bloße Existenz zwang, ihre Ehe fortzusetzen. Als die Träumerin drei Jahre alt war, erzählte sie ihrem Vater etwas, das in ihm den Verdacht erregte, daß seine Frau mit einem anderen Mann ein Verhältnis hatte. Das kleine Mädchen wußte zwar nicht genau, was es beobachtet und gesagt hatte, intuitiv wußte sie es jedoch recht gut, und die Wut der Mutter auf sie war begründeter, als es nach außen hin den Anschein hatte. Je älter das Mädchen wurde, um so mehr versuchte es, die Mutter zu provozieren, und um so mehr versuchte die Mutter, sie dafür zu bestrafen und schließlich zugrunde zu richten. Ihr Leben war ein ständiger Kampf gegen irgendwelche Angriffe. Hätte der Vater ihr geholfen und ihr den Rücken gestärkt, so wäre die Sache vielleicht anders ausgegangen. Aber er hatte selbst Angst vor seiner Frau und stellte sich nie offen auf die Seite seiner Tochter. Das Resultat von all dem und von vielen anderen Umständen war, daß die Tochter, ein sehr begabter und stolzer Mensch, sich immer mehr von allen Leuten zurückzog, daß sie sich von ihrer Mutter »geschlagen« fühlte und in der Hoffnung lebte, es werde ihr selbst doch noch »eines Tages« gelingen, diese zu besiegen. Dieser ganze Haß und diese ganze Unsicherheit versetzte sie in einen Zustand ständiger Angst, der sie im Wachen und Schlafen quälte.

Der Traum ist eine der vielen Äußerungen dieser Angst. Zum »Gewächshaus« assoziiert sie, daß es auf dem Landgut ihrer Eltern stand. Sie ging oft allein dorthin, niemals mit ihrer Mutter. Im Traum ist die Gefahr nicht ihre Mutter, sondern die Schlange. Was bedeutet das? Offenbar ist der Wunsch vorhanden, eine Mutter zu haben, die sie vor Gefahr beschützt. (Tatsächlich hatte sie gelegentlich Tagträume, daß ihre Mutter sich ändern und ihr helfen würde.) Hier ist sie wieder einmal in Gefahr. Aber ihre Mutter lächelt nur boshaft und geht weg. Darin zeigt die Mutter ihr wahres Gesicht. Zuerst wird sozusagen der Versuch gemacht, die böse Mutter (die Schlange) von der guten Mutter abzuspalten, die ihr helfen könnte. Als die Mutter sie aber boshaft anschaut und ihr nicht hilft, ist diese Illusion zerstört, Mutter und Schlange sind ein und dasselbe – Kräfte, die sie zu vernichten drohen. Da läuft die Träumerin zur Tür und hofft auf diese Weise zu entkommen, aber es ist zu spät: der Weg ist versperrt. Sie ist jetzt mit der giftigen Schlange und einer destruktiven Mutter eingesperrt.

Im Traum erlebt die Patientin die gleiche Angst, die sie tagsüber verfolgt, nur noch intensiver und noch deutlicher auf die Mutter bezogen. Es handelt sich hierbei nicht um eine realistische Furcht, sondern um eine krankhafte Angst. Die Mutter ist für sie keine Bedrohung mehr, und tatsächlich wird sie von überhaupt niemandem bedroht oder in Gefahr gebracht. Trotzdem hat sie Angst, und im Traum kommt diese Angst zum Durchbruch. Ist der Traum die Erfüllung eines Wunsches? Bis zu einem gewissen Grade trifft das zu. Sie hat den Wunsch, die Mutter als Beschützerin zu haben, und erst als diese – anstatt ihr zu Hilfe zu kommen – sie boshaft anblickt, fängt das Entsetzen an. Das Verlangen nach einer Mutter, die sie liebt und beschützt, jagt ihr Angst vor dieser Frau ein. Wenn sie die Mutter nicht mehr brauchte, hätte sie auch keine Angst mehr vor ihr. Aber noch wichtiger als diese Wünsche nach Liebe und Schutz einer Mutter sind andere Wünsche, ohne welche die Angst vor der Mutter nicht hätte fortbestehen können: ihr Wunsch nach Rache, ihr Wunsch, den Vater erkennen zu lassen, daß seine Frau böse ist, ihn ihr wegzunehmen; und dies nicht, weil sie ihren Vater so sehr liebt, und auch nicht wegen einer sexuellen Bindung an ihn aus ihrer frühen Kindheit, sondern wegen der tiefen Demütigung durch ihre Niederlage als Kind und durch das Gefühl, daß sie ihren Stolz und ihr Selbstvertrauen nur wiedergewinnen kann, wenn sie ihre Mutter vernichtet.

Weshalb diese frühzeitige Demütigung so unausrottbar war und noch ist, weshalb das Verlangen nach Rache und Triumph so unbesiegbar ist, ist eine andere Frage, die zu komplex ist, als daß wir sie in diesem Zusammenhang erörtern könnten. Die Träumerin hat noch andere Angstträume, in denen das eine in diesem Traum enthaltene Element, nämlich der Wunsch, daß die Mutter ihr helfen soll, völlig fehlt. Solche Träume sind:

»*Ich bin in einem Käfig mit einem Tiger. Niemand ist da, der mir hilft.*«

Oder:

»*Ich gehe auf einem schmalen Landstreifen über einen Sumpf. Es ist dunkel, und ich kann den Weg nicht sehen. Ich habe die Orientierung völlig verloren und habe das Gefühl, daß ich ausrutschen und ertrinken werde, wenn ich noch einen Schritt weitergehe.*«

Oder:

»*Ich bin die Angeklagte in einem Prozeß; ich bin des Mordes angeklagt und weiß, daß ich unschuldig bin. Aber ich kann es den Gesichtern des Richters und der Geschworenen ansehen, daß sie sich schon darüber einig sind, daß ich schuldig bin. Das Verhör ist eine reine Formsache. Ich weiß, daß der Fall bereits entschieden ist, was ich oder die Zeugen auch immer sagen werden (übrigens sehe ich gar keine Zeugen), und daß es keinen Sinn hat, mich zu verteidigen.*«

Das Wesentliche in all diesen Träumen ist das Gefühl völliger Hilflosigkeit, das zu einer Lähmung aller Funktionen und zur Panik führt. Leblose Gegenstände, Tiere, Menschen – sie alle kennen keine Gnade; kein Freund ist in Sicht; keine Hilfe ist zu erwarten. Das Gefühl der Ohnmacht ist in der Unfähigkeit der Träumerin begründet, ihr Verlangen nach Rache aufzugeben und dem Kampf mit ihrer Mutter ein Ende zu machen. Aber das ist noch nicht die Erfüllung irgendeines Wunsches. Wir haben hier den Wunsch zu leben, daher die Angst, Angriffen ausgesetzt zu sein, gegen die sie sich nicht wehren kann.

Besonders interessant und bedeutsam sind Träume, die ständig wiederkehren und von denen einige Leute berichten, daß sie sie jahrelang geträumt hätten, manchmal solange sie zurückdenken könnten. Diese Träume drücken gewöhnlich das Hauptthema, das Leitmotiv im Leben dieser Menschen aus; oft bieten sie den Schlüssel zu ihrer Neurose oder zum wichtigsten Aspekt ihrer Persönlichkeit. Manchmal bleibt der

Traum unverändert, manchmal kommen mehr oder weniger subtile Veränderungen vor, die ein Hinweis darauf sind, daß der Träumer einen inneren Fortschritt oder – je nach dem – einen Rückschritt erlebt hat. Ein fünfzehnjähriges Mädchen, das unter den unmenschlichsten und destruktivsten Verhältnissen aufwuchs (sie hatte einen gewalttätigen Alkoholiker zum Vater, der sie schlug, die Mutter lief immer wieder mit einem anderen Mann weg; kein Essen, keine Kleider, Schmutz) machte mit zehn Jahren einen Selbstmordversuch, den sie hinterher noch fünfmal wiederholte. Solange sie zurückdenken konnte, hatte sie immer wieder folgenden Traum:

»Ich befinde mich tief unten in einer Grube. Ich versuche hochzuklettern und bin schon am oberen Rand, an dem ich mich mit den Händen anklammere, da kommt jemand und tritt mir auf die Hände. Ich muß loslassen und falle wieder hinunter in die Grube.«

Der Traum bedarf kaum einer Erklärung; er bringt die Lebenstragödie dieses Mädchens voll zum Ausdruck – was man ihr angetan hat und was sie fühlt. Hätte sie den Traum nur einmal geträumt, so dürften wir annehmen, daß eine bestimmte Angst darin zum Ausdruck kommt, welche die Träumerin gelegentlich verspürt und die durch spezifische, belastende Umstände hervorgerufen wird. So aber müssen wir aufgrund der regelmäßigen Wiederholung annehmen, daß die Traumsituation das zentrale Thema im Leben des jungen Mädchens ist, daß der Traum eine so tiefe und unabänderliche Überzeugung ausdrückt, daß wir verstehen können, weshalb sie immer wieder Selbstmordversuche gemacht hat.

Ein sich wiederholender Traum, in dem das Thema das gleiche bleibt, bei dem es aber trotzdem zu beträchtlichen Veränderungen kommt, gehört in eine Reihe, die mit folgendem Traum begann:

»Ich bin im Gefängnis – ich kann nicht hinaus.«

Später wurde geträumt:

»Ich will über die Grenze – aber ich habe keinen Paß und werde an der Grenze zurückgehalten.«

Noch später:

»Ich bin in Europa – ich bin am Hafen und will auf ein Schiff – aber es ist kein Schiff da, und ich weiß nicht, wie ich wegkommen soll.«

Die letzte Version dieses Traumes war:

»Ich bin in einer großen Stadt – in meinem Haus – ich will hinaus. Als

ich die Tür aufmachen will, geht es schwer – ich gebe ihr einen heftigen Stoß – sie geht auf, und ich gehe hinaus.«
Das allen diesen Träumen zugrunde liegende Thema ist die Angst, eingeschlossen, gefangengehalten zu sein, nicht »hinaus zu können«. Was diese Angst im Leben des Träumers bedeutet, ist in diesem Zusammenhang nicht wichtig. Die Traumreihe zeigt, daß die Angst zwar jahrelang vorhanden war, daß sie aber immer schwächer wurde – vom Aufenthalt im Gefängnis bis zur schwer zu öffnenden Tür. Während der Träumer sich anfangs unfähig fühlte zu entrinnen, bringt er es im letzten Traum fertig – mit einem kleinen zusätzlichen Ruck – die Tür zu öffnen und hinauszugehen. Während dieser Jahre hat der Träumer eine beträchtliche Entwicklung erlebt.

7

DIE SYMBOLISCHE SPRACHE IN MYTHOS, MÄRCHEN, RITUAL UND ROMAN

Genau wie der Traum bietet auch der Mythos eine Geschichte, die sich in Raum und Zeit abspielt, eine Geschichte, die in symbolischer Sprache religiöse und philosophische Ideen, Erfahrungen der Seele ausdrückt, in denen die wahre Bedeutung des Mythos liegt. Erfaßt man diese wahre Bedeutung des Mythos nicht, so steht man vor der Alternative, daß er entweder ein vorwissenschaftliches, naives Bild der Welt und Geschichte und bestenfalls ein Produkt von Phantasievorstellungen von poetischer Schönheit ist, oder – und das ist die orthodoxe Auffassung – daß die manifeste Geschichte des Mythos wahr ist, und daß man darin einen wahrheitsgetreuen Bericht von Ereignissen zu sehen hat, die sich »in Wirklichkeit« abgespielt haben. Diese Alternative schien im neunzehnten und zu Beginn des zwanzigsten Jahrhunderts in den westlichen Kulturen noch unausweichlich, doch findet langsam eine Annäherung statt. Heute stellt man die religiöse und philosophische Bedeutung des Mythos in den Vordergrund, und man sieht in der manifesten Geschichte den symbolischen Ausdruck dieser Bedeutung. Aber auch was den manifesten Inhalt betrifft, hat man begreifen gelernt, daß es sich dabei nicht nur um das Erzeugnis phantastischer Vorstellungen »primitiver« Völker handelt, sondern daß darin für wertvoll gehaltene Erinnerungen der Vergangenheit enthalten sind. (Die historische Echtheit einiger dieser Erinnerungen wurde durch zahlreiche Ausgrabungsfunde in den letzten Jahrzehnten bestätigt.) Unter denen, die einem neuen Verständnis des Mythos den Weg geebnet haben, stehen Johann Jakob Bachofen und Sigmund Freud allen voran. Ersterer hat mit einem unübertrefflichen Scharfsinn und mit großer Brillanz den Mythos in seiner religiösen und psychologischen wie auch in seiner historischen Bedeutung erfaßt. Letzterer hat dadurch zum Verständnis des Mythos beigetragen, daß er durch seine Traumdeutung für das Verständnis der symbolischen Sprache bahnbrechend war. Es war dies mehr ein indirekter als ein direkter Beitrag zur Mythologie, weil Freud dazu neigte, im Mythos – genau wie im Traum – lediglich den Ausdruck irrationaler, antisozialer Impulse, und nicht die Weisheit vergangener Zeiten zu sehen, die in einer besonderen Sprache, nämlich der der Symbole, ausgedrückt ist.

a) Der Ödipusmythos

Der Ödipusmythos ist das hervorragende Beispiel für Freuds Methode der Mytheninterpretation und bietet gleichzeitig die Möglichkeit, eine abweichende Auffassung darzulegen, welche nicht in sexuellen Wünschen, sondern in der Einstellung zur Autorität – einem der wichtigsten Aspekte zwischenmenschlicher Beziehungen – das Hauptthema des Mythos sieht. Außerdem ist dieser Mythos ein Beispiel für die Entstellungen und Veränderungen, die Erinnerungen an ältere Gesellschaftsformen und Ideen bei der Bildung seines manifesten Textes erleiden. (Zum Folgenden vgl. E. Fromm, 1949b.)
Sigmund Freud (1900a, S. 269f.) schreibt:
»Wenn der König Ödipus den modernen Menschen nicht minder zu erschüttern weiß als den zeitgenössischen Griechen, so kann die Lösung wohl nur darin liegen, daß die Wirkung der griechischen Tragödie nicht auf dem Gegensatz zwischen Schicksal und Menschenwillen ruht, sondern in der Besonderheit des Stoffes zu suchen ist, an welchem dieser Gegensatz erwiesen wird. Es muß eine Stimme in unserem Innern geben, welche die zwingende Gewalt des Schicksals im Ödipus anzuerkennen bereit ist, während wir Verfügungen wie in der ›Ahnfrau‹ oder in anderen Schicksalstragödien als willkürliche zurückzuweisen vermögen. Und ein solches Motiv ist in der Tat in der Geschichte des Königs Ödipus enthalten. Sein Schicksal ergreift uns nur darum, weil es auch das unsrige hätte werden können, weil das Orakel vor unserer Geburt denselben Fluch über uns verhängt hat wie über ihn. Uns allen vielleicht war es beschieden, die erste sexuelle Regung auf die Mutter, den ersten Haß und gewalttätigen Wunsch gegen den Vater zu richten; unsere Träume über-

zeugen uns davon. König Ödipus, der seinen Vater Laios erschlagen und seine Mutter Jokaste geheiratet hat, ist nur die Wunscherfüllung unserer Kindheit. Aber glücklicher als er, ist es uns seitdem, insofern wir nicht Psychoneurotiker geworden sind, gelungen, unsere sexuellen Regungen von unseren Müttern abzulösen, unsere Eifersucht gegen unsere Väter zu vergessen. Vor der Person, an welcher sich jener urzeitliche Kindheitswunsch erfüllt hat, schaudern wir zurück mit dem ganzen Betrag der Verdrängung, welche diese Wünsche in unserem Innern seither erlitten haben. Während der Dichter in jener Untersuchung die Schuld des Ödipus ans Licht bringt, nötigt er uns zur Erkenntnis unseres eigenen Innern, in dem jene Impulse, wenn auch unterdrückt, noch immer vorhanden sind. Die Gegenüberstellung, mit der uns der Chor verläßt,

›...sehet, das ist Ödipus,
der entwirrt die hohen Rätsel und der erste war an Macht,
dessen Glück die Bürger alle priesen und beneideten;
seht, in welches Mißgeschickes grause Wogen er versank!‹

diese Mahnung trifft uns selbst und unseren Stolz, die wir seit den Kinderjahren so weise und so mächtig geworden sind in unserer Schätzung. Wie Ödipus leben wir in Unwissenheit der die Moral beleidigenden Wünsche, welche die Natur uns aufgenötigt hat, und nach deren Enthüllung möchten wir wohl alle den Blick abwenden von den Szenen unserer Kindheit.«

Das Verständnis des Ödipuskomplexes, das Freud so bewundernswert dargestellt hat, wurde zu einem Eckpfeiler seines psychologischen Systems. Er hielt diese Auffassung für den Schlüssel zum Verständnis der Geschichte und der Entwicklung von Religion und Moral. Er war der Überzeugung, daß eben dieser Komplex der entscheidende Mechanismus in der Entwicklung des Kindes sei, und er behauptete, der Ödipuskomplex sei die Ursache einer psychopathologischen Entwicklung und der »Kern der Neurose«.

Freud bezieht sich auf den Ödipusmythos in jener Version, die ihm Sophokles in der Tragödie *König Ödipus* gegeben hat. In dieser Tragödie erfahren wir, daß ein Orakel dem König Laios von Theben und seiner Gemahlin Jokaste verkündete, wenn ihnen ein Sohn geboren würde, werde dieser seinen Vater töten und die eigene Mutter heiraten. Bei der Geburt ihres Sohnes Ödipus beschließt Jokaste, dem vom Orakel vorausgesagten Schicksal dadurch zu entrinnen, daß sie das Kind tötet. Sie übergibt Ödipus einem Hirten, der es im Wald mit zusammengebundenen Füßen aussetzen soll, so daß es umkommen muß. Aber der Hirte hat Mitleid mit dem Kind und übergibt es einem Mann, der in den Diensten des Königs von Korinth steht und der es seinerseits zu seinem Herrn bringt. Der König nimmt den Knaben an Sohnes Statt an, und der kleine Prinz wächst in Korinth heran, ohne zu wissen, daß er nicht der echte Sohn des Königs von Korinth ist. Das Orakel von Delphi verkündet ihm, es sei sein Schicksal, seinen Vater zu töten und seine Mutter zu heiraten. Er beschließt, diesem Schicksal dadurch zu entgehen, daß er niemals mehr zu seinen vermeintlichen Eltern zurückkehrt. Auf dem Rückweg von Delphi gerät er in einen Streit mit einem alten, in einem Wagen daherkommenden Mann; er verliert die Selbstbeherrschung und tötet diesen Mann und seinen Diener, ohne zu wissen, daß er seinen Vater, den König von Theben, erschlagen hat.

Auf seiner Wanderschaft gelangt er nach Theben. Dort verschlingt die Sphinx die jungen Männer und Jungfrauen der Stadt und will erst damit aufhören, wenn sich jemand findet, der die richtige Antwort auf ihr Rätsel weiß. Das Rätsel lautet: »Was ist das: Es geht zuerst auf vieren, dann auf zweien und zuletzt auf dreien?« Die Stadt Theben hat versprochen, den, der das Rätsel lösen und so die Stadt von der Sphinx befreien könne, zum König zu machen und ihm die Witwe des Königs zur Gemahlin zu geben. Ödipus unternimmt das Wagnis. Er findet die Antwort für das Rätsel: Es ist *der Mensch,* der als Kind auf allen vieren, als Erwachsener auf zwei Beinen und im Alter auf dreien (mit einem Stock) geht. Die Sphinx stürzt sich ins Meer, die Stadt ist von ihrer Heimsuchung befreit, und Ödipus wird König und heiratet seine Mutter Jokaste.

Nachdem Ödipus eine Zeitlang glücklich regiert hat, wird die Stadt von einer Pest heimgesucht, der viele Bürger zum Opfer fallen. Der Seher Teiresias enthüllt, daß die Pest die Strafe für das von Ödipus begangene zweifache Verbrechen ist, den Vatermord und den Inzest. Ödipus versucht zunächst verzweifelt, die Wahrheit nicht zu sehen, und als er sich gezwungen sieht, sie zu erkennen, blendet er sich selbst, und Jokaste begeht Selbstmord. Die Tragödie endet damit, daß Ödipus die Strafe für ein Verbrechen erleidet, das er unwissentlich und trotz seiner bewußten Bemühungen, es zu vermeiden, beging. War Freuds Annahme gerechtfertigt, daß dieser Mythos seine Ansicht bestätigt, unbewußte inzestuöse Triebe und der daraus entspringende Haß gegen den Vater-Rivalen seien in jedem männlichen Kind zu finden? Es sieht tatsächlich so aus, als ob der Mythos Freuds Theorie bestätigt, daß der Ödipuskomplex seinen Namen zu Recht trägt.

Wenn wir den Mythos jedoch genauer untersuchen, stellen sich Fragen, die Zweifel an der Richtigkeit dieser Auffassung aufkommen lassen. Zunächst fällt uns folgendes auf: Wenn Freuds Interpretation richtig wäre, so sollten wir erwarten, daß der Mythos uns berichtete, daß Ödipus Jokaste begegnete, ohne zu wissen, daß sie seine Mutter war, daß er sich in sie verliebte und dann – wiederum unwissentlich – seinen Vater tötete. Aber im Mythos weist nichts darauf hin, daß Ödipus sich zu Jokaste hingezogen fühlt oder daß er sich in sie verliebt. Der einzige Grund, der uns für die Heirat von Ödipus und Jokaste angegeben wird, ist der, daß sie sozusagen mit zum Thron gehört. Sollten wir tatsächlich glauben, ein Mythos, dessen zentrales Thema eine inzestuöse Beziehung zwischen Mutter und Sohn ist, würde das Element der Zuneigung zwischen beiden völlig auslassen? Diese Frage erhält um so mehr Gewicht durch die Tatsache, daß in den älteren Versionen des Orakels die Prophezeiung der Heirat mit der Mutter nur in einem Fall, nämlich in der Version des Nikolaus von Damaskus, erwähnt wird, die nach Carl Robert auf eine relativ späte Quelle zurückgeht. (Vgl. C. Robert, 1915.)

Außerdem wird Ödipus als ein mutiger und weiser Held beschrieben, der zum Wohltäter Thebens wird. Wie können wir begreifen, daß vom gleichen Ödipus gesagt wird, er habe das in den Augen seiner Zeitgenossen gräßlichste Verbrechen begangen? Man hat diese Frage zuweilen mit dem Hinweis beantwortet, daß das Wesen der Tragödie nach Auffassung der Griechen eben darin besteht, daß die Mächtigen und Starken plötzlich vom Unheil betroffen werden. Ob eine derartige Antwort genügt, oder ob eine andere Auffassung eine befriedigendere Antwort gibt, werden wir noch sehen.

Die erwähnten Fragen stellen sich bei der Betrachtung des Dramas *König Ödipus*. Wenn wir diese Tragödie allein untersuchen, ohne auch die beiden anderen Teile der Trilogie, *Ödipus auf Kolonos* und *Antigone* mit in Betracht zu ziehen, so ist eine definitive Antwort unmöglich. Aber wir sind wenigstens in der Lage, eine Hypothese zu formulieren, nämlich, *daß der Mythos nicht als Symbol der inzestuösen Liebe zwischen Mutter und Sohn, sondern als Rebellion des Sohnes gegen die Autorität des Vaters in der patriarchalischen Familie zu verstehen ist; daß die Heirat von Ödipus und Jokaste nur ein sekundäres Element, nur eines der Symbole für den Sieg des Sohnes ist, der den Platz des Vaters mit allen seinen Privilegien einnimmt.*

Man kann die Gültigkeit dieser Hypothese testen, indem man den gesamten Ödipusmythos untersucht, insbesondere in der Form, wie ihn Sophokles in den beiden anderen Teilen seiner Trilogie, *Ödipus auf Kolonos* und *Antigone*, darstellt. (Es trifft zwar zu, daß die Trilogie nicht in dieser Reihenfolge geschrieben wurde, und einige Gelehrte könnten mit ihrer Annahme recht haben, daß Sophokles die drei Tragödien nicht als Trilogie geplant hat; dennoch muß man die drei als ein Ganzes interpretieren. Man kann kaum annehmen, daß Sophokles das Schicksal des Ödipus und seiner Kinder in drei Tragödien geschildert hat, ohne den inneren Zusammenhang des Ganzen im Sinn zu haben.)

In *Ödipus auf Kolonos* finden wir Ödipus kurz vor seinem Tode im Hain der Eumeniden in der Nähe von Athen. Nachdem er sich selbst geblendet hat, ist er zunächst in Theben geblieben, das von seinem Onkel Kreon regiert wird, der ihn nach einiger Zeit verbannt. Ödipus' Töchter Antigone und Ismene begleiten ihn in die Verbannung, während seine beiden Söhne, Eteokles und Polyneikes sich weigern, ihrem blinden Vater zu helfen. Nachdem dieser Theben verlassen hat, kämpfen die beiden Brüder um den Thron. Eteokles siegt, aber Polyneikes weigert sich, sich zu fügen, und versucht, die Stadt mit fremder Hilfe zu erobern und dem Bruder die Macht zu entreißen. In *Ödipus auf Kolonos* sehen wir, wie er seinen Vater um Verzeihung bittet und ihn um Unterstützung angeht. Aber Ödipus ist erbarmungslos im Haß gegen seine Söhne. Trotz des leidenschaftlichen Flehens des Polyneikes, das Antigone mit ihren Bitten unterstützt, versagt er ihm die Verzeihung. Seine letzten Worte sind:

>»Fort, Scheusal, das hier keinen Vater hat!
>Elender Heuchler, nimm die Flüche mit,
>Die ich dir sende: Nie besiegt dein Speer
>Die Vaterstadt und nie kehrst du zurück
>Nach Argos, denn, ihn selber tötend, fällst

Du von des Bruders Hand, die dich verstieß.
Hört meine Flüche, holt ihn schnell hinweg,
Du grauenvolle Nacht des Vaters Tartaros,
Ihr Geister dieses Haines, Ares auch,
Der ihren bösen Bruderhaß geweckt!
Du hast's vernommen. Geh und sag es an
Dem Volk von Theben und zugleich dem Bund,
Der sich mit dir verschwor: daß Ödipus
Den Söhnen diese Ehrengaben schickt.«
(Sophokles, 1968, S. 396)

In *Antigone* finden wir einen weiteren Vater-Sohn-Konflikt als eines der Hauptthemen der Tragödie. Hier steht Kreon, der Vertreter des autoritären Prinzips in Staat und Familie, seinem Sohn Haimon gegenüber, der ihm seinen erbarmungslosen Despotismus und seine Grausamkeit gegen Antigone vorwirft. Haimon versucht seinen Vater zu töten und begeht Selbstmord, als ihm dies mißlingt.
Das die drei Tragödien durchziehende Thema ist der Konflikt zwischen Vater und Sohn. In *König Ödipus* tötet Ödipus seinen Vater Laios, der ihn als kleines Kind hatte umbringen wollen. In *Ödipus auf Kolonos* läßt Ödipus seinem wilden Haß auf seine Söhne freien Lauf, und in *Antigone* treffen wir auf den gleichen Haß zwischen Kreon und Haimon. Das Inzestproblem existiert weder in der Beziehung zwischen Ödipus' Söhnen und ihrer Mutter, noch in der Beziehung zwischen Haimon und seiner Mutter Eurydike. Wenn wir *König Ödipus* im Hinblick auf die gesamte Trilogie interpretieren, so scheint die Annahme einleuchtend, daß das wahre Problem, um das es auch in *König Ödipus* geht, der Konflikt zwischen Vater und Sohn und nicht das Inzestproblem ist.
Freud hatte die Feindschaft zwischen Ödipus und seinem Vater als die durch die inzestuösen Strebungen des Sohnes verursachte unbewußte Rivalität interpretiert. Wenn wir dieser Deutung nicht zustimmen, erhebt sich das Problem, wie wir uns sonst den in allen drei Tragödien anzutreffenden Konflikt zwischen Vater und Sohn erklären sollen.
Einen Schlüssel dazu liefert *Antigone*. Haimons Rebellion gegen Kreon hat ihre Ursache in der besonderen Beziehung Kreons zu Haimon. Kreon repräsentiert das streng autoritäre Prinzip sowohl in der Familie

als auch im Staat, und gegen diese Art Autorität rebelliert Haimon. Eine Analyse der gesamten Ödipus-Trilogie wird zeigen, daß der Kampf gegen die väterliche Autorität das Hauptthema ist, und daß die Ursprünge dieses Kampfes weit zurückreichen, bis in die uralten Kämpfe zwischen dem patriarchalischen und dem matriarchalischen Gesellschaftssystem. Ödipus repräsentiert ebenso wie Haimon und Antigone das matriarchalische Prinzip; sie greifen alle eine gesellschaftliche und religiöse Ordnung an, die sich auf die Macht und die Privilegien des Vaters gründet, welche durch Laios und Kreon repräsentiert wird.

Da diese Interpretation sich auf Bachofens Analyse der griechischen Mythologie gründet, ist es notwendig, den Leser kurz mit den Prinzipien der Bachofenschen Theorie bekanntzumachen.

In seinem 1861 erschienenen Buch *Das Mutterrecht* stellt Bachofen die Vermutung auf, daß zu Beginn der Menschheitsgeschichte die sexuellen Beziehungen promiskue waren und daß aus diesem Grund die Elternschaft nur von der Mutter her gesichert war, daß die Blutsverwandtschaft nur auf sie zurückgeführt werden konnte und daß daher sie die Autorität und der Gesetzgeber – der Herrscher sowohl in der Familiengruppe wie auch in der Gesellschaft war. Bei der Analyse von religiösen Dokumenten aus der griechischen und römischen Antike kam Bachofen zu dem Schluß, daß die Vorherrschaft der Frauen nicht nur im Bereich der Gesellschaft und in der Familienorganisation zum Ausdruck kam, sondern auch in der Religion. Er fand Beweise dafür, daß vor dem Glauben an die olympischen Götter eine Religion existiert hatte, in welcher die obersten Gottheiten Göttinnen, Mutterfiguren waren.

Bachofen nahm an, daß in einem sich über lange Zeiträume hinziehenden Prozeß die Männer die Frauen besiegt und unterworfen hatten und daß es ihnen gelungen war, sich zu Herrschern in einer gesellschaftlichen Hierarchie zu machen. Das auf diese Weise zustande gekommene patriarchalische System ist gekennzeichnet durch Monogamie (wenigstens was die Frauen betrifft), durch die Autorität des Vaters in der Familie und durch die beherrschende Rolle der Männer in einer hierarchisch organisierten Gesellschaft. Die Religion dieser patriarchalischen Kultur entsprach ihrer gesellschaftlichen Organisation. Anstelle der Muttergottheiten wurden nur männliche Götter zu den obersten Herrschern über den Menschen, analog zur Macht des Familienvaters.

Eines der interessantesten und glänzendsten Beispiele für Bachofens Interpretation der griechischen Mythen ist seine Analyse von Äschylus' *Orestie*, die seiner Deutung nach eine symbolische Darstellung des Endkampfes zwischen den mütterlichen Gottheiten und den siegreichen Vatergottheiten ist. Klytämnestra hat ihren Gatten Agamemnon getötet, um ihren Liebhaber Ägist nicht aufgeben zu müssen. Orest, ihr Sohn von Agamemnon, rächt den Tod seines Vaters, indem er seine Mutter und deren Liebhaber tötet. Die die alten Muttergottheiten und das matriarchalische Prinzip repräsentierenden Erynnien verfolgen Orest und verlangen seine Bestrafung, während Apollo und Athene (die nicht von einem Weib geboren wurde, sondern dem Haupte des Zeus entsprungen ist) als Vertreter der neuen patriarchalischen Religion auf der Seite von Orest stehen. Die Auseinandersetzung geht um das Prinzip der patriarchalischen beziehungsweise der matriarchalischen Religion. Für die matriarchalische Welt gibt es nur eine heilige Bindung, die von Mutter und Kind; daher ist auch der Muttermord das äußerste, unverzeihliche Verbrechen. Vom patriarchalischen Standpunkt aus ist die Liebe des Sohns zum Vater und seine Ehrfurcht vor ihm die oberste Pflicht, weshalb der Vatermord das größte Verbrechen ist. Klytämnestras Mord an ihrem Gatten, vom patriarchalischen Standpunkt aus ein schweres Verbrechen wegen der beherrschenden Stellung des Gatten, wird vom matriarchalischen Standpunkt aus anders beurteilt, da »sie mit dem Mann, den sie getötet, nicht durch Bande des Blutes verbunden war«. Der Mord am Gatten berührt die Erynnien nicht, da für sie nur die Blutsbande und die Heiligkeit der Mutter zählen. Für die Olympischen Götter dagegen ist der Muttermord kein Verbrechen, wenn damit der Tod des Vaters gerächt wird. In Äschylus' *Orestie* wird Orest freigesprochen, wenn auch dieser Sieg des patriarchalischen Prinzips durch einen Kompromiß mit den besiegten Göttinnen etwas gemildert wird. Sie erklären sich mit der neuen Ordnung einverstanden und begnügen sich mit der untergeordneten Rolle von Beschützerinnen der Erde und Göttinnen der Fruchtbarkeit des Ackerbodens.

Bachofen hat gezeigt, daß der Unterschied zwischen der patriarchalischen und der matriarchalischen Ordnung weit über die soziale Vorherrschaft der Männer, beziehungsweise der Frauen hinausging, daß sie sich sowohl auf die gesellschaftlichen als auch auf die moralischen

Grundsätze bezog. Die matriarchalische Kultur ist dadurch gekennzeichnet, daß der Nachdruck auf den Banden des Blutes, der Bindung an den Boden und auf der passiven Hinnahme aller Naturgegebenheiten liegt. Dagegen ist die patriarchalische Gesellschaft gekennzeichnet durch die Achtung vor dem vom Menschen geschaffenen Gesetz, durch ein vorwiegend rationales Denken und durch das Bestreben, die natürlichen Gegebenheiten zu verändern. In bezug auf diese Grundsätze ist die patriarchalische Kultur ein entschiedener Fortschritt gegenüber der matriarchalischen Welt. In anderer Hinsicht jedoch waren die matriarchalischen Grundsätze den siegreichen patriarchalischen überlegen. Nach matriarchalischer Auffassung sind alle Menschen gleich, da sie alle die Kinder von Müttern sind und jedermann ein Kind der Mutter Erde ist. Eine Mutter hat alle ihre Kinder gleich lieb, und zwar bedingungslos, weil sich ihre Liebe darauf gründet, daß sie eben ihre Kinder sind, und nicht auf ein besonderes Verdienst oder eine besondere Leistung. Das Ziel des Lebens ist das Glück der Menschen, und es gibt nichts, was wichtiger oder würdiger wäre als die menschliche Existenz und das Leben. Das patriarchalische System dagegen sieht im Gehorsam gegenüber der Autorität die Haupttugend. Anstelle des Gleichheitsprinzips finden wir den Begriff des Lieblingssohnes und eine hierarchische Ordnung in der Gesellschaft.

Bachofen sagt in seiner Vorrede zu *Das Mutterrecht* (J. J. Bachofen, 1926, S. 14–16):

»Dasjenige Verhältnis, an welchem die Menschheit zuerst zur Gesittung emporwächst, das der Entwicklung jeder Tugend, der Ausbildung jeder edlern Seite des Daseins zum Ausgangspunkt dient, ist der Zauber des Muttertums, der inmitten eines gewalterfüllten Lebens als das göttliche Prinzip der Liebe, der Einigung, des Friedens wirksam wird. In der Pflege der Leibesfrucht lernt das Weib früher als der Mann seine liebende Sorge über die Grenzen des eigenen Ich auf andere Wesen erstrecken und alle Erfindungsgabe, die sein Geist besitzt, auf die Erhaltung und Verschönerung des fremden Daseins richten. Von ihm geht jetzt jede Erhebung der Gesittung aus, von ihm jede Wohltat im Leben, jede Hingebung, jede Pflege und jede Totenklage.

...Aber nicht nur inniger, auch allgemeiner und weitere Kreise umfassend ist die aus dem Muttertum stammende Liebe... Wie in dem väterli-

chen Prinzip die Beschränkung, so liegt in dem mütterlichen das der Allgemeinheit... Aus dem gebärenden Muttertum stammt die allgemeine Brüderlichkeit aller Menschen, deren Bewußtsein und Anerkennung mit der Ausbildung der Paternität untergeht. Die auf das Vaterrecht gegründete Familie schließt sich zu einem individuellen Organismus ab, die mutterrechtliche dagegen trägt jenen typisch-allgemeinen Charakter, mit dem alle Entwicklung beginnt, und der das stoffliche Leben vor dem höhern geistigen auszeichnet. Der Erdmutter Demeter sterbliches Bild, wird jedes Weibes Schoß den Geburten des andern Geschwister schenken, das Heimatland nur Brüder und Schwestern kennen, und dies so lange, bis mit der Ausbildung der Paternität die Einheitlichkeit der Masse aufgelöst und das Ununterschiedene durch das Prinzip der Gliederung überwunden wird.
In den Mutterstaaten hat diese Seite des Mutterprinzips vielfältigen Ausdruck, ja selbst rechtlich formulierte Anerkennung gefunden. Auf ihr ruht jenes Prinzip allgemeiner Freiheit und Gleichheit, das wir als einen Grundzug im Leben gynaikokratischer Völker öfter finden werden... Abwesenheit innerer Zwietracht, Abneigung gegen Unfrieden wird gynaikokratischen Staaten besonders nachgerühmt... Ein Zug milder Humanität, den man selbst in dem Gesichtsausdruck der ägyptischen Bildwerke hervortreten sieht, durchdringt die Gesittung der gynaikokratischen Welt...«

Bachofens Entdeckung wurde durch den Amerikaner Lewis H. Morgan bestätigt, der völlig unabhängig von ihm zu dem Schluß kam, daß sich das Verwandtschaftssystem der amerikanischen Indianer – ähnlich dem in Asien, Afrika und Australien – auf das matriarchalische Prinzip gründete und daß die wichtigste Institution in solchen Kulturen, der Stammesverband *(gens)*, nach dem matriarchalischen Prinzip aufgebaut war. (Vgl. die noch etwas vorsichtigen Ausführungen in L. H. Morgan, 1870, und die entschiedeneren in L. H. Morgan, 1877.) Morgans Ansichten über die Wertprinzipien in einer matriarchalischen Gesellschaft waren denen Bachofens recht ähnlich. Er stellte die Theorie auf, daß die höhere Form der Kultur eine Wiederholung – allerdings auf einer höheren Ebene – der Prinzipien von Freiheit, Gleichheit und Brüderlichkeit sein wird, welche für die alten Stammesverbände *(gens)* kennzeichnend waren. Sowohl Bachofens als auch Morgans Theorien über das Matriarchat wurden – soweit man sie nicht überhaupt völlig ignorierte – von den meisten Anthropologen angefochten. Dasselbe Schicksal hatte auch das Werk Robert Briffaults, der Bachofens Forschungen fortsetzte und durch eine glänzende Analyse neuer anthropologischer Daten bestätigte. (Vgl. R. Briffault, 1928.) Die Heftigkeit, mit der man die Theorie vom Matriarchat angriff, läßt den Verdacht aufkommen, daß die Kritik nicht frei war von emotional begründeten Vorurteilen gegen eine Auffassung, die dem Denken und Fühlen unserer patriarchalischen Kultur so fremd ist. Zweifellos sind viele Einzeleinwände gegen die Matriarchatstheorie berechtigt. Trotzdem aber erscheint mir Bachofens Hauptthese, daß wir unter der neueren patriarchalischen Religion Griechenlands die ältere Schicht einer matriarchalischen Religion vorfinden, von ihm überzeugend begründet.

Nach diesem kurzen Überblick über Bachofens Theorie sind wir nunmehr besser in der Lage, die Diskussion über unsere Hypothese wieder aufzunehmen, daß die Feindschaft zwischen Vater und Sohn – das die ganze Trilogie von Sophokles durchziehende Thema – als ein Angriff der Vertreter des besiegten matriarchalischen Systems gegen die siegreiche patriarchalische Ordnung zu verstehen ist.

König Ödipus liefert nur wenige direkte Beweise für unsere Theorie, von einigen Punkten abgesehen, auf die wir nun eingehen wollen. Historisch gesehen gibt uns der ursprüngliche Ödipusmythos mit seinen verschiedenen in Griechenland existierenden Versionen, auf die Sophokles seine Tragödie aufbaute, einen wichtigen Anhaltspunkt. In den verschiedenen Formulierungen des Mythos stand die Gestalt des Ödipus stets in Beziehung zum Kult der Erdgöttinnen, der Vertreterinnen einer matriarchalischen Religion. In fast allen Versionen dieses Mythos, von den Teilen, die sich mit der Aussetzung des Kindes befassen, bis zu denen, in deren Mittelpunkt der Tod des Ödipus steht, sind Spuren dieses Zusammenhanges zu erkennen. (Vgl. F. W. Schneidewin, 1852, S. 192.) So besaß zum Beispiel Eteonos, die einzige böotische Stadt, die einen Kultschrein des Ödipus unterhielt und wo der gesamte Mythos wahrscheinlich seinen Ursprung hatte, auch ein Heiligtum der Erdgöttin Demeter. (Vgl. C. Robert, 1915, S. 1ff.) In Kolonos (in der Nähe von Athen), wo Ödipus seine letzte Ruhestätte fand, befand sich ein altes Heiligtum der Demeter und der Erynnien, das vermutlich bereits vor der

Entstehung des Ödipusmythos existierte. (Vgl. a.a.O., S. 21.) Wie wir noch sehen werden, hat Sophokles diesen Zusammenhang zwischen Ödipus und den chthonischen Gottheiten in *Ödipus auf Kolonos* nachdrücklich hervorgehoben.

Ein weiterer Aspekt des Ödipusmythos – Ödipus' Beziehung zur Sphinx – scheint ebenfalls auf den Zusammenhang zwischen Ödipus und dem matriarchalischen Prinzip, wie Bachofen es geschildert hat, hinzuweisen. Die Sphinx hatte verkündet, daß derjenige, der ihr Rätsel lösen könne, die Stadt von ihrem Wüten erretten könne. Ödipus gelingt es, während alle anderen vor ihm gescheitert waren, und er wird so zum Retter Thebens. Betrachten wir jedoch das Rätsel genauer, so fällt uns auf, wie nichtssagend es ist im Vergleich zur Höhe der Belohnung für seine richtige Lösung. Jeder gescheite Zwölfjährige könnte erraten, daß das, was zuerst auf vieren, dann auf zweien und schließlich auf dreien geht, der Mensch ist. Weshalb sollte die richtige Lösung der Beweis solch außergewöhnlicher Kräfte sein, daß sie deren Besitzer zum Retter der Stadt machen? Die Antwort auf diese Frage finden wir, wenn wir die wahre Bedeutung des Rätsels analysieren und wenn wir uns bei dieser Analyse nach den Grundsätzen für die Deutung von Mythen und Träumen richten, wie sie von Bachofen und Freud entwickelt wurden. (Allerdings weicht deren Deutung des Sphinxmythos von der hier folgenden ab. Bachofen legt den Nachdruck auf das Wesen der Frage und stellt fest, daß die Sphinx den Menschen im Hinblick auf seine tellurische, materielle Existenz, d. h. nach matriarchalischen Gesichtspunkten, definiert. Freud nimmt an, daß im Rätsel die sexuelle Neugier des Kindes ihren symbolischen Ausdruck findet.) Aber Bachofen wie Freud haben gezeigt, daß das wichtigste Element des wahren Inhaltes eines Traums oder Mythos oft als ziemlich unwichtiger oder gar bedeutungsloser Teil der manifesten Formulierung erscheint, während das, worauf es wirklich ankommt, darin nur eine untergeordnete Rolle zu spielen scheint.

Wenn wir dieses Prinzip auf den Sphinxmythos anwenden, so dürfte nicht der Teil im Rätsel das wichtigste Element sein, der in der manifesten Formulierung des Mythos besonders hervorgehoben wird – nämlich das Rätsel selbst –, sondern die Lösung des Rätsels: *der Mensch*. Übersetzen wir die Worte der Sphinx aus der symbolischen in die unverhüllte Sprache, dann hören wir sie sagen: Derjenige, der weiß, daß die wichtigste Antwort, die der Mensch auf die schwierigste Frage geben kann, die ihm gestellt ist, *der Mensch selbst* ist, der kann die Menschheit erretten. Das Rätsel selbst, dessen Lösung nichts erfordert als ein wenig Klugheit, dient nur als Schleier für den latenten Sinn der Frage, bei der es um die Bedeutung des Menschen geht. Gerade diese nachdrückliche Betonung der Wichtigkeit des Menschen gehört aber zum Prinzip der matriarchalischen Welt, so wie Bachofen sie beschrieben hat. In seiner *Antigone* macht Sophokles dieses Prinzip zum Mittelpunkt von Antigones Einstellung im Gegensatz zu der Kreons. Das Wichtigste für Kreon und die von ihm vertretene patriarchalische Ordnung sind der Staat, die von Menschen geschaffenen Gesetze, und daß man ihnen gehorcht. Antigone aber geht es um den Menschen selbst, um das Naturgesetz und die Liebe. Ödipus wird zum Retter Thebens, weil er durch seine Antwort der Sphinx bewiesen hat, daß er der gleichen Welt angehört, die Antigone repräsentiert und die in der matriarchalischen Ordnung zum Ausdruck kommt.

Nur eine Gestalt im Mythos und in Sophokles' *König Ödipus* scheint unserer Hypothese zu widersprechen – nämlich Jokaste. Nehmen wir an, daß sie das mütterliche Prinzip repräsentiert, so erhebt sich die Frage, weshalb die Mutter zugrunde geht, anstatt den Sieg davonzutragen, falls die hier gegebene Deutung stimmt. Die Beantwortung dieser Frage wird zeigen, daß die Rolle der Jokaste nicht nur unserer Hypothese nicht widerspricht, sondern sie im Gegenteil bestätigt. Jokastes Vergehen besteht darin, daß sie ihre Pflicht als Mutter nicht erfüllt hat, daß sie ihr Kind umbringen wollte, um den Gatten zu retten. Es war dies vom Standpunkt der patriarchalischen Gesellschaft aus eine legitime Entscheidung, aber vom Standpunkt der matriarchalischen Gesellschaft und der matriarchalischen Ethik aus ist es ein unverzeihliches Verbrechen. Sie ist es, die durch dieses Verbrechen die Kette von Ereignissen auslöst, die schließlich zu ihrem eigenen Untergang wie auch zu dem ihres Gatten und ihres Sohnes führt. Um das zu verstehen, dürfen wir die Tatsache nicht aus den Augen verlieren, daß der Mythos, so wie Sophokles ihn kannte, bereits dem patriarchalischen System entsprechend geändert war, daß der manifeste und bewußte Bezugsrahmen das Patriarchat ist und daß die latente, ältere Bedeutung nur in verhüllter und oft entstellter Form noch in Erscheinung tritt. Das patriarchalische System hatte gesiegt, und der Mythos erklärt die Gründe für den Niedergang des Matriarchats. Er will uns klarmachen, daß die Mutter, dadurch daß sie ihre oberste Pflicht verletzte, ihren eigenen Untergang herbeiführte. Wir können jedoch erst, nachdem wir die beiden anderen Teile der Trilogie, *Ödipus auf Kolonos* und *Antigone* analysiert haben, ein endgültiges Urteil darüber fällen, ob diese Interpretation der Rolle Jokastes und des Königs Ödipus richtig ist.

In *Ödipus auf Kolonos* sehen wir den blinden Ödipus in Begleitung seiner beiden Töchter in der Nähe Athens beim Hain der Göttinnen der Erde ankommen. Das Orakel hat prophezeit, wenn Ödipus in diesem Hain bestattet würde, werde er Athen vor einem Überfall seiner Feinde schützen. Im weiteren Verlauf der Tragödie teilt Ödipus Theseus den Orakelspruch mit. Theseus nimmt erfreut das Angebot an, daß Ödipus posthum zum Wohltäter Athens werden soll. Ödipus zieht sich in den Hain der Göttinnen zurück und stirbt auf geheimnisvolle Weise, über die nur Theseus Bescheid weiß.

Wer sind diese Göttinnen? Weshalb bieten sie Ödipus eine Kultstätte an? Was bedeutet das Orakel, das uns verkündet, Ödipus werde wieder seine Rolle als Erretter und Wohltäter spielen, wenn er in diesem Hain seine letzte Ruhestätte finde?

In *Ödipus auf Kolonos* fleht Ödipus zu den Göttinnen:

> »Ehrwürdge Frauen mit dem hellen Blick,
> Da ich zuerst bei euch mich niederließ,
> So ehrt in mir Apollons Seherspruch!
> Als er das viele Unheil prophezeit,
> Verhieß er langer Jahre späte Rast:
> Im letzten Land ein gastlich Dach am Sitz,
> Der Hochverehrten Frauen. Dort beschlöß
> Ich meine schweren Tage, reichen Lohn
> Verleihend dem, der gastlich mich empfängt,
> Doch schweres Unheil dem, der mich vertrieb.«
>
> (Sophokles, 1968, S. 350f.)

Ödipus nennt die Göttinnen »ehrwürdige Frauen« und »hochverehrte Frauen«. Warum sind sie so ehrfurchtgebietend, wo sie doch für ihn die

Göttinnen seiner letzten Ruhestätte sind, die ihm endlich Frieden schenken werden? Und weshalb sagt der Chor (a.a.O., S. 352):

»Von Lande zu Land treibt der Greis,
Denn wär er vom Orte,
Nie hätt er betreten
Unnahbaren Garten
Der schrecklichen Frauen,
Den kaum wir benennen:
Wir ziehen vorüber
Als Blinde, als Stumme,
Bewegen die Lippen
Zum lautlosen Ruf –
Und da kommt einer her ohne Ehrfurcht!«

Die Antwort auf diese Frage ergibt sich nur aus dem von Bachofen und Freud erkannten Deutungsprinzip, das sowohl für Mythen als auch für Träume gültig ist. Wenn ein in einem Mythos oder Traum auftauchendes Element einer viel früheren Entwicklungsphase angehört und nicht zu dem bewußten Bezugssystem zur Zeit der endgültigen Formulierung des Mythos gehört, dann hat es oft etwas Schreckliches und Furchterregendes an sich. Da es an etwas Verborgenes rührt, das tabu ist, erfaßt den bewußten Verstand eine besondere Art von Angst – die Furcht vor dem Unbekannten und Geheimnisvollen.

Goethe hat in einer der am wenigsten verstandenen Stellen des *Faust* das Problem der Furcht vor den geheimnisvollen Müttern sehr ähnlich wie Sophokles in seinem *Ödipus auf Kolonos* behandelt. Mephistopheles sagt (*Faust,* 2. Teil, »Finstere Galerie«):

»Ungern entdeck' ich höheres Geheimnis. –
Göttinnen thronen hehr in Einsamkeit,
Um sie kein Ort, noch weniger eine Zeit,
von ihnen sprechen ist Verlegenheit,
Die *Mütter* sind es!
Faust (aufgeschreckt):
Mütter!

Mephistopheles:
Schaudert's dich?
Faust:
Die Mütter! Mütter! – 's klingt so wunderlich.
Mephistopheles:
Das ist es auch. Göttinnen, ungekannt
euch Sterblichen, von uns nicht gern genannt.
Nach ihrer Wohnung magst ins Tiefste schürfen;
Du selbst bist schuld, daß ihrer wir bedürfen.«

Auch hier – wie in der Tragödie des Sophokles – versetzt die bloße Erwähnung der Göttinnen in Angst und Schrecken, da sie einer uralten Welt angehören, die aus dem Tageslicht, aus dem Bewußtsein berbannt ist. Wie aus diesem kurzen Abschnitt zu ersehen ist, hat Goethe Bachofens Theorie vorweggenommen; nach Eckermanns Tagebuch (10. Januar 1830) erwähnte Goethe, er habe »beim Plutarch gefunden, daß im griechischen Altertume von *Müttern* als Gottheiten die Rede gewesen« sei. Die eben zitierte Stelle im *Faust* kam den meisten Kommentatoren rätselhaft vor, und sie versuchten die Mütter als ein Symbol platonischer Ideen, als das gestaltlose Reich der inneren Welt des Geistes usw. zu erklären. Es muß ja auch rätselhaft bleiben, wenn man es nicht im Sinn von Bachofens Erkenntnissen versteht.
Im Hain dieser »schrecklichen« Göttinnen kommt Ödipus, der Wanderer, endlich zur Ruhe, und hier findet er sein wirkliches Zuhause. Obwohl Ödipus selbst ein Mann ist, gehört er doch der Welt dieser matriarchalischen Göttinnen an, und seine Kraft beruht auf seiner Verbundenheit mit ihnen.
Ödipus' Rückkehr in den Hain der Göttinnen ist zwar der wichtigste, aber keineswegs der einzige Schlüssel zum Verständnis seiner Position als Vertreter der matriarchalischen Ordnung. Wir finden bei Sophokles noch eine weitere Anspielung auf das Matriarchat, wenn Ödipus beim Lob seiner Töchter auf das ägyptische Matriarchat hinweist (Sophokles bezieht sich hier vermutlich auf eine Stelle bei Herodot, II, 35):

»Wie hat ihr Sinn, ihr ganzer Tageslauf
Sich der Ägypter Weise angepaßt!

Dort sitzt der Mann zuhaus und webt und spinnt,
Indes das Weibervolk sich draußen müht
Und für des Lebens Notdurft Sorge trägt.
Den Söhnen kam dies harte Leben zu,
Doch hüten sie wie Frauen das Gemach,
Und ihr tragt willig ihre Last und sorgt
Des armen Vaters.«
(Sophokles, 1968, S. 359)

In ähnlichem Sinn äußert sich Ödipus, als er seine Töchter mit seinen Söhnen vergleicht und von Antigone und Ismene sagt:

»Von diesen beiden, die nur Mädchen sind,
Wird mir nach ihren Kräften täglich Brot,
Ein nächtlich Lager, jeder Kindesdienst;
Sie aber stürzten sich auf meinen Thron,
Auf Stab und Herrscherwürde meines Lands.
Doch niemals sieht man mich in ihrem Bund,
Und niemals werden sie des Thrones froh.«
(Sophokles, 1968, S. 362f.)

Wir haben bereits die Frage gestellt, ob das Drama uns nicht hätte berichten müssen, daß Ödipus sich unwissentlich in Jokaste verliebte, wenn der Inzest wirklich das Wesentliche an seinem Verbrechen wäre. In *Ödipus auf Kolonos* läßt Sophokles Ödipus selbst diese Frage beantworten. Die Ehe mit ihr entsprach nicht seinem eigenen Begehren und war nicht sein eigener Entschluß; sie war eine der Belohnungen für den Retter der Stadt.

»An ein furchtbares Bett
Band mich, wehe, die Stadt,
Keiner ahnte den Fluch« (a.a.O., S. 365).

Wir wiesen bereits darauf hin, daß das Hauptthema der Trilogie, der Konflikt zwischen Vater und Sohn, in *Ödipus auf Kolonos* voll zum Ausdruck kommt. Hier ist der Haß zwischen Vater und Sohn nicht – wie in *König Ödipus* – unbewußt. Ödipus ist sich im Gegenteil seines Hasses gegen seine Söhne durchaus bewußt, und er wirft ihnen vor, sich gegen das ewige Gesetz der Natur vergangen zu haben. Er behauptet, sein Fluch sei stärker als das Gebet seiner Söhne zu Poseidon, »wenn jene hohe Dike noch« (die Göttin der Gerechtigkeit, die Beschützerin der natürlichen Bande und nicht der vom Menschen geschaffenen Rechte des erstgeborenen Sohnes) den alten Sitz behauptet neben Zeus« (Sophokles, 1968, S. 396). Gleichzeitig verleiht er seinem Haß gegen die eigenen Eltern Ausdruck, indem er ihnen vorwirft, sie hätten die Absicht gehabt, sein Leben zu opfern. In *Ödipus auf Kolonos* gibt es keinen Hinweis darauf, daß die Feindschaft der Söhne des Ödipus gegen ihren Vater irgendwie mit dem Inzestmotiv in Verbindung steht. Das einzige Motiv, das wir in der Tragödie finden können, ist ihr Verlangen nach Macht und die Rivalität mit ihrem Vater.

Das Ende von *Ödipus auf Kolonos* verdeutlicht noch klarer den Sinn seiner Verbundenheit mit den Göttinnen der Erde. Nachdem der Chor zu den »Unsichtbaren Göttinnen«, zu »der Göttin der Unterwelt« gebetet hat, berichtet der Bote, wie Ödipus gestorben ist. Er hat von seinen Töchtern Abschied genommen und geht dann – nur von Theseus begleitet, jedoch nicht geführt – in das Heiligtum der Göttinnen. Offenbar braucht er keine Führung, denn hier ist er endlich zu Hause und kennt seinen Weg. Der Bote sagt von Theseus:

> »Und daß der König seine Hand als Schild
> Vors Auge hielt, als hätte schaudernd er
> Ein unerhörtes Bild vor sich erblickt.«
> (Sophokles, 1968, S. 406)

Auch hier haben wir wieder den nachdrücklichen Hinweis auf etwas Schreckliches und Furchterregendes. Die dem obigen Zitat folgenden Verse zeigen deutlich, wie die Überreste der matriarchalischen Religion mit dem herrschenden patriarchalischen System vermischt sind. Der Bote berichtet, er habe Theseus gesehen.

> »Nach einer kleinen Weile sah man ihn
> Sich bis zum Boden neigen und zugleich
> Zum Göttersitz erheben ein Gebet.«
> (Sophokles, 1968, S. 406)

Das Ende der Beschreibung von Ödipus' Tod zeigt die gleiche Mischung von patriarchalischen und matriarchalischen Systemen. Der Bote fährt fort:

»Doch welches Ende jener Alte nahm,
Das weiß wohl keiner außer Theseus selbst;
Denn weder hat ihn Blitzstrahl eines Gotts
Hinweggerafft noch Wirbelsturm, der sich
Vom Meer erhob in jenem Augenblick.
Ein Götterbote war's, die Erde tat
Sich auf und nahm ihn sanft in ihren Schoß.
Ganz ohne Qual und Krankheit ward der Mann
Entrückt und wunderbar wie nie ein Mensch.
Und wem dies töricht scheint, ich kann ihn nicht
Bekehren, wenn er sich für weiser hält.«
(Sophokles, 1968, S. 406)

Der Bote weiß nicht, was er davon halten soll. Er weiß nicht, ob Ödipus von den Göttern oben oder von den Gottheiten unten, aus der Welt der Väter oder aus der Welt der Mütter von der Erde entrückt wurde. Aber wir können sicher sein, daß in einer Fassung, die Jahrhunderte nach dem Sieg der Olympischen Götter über die Muttergöttinnen niedergeschrieben wurde, dieses Zweifeln nur Ausdruck der geheimen Überzeugung sein kann, daß Ödipus zu dem Ort, zu dem er gehörte, nämlich zu den Müttern, zurückgeholt wurde.
Wie anders endet *Ödipus auf Kolonos* als *König Ödipus*! In letzterem schien sein Schicksal besiegelt als das des tragischen Verbrechers, den sein Verbrechen auf immer von seiner Familie und seinen Mitmenschen trennt, dessen Los es ist, ein Ausgestoßener zu sein, der von allen verabscheut, wenn vielleicht auch bemitleidet wird. In *Ödipus auf Kolonos* stirbt er umgeben von zwei liebenden Töchtern und von neuen Freunden, deren Wohltäter er geworden ist, und nicht mit einem Gefühl der Schuld, sondern überzeugt von seinem Recht, nicht als Ausgestoßener, sondern als jemand, der endlich heimgefunden hat – zur Erde und zu den Göttinnen, die dort regieren. Die tragische Schuld, die in *König Ödipus* alles durchdringt, ist getilgt, und geblieben ist nur ein Konflikt,

der so bitter und ungelöst ist wie eh und je – der Konflikt zwischen Vater und Sohn.

Der Konflikt zwischen dem patriarchalischen und dem matriarchalischen Prinzip ist das Thema von *Antigone*, dem dritten Teil der Trilogie. Hier bekommt die Gestalt des Kreon, die in den beiden anderen Tragödien etwas unbestimmt war, Farbe und Kontur. Er hat sich zum Tyrannen von Theben gemacht, nachdem die beiden Söhne des Ödipus gefallen waren – der eine beim Angriff auf die Stadt, in der er die Macht ergreifen wollte, der andere bei der Verteidigung seines Thrones. Kreon hat befohlen, den rechtmäßigen König zu beerdigen, die Leiche des Angreifers aber unbeerdigt zu lassen – was die schlimmste Demütigung und Entehrung war, die man nach griechischer Sitte einem Menschen antun konnte. Das von Kreon repräsentierte Prinzip ist die Vorrangstellung der Staatsgesetze vor den Banden des Blutes, des Gehorsams gegenüber der Autorität vor der Befolgung des natürlichen Gebotes der Humanität. Antigone weigert sich, die Gesetze des Blutes und der Solidarität aller menschlichen Wesen um des autoritären, hierarchischen Prinzips willen zu verletzen.

Die beiden Prinzipien, die Kreon und Antigone repräsentieren, hat Bachofen als das patriarchalische beziehungsweise als das matriarchalische Prinzip gekennzeichnet. Beim matriarchalischen Prinzip gilt die Blutsverwandtschaft als das grundlegende und unzerstörbare Band; es ist das Prinzip der Gleichheit aller Menschen, das Prinzip der Achtung vor dem menschlichen Leben und das Prinzip der Liebe. Beim patriarchalischen Prinzip hat die Bindung zwischen Mann und Frau, zwischen Herrscher und Beherrschten den Vorrang vor den Bindungen des Blutes. Es ist das Prinzip der Ordnung und Autorität, des Gehorsams und der Hierarchie.

Antigone vertritt das matriarchalische Prinzip und ist daher die zu keinem Kompromiß bereite Gegnerin Kreons, des Vertreters der patriarchalischen Autorität. Ismene dagegen hat ihre Niederlage hingenommen und sich in die siegreiche patriarchalische Ordnung gefügt. Sie symbolisiert die Frauen unter patriarchalischer Herrschaft. Sophokles zeigt sehr deutlich, welche Rolle Ismene spielt, wenn er sie zu Antigone, die entschlossen ist, sich Kreons Befehl zu widersetzen, sagen läßt:

»Und nun wir zwei, die einzig noch geblieben: sieh,
Wie wir aufs schrecklichste zugrunde gehen,
Wenn wir gewaltsam, gegen das Gesetz,
Befehl und Herrschgewalt des Fürsten übertreten.
Nein, einsehn gilt es, einmal: Frauen sind wir
Und können so nicht gegen Männer streiten.
Und dann: beherrscht sind wir von Stärkeren,
So müssen wir dies hören und noch Härteres.
Darum will ich die Unterirdschen bitten,
Mir zu verzeihn, da mir Gewalt geschieht,
Und denen folgen, die im Amte stehen.
Denn mehr tun, als man kann, hat nicht Verstand.«
(Sophokles, 1968, S. 70)

Ismene hat die männliche Autorität als endgültige Norm akzeptiert, sie hat sich mit der Niederlage der Frauen abgefunden, die »nicht geschaffen sind, mit Männern sich zu messen«. Ihre Treue zu den Göttinnen kommt nur darin zum Ausdruck, daß sie diese bittet, ihr zu vergeben, daß sie sich der Gewalt des Herrschers fügen muß.
Das humanistische Prinzip der matriarchalischen Welt mit ihrer Betonung der Größe und Würde des Menschen kommt auf schöne, überzeugende Weise im Preisgesang des Chors auf die Macht des Menschen zum Ausdruck:

»Viel Ungeheures ist, doch nichts
So Ungeheures wie der Mensch.
Der fährt auch über das graue Meer
Im Sturm des winterlichen Süd
Und dringt unter stürzenden Wogen durch.
Und der Götter Heiligste, die Erde,
Die unerschöpfliche, unermüdliche,
Plagt er ab,
Mit wendenden Pflügen Jahr um Jahr
Sie umbrechend mit dem Rossegeschlecht.«
(Sophokles, 1968, S. 80)

Der Konflikt zwischen den beiden Prinzipien entfaltet sich in der weiteren Entwicklung des Dramas. Antigone beharrt darauf, daß das Gesetz, dem sie gehorcht, nicht das der Olympischen Götter ist. »Denn nicht seit heut und gestern sind sie: Diese leben von jeher, und weiß niemand, woher sie gekommen« (a.a.O., S. 85). Wir können hinzufügen, daß es das Gesetz der Bestattung ist, das Gesetz, den Leichnam der Mutter Erde zurückzugeben, das in den Grundsätzen der matriarchalischen Religion wurzelt. Antigone repräsentiert die Solidarität der Menschen und das Prinzip der allumfassenden mütterlichen Liebe. »Nein! Haß nicht, Liebe ist der Frau Natur.« (A.a.O., S. 281.)

Für Kreon stellt der Gehorsam gegenüber der Autorität den höchsten Wert dar. Kommen menschliche Solidarität und Liebe mit dem Gehorsam in Konflikt, so müssen sie nachgeben. Er muß über Antigone siegen, um die patriarchalische Autorität und mit ihr seine Manneskraft zu behaupten. Darum sagt er (a.a.O., S. 280):

»Ich wär nicht mehr der Mann, der Mann wär sie, wenn solche Tat ihr ungeahndet bliebe.«

Kreon verleiht dem autoritären, patriarchalischen Prinzip unmißverständlich Ausdruck:

> »Wohl, mein Sohn!
> So muß es stehn in deiner Brust, daß du in allem
> Dich hinter deines Vaters Meinung stellst.
> Deswegen beten Männer ja darum, gehorsame
> Nachkommen zu erzeugen und im Haus zu haben,
> Daß sie dem Feind mit Schlimmem es vergelten
> Wie auch den Freund so ehren wie der Vater selbst.
> Wer aber nichtsnutzige Kinder zeugt: was sagt
> Man von dem andres, als daß er sich selber Plagen
> Und viel Gelächter bei den Feinden hab erzeugt?
> Darum verliere nie, mein Sohn, der Lust zuliebe
> Um eines Weibes willen den Verstand.
> Denn glaub mir, eine frostige Umarmung
> Ist das: ein schlechtes Weib als Bettgenossin
> In deinem Haus. Welch schlimmeres Geschwür
> Kann dir entstehen als ein schlechter Freund!

Nein, spei sie aus wie einen bösen Feind,
Und laß dies Mädchen sich den Mann im Hades holen.
Denn da ich sie ergriff, wie sie sich offen
Hat aufgelehnt als einzige von der ganzen Stadt,
So werde ich mich selbst nicht vor der Stadt
Zum Lügner machen: nein, ich töte sie!
Mag sie deswegen schrei'n zu Zeus, dem Hüter
Verwandten Bluts! Denn nähr ich in dem eigenen Geschlecht
Unordnung auf, wie dann erst außerhalb des Stamms!
Nur wer im eigenen Haus ein rechter Mann ist,
Wird sich im Staat auch als gerecht erweisen.
Ein solcher Mann wird auch – sag ich getrost! –
Recht herrschen und sich recht beherrschen lassen wollen,
Und auch im Speergestöber hingestellt,
Standhalten als bewährter tapferer Nebenmann.
Doch wer die ihm gesetzte Grenze übertritt
Und die Gesetze vergewaltigt oder
Vorschriften seinen Oberen zu geben denkt:
Dieser wird niemals bei mir Lob erlangen.
Nein, wen das Volk bestellt hat, dem soll man gehorchen
Im Kleinen wie Gerechten wie im Gegenteil.
Kein größres Übel als Zuchtlosigkeit!
Diese vernichtet Städte, sie entleert die Häuser,
Diese reißt hin zur Flucht im Speergefecht.
Die aber ausgerichtet stehen, denen
Bewahrt die meisten Leiber die Manneszucht.
So muß man einstehn denn für das, was angeordnet,
Und niemals einem Weibe unterliegen. Besser –
Wenn es denn sein muß – einem Mann zu fallen,
Anstatt daß man uns Weibern unterlegen nennt!«
(Sophokles, 1968, S. 91f.)

Autorität in der Familie und Autorität im Staat sind die beiden in Wechselbeziehung stehenden höchsten Werte, die Kreon repräsentiert. Die Söhne sind Besitz des Vaters, und ihre Funktion besteht darin, dem Vater »dienstbar« zu sein. Der *pater potestas* in der Familie ist die Grundlage für die Macht des Herrschers im Staate. Bürger sind Eigentum des Staates und seines Oberhauptes, und deshalb gibt es »kein größres Übel als Zuchtlosigkeit« (a.a.O., S. 92).

Haimon, Kreons Sohn, repräsentiert die Grundsätze, für die Antigone kämpft. Obwohl er zunächst seinen Vater zu beschwichtigen und zu überreden sucht, bekennt er offen seine Opposition, als er sieht, daß der Vater nicht bereit ist nachzugeben. Er beruft sich auf die Vernunft als »das Höchste aller Güter, die es gibt« (a.a.O., S. 93) und auf den Willen des Volkes. Als Kreon Antigone beschuldigt, von der Krankheit der Zuchtlosigkeit und des Ungehorsams befallen zu sein, lautet Haimons rebellische Antwort, »das ganze Volk von Theben leugnet das« (a.a.O., S. 94). Darauf:

Kreon:
»Hat mir das Volk zu sagen, wie ich herrschen muß?
Haimon:
Sieh da! Wie gar zu jugendlich du dieses sagst!
Kreon:
Für wen sonst als für mich soll ich dies Land regieren?
Haimon:
Das ist kein Staat, der Einem nur gehört.
Kreon:
Gilt nicht der Staat als dessen Staat, der in ihm herrscht?
Haimon:
Schön herrschtest du für dich allein im leeren Land!
Kreon:
Der Mensch da, scheint es, hält es mit dem Weibe!«

Und Haimon verweist auf die matriarchalischen Göttinnen, wenn er schließlich erwidert: »Und dir wie mir und auch den Göttern drunten« (a.a.O., S. 95).

Die beiden Prinzipien sind jetzt mit aller Deutlichkeit ausgesprochen, und die Tragödie führt weiterhin die Handlung nur der endgültigen Entscheidung zu. Kreon hat Antigone lebendig in einer Höhle begraben – wiederum ein symbolischer Ausdruck für ihre Verbundenheit mit den Göttinnen der Erde. Der Seher Teiresias, dessen Aufgabe es in *König Ödipus* war, Ödipus sein Verbrechen erkennen zu lassen, tritt wiederum auf, diesmal um Kreon das seine vor Augen zu halten. Von Panik erfaßt, gibt dieser nach und versucht Antigone doch noch zu retten. Er stürzt zur Höhle, wo er sie begraben hat, aber Antigone ist bereits tot. Haimon versucht seinen Vater zu töten, und als es ihm mißlingt, nimmt er sich selbst das Leben. Kreons Gemahlin Eurydike begeht Selbstmord, als sie vom Schicksal ihres Sohnes erfährt, und verflucht ihren Gatten als den Mörder ihrer Kinder. Kreon erkennt, daß seine Welt völlig zusammengebrochen ist und daß alle seine Prinzipien versagt haben. Er gibt seinen moralischen Bankrott zu, und das Drama endet mit seinem Bekenntnis:

> »O mir! mir! Auf keinen anderen der Sterblichen
> Wird je dies kommen: *mein* ist diese Schuld!
> *Ich* habe dich, *ich* dich getötet, o ich Armer!
> Ja, *ich,* ich spreche wahr! – Ich! ihr Diener!
> Schafft eiligst mich, schafft mich aus dem Wege!
> Mich, der nicht mehr nun ist als nichts!
>
> Führt mich hinweg, den eitlen Mann,
> Der dich, o Sohn, ungewollt getötet
> Und dich auch wieder, diese da! O mir! ich Armer!
> Und ich weiß nicht, wie soll ich auf *dich,*
> Wie auf *dich* blicken?
> Alles verquer, was ich in Händen halte,
> Von dort aber ist aufs Haupt mir
> Ein unbewältigbar Geschick hereingesprungen!«
> (Sophokles, 1968, S. 116f.)

Wir sind nun in der Lage, die anfangs gestellten Fragen zu beantworten. Geht es im Ödipusmythos – so wie er in der Trilogie des Sophokles dargestellt ist – um das Verbrechen des Inzests? Ist der Vatermord der symbolische Ausdruck eines aus Eifersucht entstandenen Hasses? Wenn auch die Antwort am Ende von *König Ödipus* noch zweifelhaft ist, so ist sie das doch kaum mehr am Ende von *Antigone*. Nicht Ödipus, sondern Kreon ist am Ende besiegt und mit ihm das Prinzip des Autoritären, der Herrschaft des Menschen über den Menschen, der Herrschaft des Vaters über seinen Sohn und der Herrschaft des Diktators über das Volk. Wenn wir der Theorie von den matriarchalischen Formen von Gesellschaft und Religion zustimmen, dann besteht kaum noch ein Zweifel, daß Ödipus, Haimon und Antigone Repräsentanten des alten Prinzips des Matriarchats, des Prinzips von Gleichheit und Demokratie sind, während Kreon die patriarchalische Herrschaft und den Gehorsam repräsentiert.

Kein geringerer Denker als Hegel hat den in *Antigone* geschilderten Konflikt schon viele Jahre vor Bachofen in der gleichen Weise interpretiert. Von Antigone sagt er: »Die Götter aber, die sie verehrt, sind die unteren Götter des Hades..., die inneren der Empfindung der Liebe, des Bluts, nicht die Tagesgötter des freien, selbstbewußten Volks- und Staatslebens« (G. W. F. Hegel, *Ästhetik II,* Band 13, S. 52; vgl. auch *Philosophie der Religion,* Band 16, S. 133). Hegel steht mit dieser Stellungnahme so sehr auf seiten des Staates und seiner Gesetze, daß er Kreons Ansicht als die des »freien, selbstbewußten Volks- und Staatslebens« bezeichnet, und dies trotz der unleugbaren Tatsache, daß Kreon nicht die Freiheit, sondern die Diktatur repräsentiert. Angesichts dieser einseitigen Sympathie Hegels ist es um so bedeutsamer, daß er so klar feststellt, daß Antigone die Prinzipien der Liebe, des Blutes und des Gefühls repräsentiert, die später Bachofen als die charakteristischen Prinzipien der matriarchalischen Welt bezeichnete. Aber während Hegels Sympathie für die patriarchalischen Prinzipien nicht weiter verwunderlich ist, erwartet man nicht, sie auch in Bachofens Schriften vorzufinden. Und dennoch ist Bachofens eigene Einstellung zur matriarchalischen Gesellschaft recht ambivalent. Offenbar hat er das Matriarchat geschätzt und die patriarchalischen Prinzipien gehaßt, aber da er ein frommer Protestant war und an den Fortschritt der Vernunft glaubte, war er auch von der Überlegenheit des Patriarchats über das Matriarchat überzeugt. In einem großen Teil seiner Schriften verleiht er seiner Sympathie für das matriarchalische Prinzip Ausdruck. An anderen Stellen (und das gilt auch für seine kurze Interpretation des Ödipusmythos, vgl. J. J. Bachofen, 1926, S. 259ff.) stellt er sich genau wie Hegel auf die Seite der Olympischen Götter. Für ihn steht Ödipus an der Grenze zwischen der matriarchalischen und der patriarchalischen Welt. Die Tatsache, daß er seinen Vater nicht kennt, weist auf eine matriarchalische Ordnung hin, bei der nur die Mutter, nicht aber der Vater sicher bekannt ist. Aber die Tatsache, daß er schließlich seinen richtigen Vater entdeckt, bezeichnet nach Bachofen den Beginn der patriarchalischen Ordnung, in welcher der wahre Vater bekannt ist. Er sagt: »An Oedipus erst knüpft sich der Fortschritt zu einer höhern Stufe des Daseins. Er ist eine jener großen Gestalten, deren Leiden und Qual zu schönerer menschlicher Gesittung führen, die, selbst noch auf dem alten Zustand der Dinge ruhend und aus ihm hervorgegangen, als letztes großes Opfer desselben, dadurch aber zugleich als Begründer einer neuen Zeit dastehen.« (A.a.O., S. 266.) Bachofen hebt die Tatsache besonders hervor, daß die gefürchteten Muttergottheiten, die Erynnien, sich der apollinischen Welt untergeordnet haben und daß die Beziehung zwischen ihnen und Ödipus den Sieg des patriarchalischen Prinzips bedeutet. Bachofens Interpretation scheint mir dem Umstand nicht gerecht zu werden, daß Kreon, obwohl er als einziger Überlebender den Sieg der patriarchalischen Welt symbolisiert, doch der moralisch Besiegte ist. Man darf wohl annehmen, daß Sophokles damit sagen wollte, daß die patriarchalische Welt zwar triumphierte, daß sie aber unterliegen werde, wenn sie nicht die humanistischen Prinzipien der älteren matriarchalischen Ordnung übernehmen würde.

Unsere Interpretation bedarf jedoch noch einer Ergänzung durch eine andere Erwägung. Wenn auch im Konflikt zwischen Ödipus, Antigone und Haimon einerseits und Kreon andererseits die Erinnerung an den Konflikt zwischen dem patriarchalischen und dem matriarchalischen Prinzip und insbesondere an seine mythischen Elemente weiterlebt, so ist er doch auch aus der besonderen politischen und kulturellen Situation zur Zeit des Sophokles und aus seinen Reaktionen darauf zu verstehen.

Der Peloponnesische Krieg, die Bedrohung der politischen Unabhängigkeit Athens und die Pest, welche die Stadt zu Beginn des Kriegs heimsuchte, trugen dazu bei, die alten religiösen und philosophischen Traditionen zu erschüttern. Angriffe auf die Religion waren zwar nichts Neues, aber sie erreichten in den Lehren der Sophisten, welche Gegner des Sophokles waren, einen Höhepunkt. Er bekämpfte besonders jene Sophisten, die nicht nur den Despotismus einer intellektuellen Elite proklamierten, sondern auch eine hemmungslose Selbstsucht als moralisches Prinzip vertraten. Die von dieser Gruppe der Sophisten verkündete Ethik egoistischer Übermenschen und ihr amoralischer Opportunismus war das absolute Gegenteil von Sophokles' Philosophie. In

Kreon hat Sophokles eine Gestalt geschaffen, die diese Sophistenschule repräsentierte, und Kreons Reden glichen sogar in Stil und Ausdrucksweise denen der Sophisten. (Vgl. Kallikles in Platons *Gorgias* und Thrasymachos in Platons *Staat*.)

In seinen Argumenten gegen die Sophisten verlieh Sophokles der alten religiösen Tradition des Volkes neuen Ausdruck, die den Nachdruck auf Liebe, Gleichheit und Gerechtigkeit legte. »Aus allen diesen Dingen ergibt sich, daß die Religiosität des Sophokles keinerlei abstrakt-philosophische Färbung trägt, sondern ähnlich wie die des Pindaros tief im Kultischen steckt, daß sie sich mit Vorliebe abseits der großen Heerstraße der Staatsreligion betätigt und sich jenen hilfreichen Mächten zweiter Ordnung anvertraut, die dem Volksglauben immer näher standen als die vornehmen Olympier und an die man sich besonders in der Not des Peloponnesischen Krieges bei Hunger und Seuche gehalten haben mag« (W. Schmid, 1934, S. 320). In diesen Mächten zweiter Ordnung, die sich von den vornehmen Olympiern unterschieden, sind leicht die Göttinnen der matriarchalischen Welt wiederzuerkennen.

Wir sehen also, daß Sophokles' Ansichten, wie sie in seiner Ödipus-Trilogie zum Ausdruck kommen, sowohl seine Opposition gegen den zeitgenössischen Sophismus als auch seine Sympathie für die alten, nichtolympischen religiösen Ideen zugrunde liegt. (Es ist ineressant festzustellen, daß die gleiche Mischung aus progressiven politischen Ideen und einer Sympathie für die mythisch-matriarchalischen Grundsätze im neunzehnten Jahrhundert im Werk von Bachofen, Engels und Morgan wieder auftaucht. – Vgl. meine Erörterungen in E. Fromm, 1934a.) Aus beiden Gründen vertritt Sophokles den Grundsatz, daß die Würde des Menschen und die Heiligkeit menschlicher Bindungen niemals unmenschlichen und autoritären Ansprüchen des Staates oder opportunistischen Erwägungen untergeordnet werden dürfen. (Vgl. auch W. Nestle, 1910. – Das Problem der Feindschaft zwischen Vater und Sohn war auch im persönlichen Leben des Dichters von Bedeutung. Sein Sohn Jophon verklagte seinen betagten Vater und verlangte, daß ihm das Gericht das Recht entzöge, seine geschäftlichen Angelegenheiten selbst wahrzunehmen – ein Prozeß, den Sophokles gewann.)

b) Der Schöpfungsmythos

Der babylonische Schöpfungsmythos *(Enuma Elish)* berichtet von einer siegreichen Rebellion der männlichen Gottheiten gegen Tiamat, die Große Mutter, die das Weltall regierte. Sie schließen ein Bündnis gegen sie und wählen Marduk zu ihrem Führer in diesem Kampf. Nach einem erbitterten Krieg wird Tiamat getötet, aus ihrem Körper werden Himmel und Erde gebildet, und Marduk herrscht als oberster Gott.
Bevor er jedoch zum obersten Herrscher erwählt wird, muß Marduk eine Prüfung bestehen, die im Kontext der gesamten Geschichte unwichtig und rätselhaft erscheint, die aber – wie ich zu zeigen versuche – der Schlüssel zum Verständnis des Mythos ist. Die Prüfung wird folgendermaßen geschildert:

»Dann legten sie ein Kleid in ihre Mitte;
Zu Marduk, ihrem Erstgeborenen, sagten sie:
›Fürwahr, o Herr, dein Schicksal ist das erhabenste unter den
  Göttern,
Befiehl, zu vernichten und zu erschaffen,
  und es soll geschehen!
Durch deines Mundes Wort lasse das Kleid vernichten;
Befiehl noch einmal und laß das Kleid wieder ganz werden!‹
Mit seinem Munde gab er den Befehl,
  und das Kleid ward zerstört.
Und wieder befahl er,
  und das Kleid ward wiederhergestellt.
Als die Götter, seine Väter, die Macht seines Wortes sahen,
Da freuten sie sich, erwiesen ihm die Ehre und sagten:
›Marduk ist König!‹« (Enuma Elish, Tafel IV)

Was bedeutet diese Prüfung? Klingt der Text nicht eher wie ein nichtssagender Zauber als wie eine entscheidende Prüfung, die darüber bestimmen soll, ob Marduk in der Lage sein wird, Tiamat zu besiegen?
Um die Bedeutung der Prüfung zu verstehen, müssen wir uns ins Gedächtnis zurückrufen, was bei der Erörterung des Ödipus-Mythos über das Problem des Matriarchats gesagt wurde. Zweifellos geht es in dem babylonischen Mythos um den Konflikt zwischen dem patriarchalischen

und dem matriarchalischen Prinzip der gesellschaftlichen Ordnung und der Religion. Die männlichen Söhne wollen der Großen Mutter die Herrschaft entreißen. Aber wie können sie sie besiegen, wenn sie ihr in einem wesentlichen Aspekt unterlegen sind? Frauen besitzen die natürliche Schöpferkraft, sie können Kinder gebären. Die Männer sind in dieser Beziehung unfruchtbar. (Daß der männliche Samen für die Entstehung des Kindes ebenso unentbehrlich ist wie das weibliche Ei, ist zwar unbestreitbar, aber diese Erkenntnis ist mehr eine wissenschaftliche Feststellung als eine offen vor Augen liegende Tatsache, wie es die Schwangerschaft oder die Geburt eines Kindes ist. Außerdem ist die Rolle des Vaters bei der Entstehung des Kindes mit dem Zeugungsakt beendet, während die Rolle der Mutter mit dem Austragen des Kindes, seiner Geburt und Ernährung erst beginnt.) Im völligen Gegensatz zu Freuds Annahme, der »Penisneid« sei eine natürliche Erscheinung in der Konstitution der weiblichen Psyche, bestehen gute Gründe für die Annahme, daß vor der Errichtung der Vorherrschaft des Mannes bei ihm ein »Gebärneid« existierte, den man sogar noch heute in vielen Fällen antreffen kann. Um seine Mutter zu besiegen, muß der Mann den Beweis erbringen, daß er ihr nicht unterlegen ist, daß auch er etwas hervorbringen kann. Da er mit seinem Leib nichts erzeugen kann, muß er es auf andere Weise tun: Er produziert etwas mit seinem Mund, seinem Wort, seinem Denken. Das also ist der Sinn der Prüfung: Marduk kann Tiamat nur besiegen, wenn er beweist, daß auch er etwas erschaffen kann, wenn auch auf andere Weise. Die Prüfung führt uns den tiefen Antagonismus zwischen Mann und Frau vor Augen, auf dem der Kampf zwischen Tiamat und Marduk und der Kampf zwischen den beiden Geschlechtern im allgemeinen beruht. Marduk begründet mit seinem Sieg die Vorherrschaft der Männer, die natürliche Produktivität der Frauen wird damit entwertet, und der Mann tritt seine Herrschaft an, die auf seiner Fähigkeit beruht, durch die Macht seines Denkens etwas hervorzubringen, jene Erzeugungsform, welche der Entwicklung der menschlichen Kultur zugrunde liegt.

Der biblische Mythos beginnt dort, wo der babylonische endet. Die Oberherrschaft eines männlichen Gottes ist errichtet, und von der früheren matriarchalischen Stufe ist kaum noch eine Spur geblieben. Marduks »Prüfung« ist zum Hauptthema der biblischen Schöpfungsge-

schichte geworden. Gott erschafft die Welt durch sein Wort; die Frau und ihre schöpferischen Kräfte sind dazu nicht mehr notwendig. Selbst der natürliche Verlauf der Dinge, daß die Frau Männer gebiert, ist umgekehrt. Eva wird aus Adams Rippe erschaffen (so wie Athene aus dem Haupt des Zeus entspringt). Aber ganz ist die Erinnerung an die matriarchalische Herrschaft noch nicht erloschen. In der Gestalt der Eva sehen wir die dem Mann überlegene Frau. Sie ergreift die Initiative und ißt von der verbotenen Frucht. Sie berät sich nicht zuvor mit Adam, sondern gibt ihm einfach die Frucht zu essen, und als sie entdeckt werden, weiß er nur ziemlich ungeschickte und ungeeignete Entschuldigungen vorzubringen. Erst nach dem Sündenfall ist seine dominierende Stellung fest begründet. Gott sagt zu Eva: »Dennoch verlangt dich nach dem Mann, doch er wird über dich herrschen« (Gen 3,16). Diese Errichtung der Oberherrschaft des Mannes weist auf eine frühere Situation hin, in der er noch nicht herrschte. Nur hierin und in der völligen Negierung der produktiven Rolle der Frau können wir Spuren einer darunter verborgenen dominierenden Rolle der Mutter erkennen, welche noch ein Bestandteil des manifesten Textes des babylonischen Mythos ist.
Dieser Mythos ist ein gutes Beispiel für die Entstellungsmechanismen und die Zensur, die in Freuds Deutung der Träume und Mythen eine so große Rolle spielen. Im biblischen Mythos sind noch Erinnerungen an ältere gesellschaftliche und religiöse Grundsätze enthalten. Aber als die uns heute bekannte Fassung entstand, standen diese älteren Grundsätze in einem solchen Gegensatz zu den herrschenden Ansichten, daß man sie nicht mehr offen ausdrücken konnte. Und heute erkennen wir Spuren des früheren Systems nur noch in kleinen Einzelheiten (Die babylonische Tiamat erscheint in der biblischen Geschichte vermutlich als »Tehom«, als »Urflut«, über der »Finsternis lag« – Gen 1,2), in übertriebenen Reaktionen und Ungereimtheiten und in Zusammenhängen zwischen dem späteren Mythos und älteren Varianten des gleichen Themas.

c) Rotkäppchen

Rotkäppchen ist ein gutes Beispiel für Freuds Ansichten und bietet gleichzeitig eine Variation des Themas des männlich-weiblichen Konflikts, dem wir in der Ödipus-Trilogie und im Schöpfungsmythos begegneten. Das Märchen lautet folgendermaßen:

»Es war einmal eine kleine, süße Dirne, die hatte jedermann lieb, der sie nur ansah, am allerliebsten aber ihre Großmutter, die wußte gar nicht, was sie alles dem Kinde geben sollte. Einmal schenkte sie ihm ein *Käppchen von rotem Sammet,* und weil ihm das so wohl stand und es nichts anderes mehr tragen wollte, hieß es nur das Rotkäppchen. Eines Tages sprach seine Mutter zu ihm: ›Komm, Rotkäppchen, da hast du ein Stück Kuchen und eine Flasche Wein, bring das der Großmutter hinaus; sie ist krank und schwach und wird sich daran laben. Mach dich auf, bevor es heiß wird, und wenn du hinauskommst, so geh hübsch sittsam und lauf nicht vom Weg ab, sonst fällst du und zerbrichst das Glas, und die Großmutter hat nichts. Und wenn du in ihre Stube kommst, so vergiß nicht, guten Morgen zu sagen, und guck nicht erst in alle Ecken herum.‹
›Ich will schon alles gut machen‹, sagte Rotkäppchen zur Mutter und gab ihr die Hand darauf. Die Großmutter aber wohnte draußen im Wald, eine halbe Stunde vom Dorf. Wie nun Rotkäppchen in den Wald kam, begegnete ihm der Wolf. Rotkäppchen aber wußte nicht, was das für ein böses Tier war, und fürchtete sich nicht vor ihm. ›Guten Tag, Rotkäppchen‹, sprach er. – ›Schönen Dank, Wolf.‹ – ›Wohinaus so früh, Rotkäppchen?‹ – ›Zur Großmutter.‹ – ›Was trägst du unter der Schürze?‹ – ›Kuchen und Wein; gestern haben wir gebacken, da soll sich die kranke Großmutter etwas zugut tun und sich damit stärken.‹ – ›Rotkäppchen, wo wohnt deine Großmutter?‹ – ›Noch eine gute Viertelstunde weiter im Wald, unter den drei großen Eichbäumen da steht ihr Haus, unten sind die Nußhecken, das wirst du ja wissen‹, sagte Rotkäppchen. Der Wolf dachte bei sich: ›Das junge, zarte Ding, das ist ein fetter Bissen, der wird noch besser schmecken als die Alte, du mußt es listig anfangen, damit du beide erschnappst.‹ Da ging er ein Weilchen neben Rotkäppchen her, dann sprach er: ›Rotkäppchen, sieh einmal die schönen Blumen, die ringsumher stehen, warum guckst du dich nicht um? Ich glaube, du hörst gar nicht, wie die Vöglein so lieblich singen? Du gehst ja für dich hin, als wenn du zur Schule gingst, und ist so lustig haußen in dem Wald.‹
Rotkäppchen schlug die Augen auf, und als es sah, wie die Sonnenstrahlen durch die Bäume hin und her tanzten und alles voll schöner Blumen stand, dachte es: ›Wenn ich der Großmutter einen frischen Strauß mitbringe, der wird ihr auch Freude machen; es ist so früh am Tag, daß ich doch zu rechter Zeit ankomme‹, lief vom Wege ab in den Wald hinein und suchte Blumen. Und wenn es eine gebrochen hatte, meinte es, weiter hinaus stände eine schönere, und lief darnach und geriet immer tiefer in den Wald hinein. Der Wolf aber ging geradewegs nach dem Haus der Großmutter und klopfte an die Türe. ›Wer ist draußen?‹ – ›Rotkäppchen, das bringt Kuchen und Wein, mach auf.‹ – ›Drück nur auf die Klinke‹, rief die Großmutter, ›ich bin zu schwach und kann nicht aufstehen.‹ Der Wolf

drückte auf die Klinke, die Tür sprang auf, und er ging, ohne ein Wort zu sprechen, gerade zum Bett der Großmutter und verschluckte sie... Dann tat er ihre Kleider an, setzte ihre Haube auf, legte sich in ihr Bett und zog die Vorhänge vor.
Rotkäppchen aber war nach den Blumen herumgelaufen, und als es so viel zusammen hatte, daß es keine mehr tragen konnte, fiel ihm die Großmutter wieder ein, und es machte sich auf den Weg zu ihr. Es wunderte sich, daß die Tür aufstand, und wie es in die Stube trat, so kam es ihm so seltsam darin vor, daß es dachte: ›Ei, du mein Gott, wie ängstlich wird mir's heute zumute, und bin sonst gerne bei der Großmutter!‹ Es rief: ›Guten Morgen‹, bekam aber keine Antwort. Darauf ging es zum Bett und zog die Vorhänge zurück: da lag die Großmutter und hatte die Haube tief ins Gesicht gesetzt und sah wunderlich aus. ›Ei, Großmutter, was hast du für große Ohren!‹ – ›Daß ich dich besser hören kann.‹ – ›Ei, Großmutter, was hast du für große Augen!‹ – ›Daß ich dich besser sehen kann.‹ – ›Ei, Großmutter, was hast du für große Hände!‹ – ›Daß ich dich besser packen kann.‹ – ›Aber, Großmutter, was hast du für ein entsetzlich großes Maul!‹ – ›Daß ich dich besser fressen kann.‹ Kaum hatte der Wolf das gesagt, so tat er einen Satz aus dem Bette und verschlang das arme Rotkäppchen.
Wie der Wolf sein Gelüsten gestillt hatte, legte er sich wieder ins Bett, schlief ein und fing an, überlaut zu schnarchen. Der Jäger ging eben an dem Haus vorbei und dachte: ›Wie die alte Frau schnarcht, du mußt doch sehen, ob ihr etwas fehlt.‹ Da trat er in die Stube, und wie er vor das Bette kam, so sah er, daß der Wolf darin lag. ›Finde ich dich hier, du alter Sünder‹, sagte er, ›ich habe dich lange gesucht.‹ Nun wollte er seine Büchse anlegen, da fiel ihm ein, der Wolf könnte die Großmutter gefressen haben und sie wäre noch zu retten; schoß nicht, sondern nahm eine Schere und fing an, dem schlafenden Wolf den Bauch aufzuschneiden. Wie er ein paar Schnitte getan hatte, da sah er das rote Käppchen leuchten, und noch ein paar Schnitte, da sprang das Mädchen heraus und rief: ›Ach, wie war ich erschrocken, wie war's so dunkel in dem Wolf seinem Leib!‹ Und dann kam die alte Großmutter auch noch lebendig heraus und konnte kaum atmen. Rotkäppchen aber holte geschwind große Steine, damit füllten sie dem Wolf den Leib, und wie er aufwachte, wollte er fortspringen, aber die Steine waren so schwer, daß er gleich niedersank und sich totfiel.
Da waren alle drei vergnügt; der Jäger zog dem Wolf den Pelz ab und ging damit heim, die Großmutter aß den Kuchen und trank den Wein, den Rotkäppchen gebracht hatte, und erholte sich wieder, Rotkäppchen aber dachte: ›du willst dein Lebtag nicht wieder allein vom Wege ab in den Wald laufen, wenn dir's die Mutter verboten hat‹« (Urfassung der Brüder Grimm).

Das »Rotkäppchen« ist ein Symbol der Menstruation. Das kleine Mädchen, von dessen Abenteuer wir hören, ist eine reife Frau geworden und sieht sich jetzt mit ihrer Sexualität konfrontiert.

Die Warnung, »nicht vom Weg abzugehen« und »das Glas nicht zu zerbrechen«, ist eine deutliche Warnung vor den Gefahren der Sexualität und dem Verlust der Jungfräulichkeit.

Das sexuelle Begehren des Wolfs wird durch den Anblick des Mädchens geweckt, und er versucht es zu verführen, indem er zu ihm sagt: »Sieh einmal die schönen Blumen, die ringsumher stehen, warum guckst du dich nicht um? Ich glaube, du hörst gar nicht, wie die Vöglein so lieblich singen?« Rotkäppchen »schlug die Augen auf«. Es befolgte den Rat des Wolfs und »geriet immer tiefer in den Wald hinein«. Dabei bedient es sich einer bezeichnenden Rationalisierung: Um sich selbst davon zu überzeugen, daß es nichts Unrechtes tut, sagt es sich, die Großmutter würde sich über die Blumen freuen, die es ihr mitbringen könnte.

Aber dieses Abweichen vom geraden Weg der Tugend wird schwer bestraft. Der Wolf verkleidet sich als Großmutter und verschlingt das unschuldige Rotkäppchen. Als er seinen Appetit gestillt hat, schläft er ein.

Soweit scheint das Märchen nur von dem einen moralisierenden Thema zu handeln, der Gefahr der Sexualität. Aber es ist komplizierter. Welche Rolle spielt darin der Mann, und wie wird die Sexualität dargestellt?

Der Mann wird als rücksichtsloses, listiges Tier und der Geschlechtsakt als kannibalische Handlung geschildert, bei der der Mann die Frau verschlingt. Frauen, die Männer lieben und sich an der Sexualität erfreuen, teilen diese Ansicht nicht. Sie ist Ausdruck einer tiefen Feindseligkeit gegen die Männer und die Sexualität. Aber der Haß und das Vorurteil gegen die Männer treten am Schluß der Geschichte nur deutlicher hervor. Auch hier – wie beim babylonischen Mythos – müssen wir uns daran erinnern, daß die Überlegenheit der Frau darin besteht, daß sie Kinder gebären kann. Und wie wird der Wolf lächerlich gemacht? Indem geschildert wird, wie er versucht, die Rolle einer schwangeren Frau zu spielen, die lebendige Wesen in ihrem Leib hat. Rotkäppchen steckt Steine, das Symbol der Unfruchtbarkeit, in seinen Bauch, und der Wolf bricht zusammen und stirbt. Nach dem alten Gesetz der Vergeltung wird seine Tat dem Verbrechen entsprechend bestraft: er wird von den Steinen, dem Symbol der Unfruchtbarkeit, getötet, womit seine Anmaßung, die Rolle einer schwangeren Frau zu spielen, verspottet wird.

Dieses Märchen, dessen Hauptfiguren Frauen aus drei Generationen sind (der Jäger am Ende ist eine konventionelle Vaterfigur ohne wirkliches Gewicht), handelt von dem Konflikt zwischen Mann und Frau; es ist die Geschichte vom Triumph Männer hassender Frauen und endet mit deren Sieg. Es ist das genaue Gegenteil des Ödipus-Mythos, in dem der Mann als Sieger aus diesem Kampf hervorgeht.

d) Das Sabbatritual

Die Symbole, mit denen wir uns bisher beschäftigt haben, sind bildhafte Vorstellungen oder Worte, welche eine Idee, ein Gefühl oder einen Gedanken repräsentieren. Aber es gibt noch eine andere Art von Symbolen, deren Bedeutung in der Geschichte der Menschheit kaum geringer ist als die jener, die in Träumen, Mythen oder Märchen vorkommen. Ich meine das symbolische Ritual, bei dem eine Handlung, und nicht ein Wort oder Bild ein inneres Erlebnis repräsentiert. Im täglichen Leben gebrauchen wir alle solche symbolischen Rituale. Wenn wir als Zeichen unseres Respekts den Hut ziehen, wenn wir als Zeichen unserer Ehrerbietung den Kopf neigen, wenn wir jemanden die Hand schütteln, um damit unseren freundschaftlichen Gefühlen Ausdruck zu verleihen – dann bedienen wir uns keines sprachlichen Symbols, sondern wir führen eine symbolische Handlung aus. Symbole wie die eben erwähnten sind einfach und leicht zu verstehen, genauso wie manche Träume jedem ohne weiteres klar sind. Es gibt auch viele religiöse Symbole, die ohne Schwierigkeit zu verstehen sind, wie zum Beispiel die alte hebräische Sitte, als Zeichen der Trauer seine Kleider zu zerreißen. Andererseits gibt es viele andere Rituale, wie zum Beispiel das Sabbatritual, die genauso kompliziert sind wie die Symbolsprache vieler Träume und Mythen und die ebenfalls der Deutung bedürfen.

Die Vorschriften für die Einhaltung des Sabbats nehmen im Alten Testament einen hervorragenden Platz ein. Tatsächlich handelt es sich dabei um das einzige Ritual, das in den Zehn Geboten erwähnt ist. »Denk an den Sabbat: Halte ihn heilig! Sechs Tage darfst du schaffen und jede Arbeit tun; der siebte Tag ist ein Ruhetag, dem Herrn, deinem Gott geweiht. An ihm darfst du keine Arbeit tun: du, dein Sohn und deine Tochter, dein Sklave und deine Sklavin, dein Vieh und der Fremde, der in deinen Stadtbereichen Wohnrecht hat. Denn in sechs Tagen hat der

Herr Himmel, Erde und Meer gemacht und alles, was dazugehört; am siebten Tag ruhte er. Darum hat der Herr den Sabbattag gesegnet und ihn für heilig erkärt« (Ex 20,8–11). In der zweiten Version der Zehn Gebote (Dtn 5,12–15) wird die Einhaltung des Sabbats erneut befohlen, wenn auch hier nicht auf Gottes Ruhe am siebten Tag, sondern auf den Auszug aus Ägypten Bezug genommen wird: »Denk daran: Als du in Ägypten Sklave warst, hat dich der Herr, dein Gott, mit starker Hand und hocherhobenem Arm dort herausgeführt. Darum hat es dir der Herr, dein Gott, zur Pflicht gemacht, den Sabbat zu halten« (Dtn 5,15).
Dem modernen Menschen erscheint die Einrichtung des Sabbats recht einleuchtend. Daß man sich an einem Tag der Woche von seiner Arbeit ausruhen sollte, kommt uns als eine selbstverständliche sozialhygienische Maßnahme vor, die den Zweck hat, uns die körperliche und geistige Ruhe und Entspannung zu verschaffen, die wir brauchen, um von der täglichen Arbeit nicht verschlungen zu werden. Zweifellos stimmt diese Erklärung so weit, wie sie reicht, doch beantwortet sie einige Fragen nicht, die sich erheben, wenn wir uns das Sabbatgebot der Bibel und speziell das Sabbatritual, wie es sich in der nachbiblischen Überlieferung herausgebildet hat, etwas näher ansehen.
Weshalb ist dieses sozialhygienische Gesetz so wichtig, daß es unter die Zehn Gebote aufgenommen wurde, die doch sonst nur grundlegende religiöse und ethische Prinzipien festlegen? Weshalb wird es mit Gottes »Ruhen« am siebten Tag in Zuammenhang gebracht, und was bedeutet es, daß Gott »ruhte«? Ist die Gottesvorstellung so anthropomorph, daß er sich nach sechs Tagen harter Arbeit ausruhen muß? Weshalb wird der Sabbat in der zweiten Version der Zehn Gebote mit Freiheit und nicht mit Gottes Ruhen in Verbindung gebracht? Welchen gemeinsamen Nenner haben die beiden Erklärungen? Ferner – und das ist vielleicht die wichtigste Frage – wie können wir uns das komplizierte Sabbatritual erklären, wenn wir uns an die sozialhygienische Interpretation des Ruhens halten? Im Alten Testament gilt ein Mann, der »am Sabbat Holz sammelt« als Sabbatschänder und wird mit dem Tode bestraft (Num 15,32f.). In der späteren Entwicklung ist nicht nur die Arbeit in unserem heutigen Sinne verboten, sondern auch Beschäftigungen wie die folgenden: Feuer anzuzünden, auch dann, wenn es der Behaglichkeit dient und keine körperliche Anstrengung erfordert; auch nur einen einzigen Gras-

halm aus der Erde zu ziehen; irgend etwas zu tragen, und wenn es so leicht wäre wie ein Taschentuch. Bei all dem handelt es sich nicht um Arbeit im Sinne einer körperlichen Anstrengung; ihre Vermeidung ist oft lästiger und unbequemer, als es ihre Durchführung wäre. Haben wir es hier mit ausgefallenen und zwanghaften Übertreibungen eines ursprünglich »vernünftigen« Rituals zu tun, oder verstehen wir dieses Ritual vielleicht falsch und sollten wir unsere Auffassung revidieren?

Eine ausführliche Analyse der symbolischen Bedeutung des Sabbatrituals wird zeigen, daß wir es nicht mit einer zwanghaft übersteigerten Einhaltung eines Gebots, sondern mit einer Auffassung von Arbeit und Ruhe zu tun haben, die sich von unserer modernen Auffassung unterscheidet.

Zunächst faßt die Bibel und später der Talmud Arbeit nicht als körperliche Anstrengung auf, sondern die Definition lautet etwa: *»Arbeit« ist jedes Eingreifen des Menschen – sei es konstruktiv oder destruktiv – in die physische Welt. »Ruhe« ist ein Zustand des Friedens zwischen Mensch und Natur.* Der Mensch muß die Natur unberührt lassen, er darf sie in keiner Weise verändern, indem er etwas darin neu errichtet oder auch zerstört. Selbst die kleinste Veränderung, die der Mensch im Naturgeschehen vornimmt, stellt eine Verletzung der Ruhe dar. Der Sabbat ist der Tag vollkommener Harmonie zwischen Mensch und Natur. »Arbeit« ist jede Art von Störung des Gleichgewichts zwischen Mensch und Natur. Aufgrund dieser allgemeinen Definition können wir das Sabbatritual verstehen.

Jede schwere Arbeit – wie Pflügen oder Bauen – ist Arbeit in diesem wie auch in unserem modernen Sinne. Aber ein Streichholz anzünden oder einen Grashalm aus der Erde ziehen, das erfordert zwar keine Anstrengung, aber beides ist ein Symbol für das Eingreifen des Menschen in den Naturablauf, es stellt einen Bruch des Friedens zwischen Mensch und Natur dar. Dieses Prinzip erklärt uns, warum der Talmud verbietet, irgend etwas, und sei es auch noch so leicht, mit sich zu tragen. An sich ist das Tragen nicht verboten. So darf ich zum Beispiel innerhalb meines eigenen Hauses oder Grundstücks eine schwere Last tragen, ohne daß ich damit das Sabbatgebot verletzte. Aber ich darf nicht einmal ein Taschentuch von einem Bereich in einen anderen bringen – zum Beispiel aus einer Wohnung in den öffentlichen Bereich der Straße. Dieses Gebot stellt eine Ausweitung der Idee des Friedens vom sozialen Bereich auf den Bereich der Natur dar. Der Mensch darf nicht in das Gleichgewicht der Natur eingreifen oder es verändern, genausowenig wie er das soziale Gleichgewicht ändern darf. Das bedeutet nicht nur, daß er keine Geschäfte betreiben darf, sondern daß er auch die einfachste Form der Übertragung von Besitz, nämlich seine Beförderung von einem Bereich in einen anderen, vermeiden muß.

Der Sabbat symbolisiert einen Zustand der Einheit zwischen Mensch und Natur und zwischen Mensch und Mensch. Indem man nicht arbeitet – d. h., indem man an dem Prozeß von Veränderungen in der Natur und in der Gesellschaft nicht teilnimmt – ist man frei von den Fesseln der Zeit, wenn auch nur an einem Tag der Woche.

Die volle Bedeutung dieser Idee läßt sich nur im Kontext der biblischen Auffassung von der Beziehung zwischen Mensch und Natur verstehen. Vor Adams »Fall« – d. h., bevor der Mensch Vernunft besaß – lebte er in voller Harmonie mit der Natur; der erste Akt des Ungehorsams, der zugleich der Beginn der menschlichen Freiheit ist, »öffnet ihm die Augen«, so daß er jetzt weiß, was gut und böse ist, daß er sich seiner selbst und seiner Mitmenschen bewußt wird, die alle gleich und doch jeder etwas Einzigartiges sind, verbunden durch die Bande der Liebe und doch allein. Die Menschheitsgeschichte hat begonnen. Der Mensch wird wegen seines Ungehorsams von Gott verflucht. Worin besteht dieser Fluch? Feindschaft und Kampf wird verkündet zwischen Mensch und Tier (»Feindschaft stifte ich zwischen dir [der Schlange] und der Frau, zwischen deinem Nachwuchs und ihrem Nachwuchs. Er trifft dich am Kopf, und du triffst ihn an der Ferse« – Gen 3,15), zwischen Mensch und Ackerboden (»So ist verflucht der Ackerboden deinetwegen. Unter Mühsal wirst du von ihm essen alle Tage deines Lebens. Dornen und Disteln läßt er dir wachsen, und die Pflanzen des Feldes mußt du essen. Mit Schweiß im Gesicht wirst du dein Brot essen, bis zu zurückkehrst zum Ackerboden« – Gen 3,17–19), zwischen Mann und Frau (»Dennoch verlangt dich nach dem Mann, doch er wird über dich herrschen« – Gen 3,16), zwischen der Frau und ihrer eigenen natürlichen Funktion (»Unter Schmerzen gebierst du Kinder« – Gen 3,16). An die Stelle der ursprünglichen vor-individuellen Harmonie ist Streit und Kampf getreten. (Vgl. E. Fromm, 1941a.)

Was also ist – in prophetischer Sicht – das Ziel des Menschen? Sein Ziel ist, wieder in Frieden und Harmonie mit seinen Mitmenschen, mit den Tieren und dem Boden zu leben. Die neue Harmonie unterscheidet sich von der des Paradieses. Sie ist nur zu erreichen, wenn der Mensch sich voll entwickelt, um wahrhaft menschlich zu werden, wenn er die Wahrheit erkennt und Gerechtigkeit übt, wenn er die Kraft seiner Vernunft soweit entwickelt, daß er von menschlichen Fesseln und von den Fesseln irrationaler Leidenschaften frei wird. In den Verkündigungen der Propheten finden wir unzählige Symbole für diese Idee. Die Erde ist wieder unbegrenzt fruchtbar, Schwerter werden in Pflugscharen verwandelt, Löwe und Lamm werden in Frieden miteinander leben, es wird keinen Krieg mehr geben, die Frauen werden ihre Kinder ohne Schmerzen gebären (Talmud), die ganze Menschheit wird in Wahrheit und Liebe vereint sein. Diese neue Harmonie, deren Erreichung das Ziel des geschichtlichen Prozesses ist, wird symbolisiert durch die Gestalt des Messias.

Jetzt können wir die Bedeutung des Sabbatrituals voll verstehen. Der Sabbat ist die Vorwegnahme der messianischen Zeit, wie auch die messianische Epoche als die Zeit des »ewigen Sabbat« bezeichnet wird. Tatsächlich ist aber der Sabbat nicht nur die symbolische Vorwegnahme der messianischen Zeit, er wird auch als ihr realer Vorläufer angesehen. Wie es im Talmud (Sabbat 118a) heißt: »Wenn ganz Israel nur ein einziges Mal zwei Sabbate (nacheinander) voll und ganz einhalten würde, so wäre der Messias da.«

Ruhen und nicht arbeiten hat demnach eine andere Bedeutung als unsere moderne »Entspannung«. Im Zustand der Ruhe nimmt der Mensch den Zustand menschlicher Freiheit vorweg, der schließlich einmal verwirklicht werden wird. Die Beziehung zwischen Mensch und Natur und zwischen Mensch und Mensch ist eine Beziehung der Harmonie, des Friedens, der Nichteinmischung. Arbeit ist ein Symbol des Konfliktes und der Disharmonie; Ruhe ist ein Ausdruck von Würde, Frieden und Freiheit.

Wenn wir das verstanden haben, finden wir auch eine Antwort auf einige der zuvor gestellten Fragen. Das Sabbatritual nimmt deshalb in der biblischen Religion eine so zentrale Stellung ein, weil es mehr ist als nur ein »Tag der Ruhe« im modernen Sinn; es ist ein Symbol der Erlösung und der Freiheit. Das ist auch die Bedeutung der »Ruhe« Gottes. Gott braucht diese Ruhe nicht, weil er müde ist, sie drückt den Gedanken aus, daß, so groß auch die Schöpfung ist, der Friede doch noch größer als sie und ihre Krönung ist. Gottes Arbeit ist eine Gunst gegenüber dem Menschen; er muß »ruhen«, nicht weil er müde ist, sondern weil er frei und nur dann ganz Gott ist, wenn er aufgehört hat zu arbeiten. So ist auch der Mensch nur dann ganz Mensch, wenn er nicht arbeitet, wenn er mit der Natur und seinen Mitmenschen in Frieden lebt; deshalb wird auch das Sabbatgebot einmal mit Gottes Ruhe und ein andermal mit der Befreiung aus Ägypten begründet. Beides bedeutet dasselbe und erklärt sich gegenseitig: Ruhe ist Freiheit.

Ich möchte dieses Thema nicht verlassen, ohne noch kurz auf einige andere Aspekte des Sabbatrituals einzugehen, die für dessen volles Verständnis wichtig sind.

Der Sabbat scheint ein alt-babylonischer Feiertag gewesen zu sein, der an jedem siebten Tag *(Shapatu)* eines Mondmonats gefeiert wurde. Allerdings hatte er eine völlig andere Bedeutung als der biblische Sabbat. Der babylonische *Shapatu* war ein Tag der Trauer und Selbstzüchtigung. Es war ein düsterer Tag, der dem Planeten Saturn geweiht war (die englische Bezeichnung des Sonnabends »Saturday« weist noch heute darauf hin), und man suchte seinen Zorn durch Selbstkasteiung und Selbstbestrafung zu besänftigen. Allmählich änderte dieser Feiertag seinen Charakter. In der Bibel aber hat der heilige Tag seinen Charakter als Tag der Selbstgeißelung und der Trauer verloren; er ist kein »schlimmer« Tag mehr, sondern ein guter Tag; der Sabbat ist zum Gegenteil des düsteren *Shapatu* geworden. Er ist zu einem Tag der Freude und des Vergnügens geworden. Essen, Trinken, geschlechtliche Liebe neben dem Studium der Bibel und religiöser Schriften waren in den vergangenen zweitausend Jahren kennzeichnend für die jüdische Sabbatfeier. Aus einem Tag der Unterwerfung unter die bösen Mächte des Saturn wurde der Sabbat zu einem Tag der Freiheit und Freude.

Wir können den Wandel in der Stimmung und Bedeutung dieses Tages nur ganz verstehen, wenn wir uns die Bedeutung des Saturn vor Augen halten. Dieser symbolisiert nach alter astrologischer und metaphysischer Überlieferung die Zeit. Saturn ist der Gott der Zeit und daher der Gott des Todes. Insofern der Mensch wie Gott ist, begabt mit einer Seele, mit

Vernunft, Liebe und Freiheit, ist er Zeit und Tod nicht unterworfen. Aber insofern der Mensch ein Tier mit einem Körper ist, der den Naturgesetzen unterworfen ist, ist er ein Sklave der Zeit und des Todes. Die Babylonier suchten den Herrn über die Zeit durch Selbstkasteiung zu besänftigen. Die Bibel unternimmt mit ihrer Auffassung vom Sabbat einen völlig neuen Versuch, das Problem zu lösen: indem sie die Einmischung in die Natur einen Tag lang unterbricht, schaltet sie die Zeit aus; wenn es keine Veränderung, keine Arbeit, keine Einmischung des Menschen gibt, so gibt es auch keine Zeit. Anstelle eines Sabbats, bei dem sich der Mensch vor dem Herrn der Zeit beugt, symbolisiert der biblische Sabbat den Sieg des Menschen über die Zeit. Die Zeit ist aufgehoben; Saturn ist ausgerechnet an dem ihm geweihten Tag entthront.

e) Kafkas Roman »Der Prozeß«

Ein hervorragendes Beispiel für ein in symbolischer Sprache geschriebenes Kunstwerk ist Kafkas Roman *Der Prozeß*. Wie in vielen Träumen werden hier Ereignisse dargestellt, von denen ein jedes für sich genommen konkret und realistisch ist; dennoch ist das Ganze unmöglich und phantastisch. Um verstanden zu werden, muß der Roman so gelesen werden, als ob wir uns einen Traum erzählen ließen – einen langen, komplizierten Traum, in dem äußere Ereignisse sich in Raum und Zeit abspielen, dabei aber die Gedanken und Gefühle des Träumers, in diesem Falle des Romanhelden K., repräsentieren.
Der Roman beginnt mit einem etwas merkwürdigen Satz: »Jemand mußte Josef K. verleumdet haben, denn ohne daß er etwas Böses getan hätte, wurde er eines Morgens verhaftet« (F. Kafka, 1965, S. 259). Was bedeutet »verhaftet werden«? Es bedeutet soviel wie in Arrest gesteckt und damit in seiner Bewegung aufgehalten, »arretiert« werden. Ein Mann, der eines Verbrechens beschuldigt wird, wird von der Polizei in Arrest gesteckt, ein Organismus wird in seiner normalen Entwicklung aufgehalten, »arretiert«. Die manifeste Geschichte bedient sich des Begriffs im erstgenannten Sinn. Symbolisch bedeutet es jedoch das letztere. K. hat das Gefühl, in seiner Entwicklung angehalten und blockiert zu sein.

In einem meisterhaften Absatz erklärt Kafka, wieso dies geschehen war. K. hatte auf folgende Weise sein Leben verbracht (a.a.O., S. 272): »In diesem Frühjahr pflegte K. die Abende in der Weise zu verbringen, daß er nach der Arbeit, wenn dies noch möglich war – er saß meistens bis neun Uhr im Büro – einen kleinen Spaziergang allein oder mit Beamten machte und dann in eine Bierstube ging, wo er an einem Stammtisch mit meist älteren Herren gewöhnlich bis elf Uhr beisammensaß. Es gab aber auch Ausnahmen von dieser Einteilung, wenn K. zum Beispiel vom Bankdirektor, der seine Arbeitskraft und Vertrauenswürdigkeit schätzte, zu einer Autofahrt oder zu einem Abendessen in seiner Villa eingeladen wurde. Außerdem ging K. einmal in der Woche zu einem Mädchen namens Elsa, die während der Nacht bis in den späten Morgen als Kellnerin in einer Weinstube bediente und während des Tages nur vom Bett aus Besuche empfing.«

Es war ein leeres, routinemäßiges Leben, steril, ohne Liebe und ohne Produktivität. Er war tatsächlich festgefahren, »arretiert«, und er hörte die Stimme seines Gewissens, die es ihm sagte und die ihn vor der Gefahr warnte, die seine Persönlichkeit bedrohte.

Der zweite Satz berichtet uns: »Die Köchin der Frau Grunbach, seiner Zimmervermieterin, die ihm jeden Tag gegen acht Uhr früh das Frühstück brachte, kam diesmal nicht. Das war noch niemals geschehen.« (A.a.O., S. 259.) Die Einzelheit erscheint unwichtig. Tatsächlich scheint es nicht recht zusammenzupassen, daß nach dem aufregenden Bericht über seine Verhaftung eine so triviale Einzelheit, wie daß das Frühstück nicht gebracht wurde, erwähnt wird. Aber – wie in so vielen Träumen – enthält auch hier ein scheinbar bedeutungsloses Detail eine wichtige Information über K's Charakter. K. ist ein Mensch mit einer »rezeptiven Orientierung«. Alle seine Bestrebungen richten sich darauf, von anderen etwas zu erhalten und niemals etwas zu geben oder hervorzubringen. (Vgl. die Beschreibung dieser Orientierung in E. Fromm, 1947a).

Er ist von anderen abhängig, die ihn ernähren, versorgen und beschützen sollen. Er ist noch immer ein von seiner Mutter abhängiges Kind, das alles von ihrer Hilfe erwartet, sie ausnutzt und gebraucht. Wie es für Menschen dieser Einstellung kennzeichnend ist, ist auch er hauptsächlich darauf bedacht, freundlich und nett zu sein, so daß die anderen – und besonders die Frauen – ihm das geben, was er braucht; seine größte

Angst ist, daß sich andere über ihn ärgern und ihm nichts mehr schenken könnten. Er ist überzeugt, daß alles Gute von außen kommt, und das Problem seines Lebens besteht darin, das Risiko zu vermeiden, daß diese Quelle versiegen könnte. Darum ist ihm das Gefühl der eigenen Kraft verlorengegangen und eine intensive Angst, die Personen, von denen er abhängig ist, könnten ihn im Stich lassen, erfüllt ihn.

K. weiß nicht, wer ihn verklagt hat oder wessen man ihn beschuldigt. Er fragt sich: »Was waren denn das für Menschen? Wovon sprachen sie? Welcher Behörde gehörten sie an?« Als er dann ein wenig später mit dem »Aufseher« spricht, der in der Hierarchie des Gerichtshofs eine höhere Stellung einnimmt, wird die Stimme etwas deutlicher. K. stellt ihm alle möglichen Fragen, die mit der Hauptfrage, wessen er eigentlich angeklagt ist, nichts zu tun haben. In seiner Antwort darauf macht der Aufseher eine Bemerkung, die einen der wichtigsten Aufschlüsse enthält, die K. zu diesem Zeitpunkt erhalten konnte – was übrigens für jeden zutrifft, der sich in Not befindet und Hilfe sucht. Der Aufseher sagt: »Wenn ich nun aber auch Ihre Fragen nicht beantworte, so kann ich Ihnen doch raten, denken Sie weniger an uns und an das, was mit Ihnen geschehen wird, denken Sie lieber mehr an sich.« K. begreift nicht, was der Aufseher damit sagen will. Er begreift nicht, daß das Problem in ihm selbst begründet ist, daß nur er allein sich retten könne und die Tatsache, daß er den Rat des Aufsehers nicht befolgen kann, ist ein Hinweis darauf, daß er sich am Ende geschlagen geben muß.

Diese erste Szene schließt mit einer weiteren Bemerkung des Aufsehers, die erheblich mehr Licht auf die Art der Anklage und den Grund der Verhaftung wirft: »›Sie werden wohl jetzt in die Bank gehen wollen?‹ ›In die Bank?‹ fragte K., ›ich dachte, ich wäre verhaftet.‹ ... ›Wie kann ich denn in die Bank gehen, da ich verhaftet bin?‹ – ›Ach so‹, sagte der Aufseher, der schon bei der Tür war, ›Sie haben mich mißverstanden. Sie sind verhaftet, gewiß, aber das soll Sie nicht hindern, Ihren Beruf zu erfüllen. Sie sollen auch in Ihrer gewöhnlichen Lebensweise nicht gehindert sein.‹ – ›Dann ist das Verhaftetsein nicht sehr schlimm‹, sagte K. und ging nahe an den Aufseher heran. ›Ich meinte es niemals anders‹, sagte dieser. ›Es scheint aber dann nicht einmal die Mitteilung der Verhaftung sehr notwendig gewesen zu sein‹, sagte K. und ging noch näher.« (F. Kafka, 1965, S. 272.)

In Wirklichkeit könnte das wohl kaum geschehen. Wenn jemand verhaftet ist, darf er weder seinen Geschäften weiter nachgehen, noch, wie wir später sehen werden, seine anderen gewohnten Betätigungen fortsetzen. Diese seltsame Anordnung bringt symbolisch zum Ausdruck, daß seine Tätigkeit in der Bank und alles, was er sonst tat, von seiner inneren Gefangenschaft nicht wirklich berührt wurde. Als Mensch war er bereits fast tot, doch konnte er trotzdem sein Leben als Bankangestellter fortführen, weil dieses Tun sein eigentliches Wesen unberührt ließ.

K. ist sich nur ganz vage dessen bewußt, daß er sein Leben vergeudet und daß es schnell mit ihm bergab geht. Von nun an handelt der ganze Roman von seiner Reaktion auf dieses Gefühl und seinen Bemühungen sich dagegen zu wehren und sich zu retten. Der Ausgang ist tragisch. Obgleich er die Stimme seines Gewissens hört, versteht er sie nicht. Anstatt den Versuch zu machen, den wahren Grund für seine Verhaftung zu begreifen, ist er bestrebt, jeder derartigen Erkenntnis aus dem Weg zu gehen. Anstatt sich auf die einzige Weise, die ihm helfen könnte, zu helfen – indem er nämlich die Wahrheit erkennt und versucht sich zu ändern – sucht er dort Hilfe, wo er sie nicht finden kann – draußen, bei anderen, bei gescheiten Rechtsanwälten, bei Frauen, deren »Beziehungen« er vielleicht nutzen könnte, wobei er ständig seine Unschuld beteuert und der Stimme Schweigen gebietet, die ihm sagt, daß er schuldig ist.

Vielleicht hätte er eine Lösung finden können, wenn sein moralisches Empfinden nicht in Verwirrung geraten wäre. Er kennt nur eine Art von Moralgesetz: die strenge Autorität, deren Grundgebot lautet: »Du hast zu gehorchen«. Er kennt nur das »autoritäre Gewissen«, für das Gehorsam die höchste Tugend und Ungehorsam das größte Verbrechen ist. Er weiß kaum, daß es noch ein Gewissen anderer Art gibt – das humanistische Gewissen, die Stimme in unserem Innern, die uns zu uns selbst zurückruft. (Vgl. den Abschnitt über das humanistische und das autoritäre Gewissen in E. Fromm, 1947a.)

Im Roman sind beide Arten von Gewissen symbolisch dargestellt: Das humanistische Gewissen vertritt der Aufseher und später der Geistliche. Das autoritäre Gewissen wird vom Gerichtshof, von den Richtern, den Beisitzern, den korrupten Anwälten und allen anderen repräsentiert, die mit dem Fall zu tun haben. K.'s tragischer Fehler besteht darin, daß er, obgleich er die Stimme seines humanistischen Gewissens hört, sie irrtümlich für die Stimme des autoritären Gewissens hält und daß er sich gegen die ihn anklagenden Autoritäten verteidigt, indem er sich ihnen unterwirft bzw. gegen sie rebelliert, anstatt im Namen des humanistischen Gewissens für sich zu kämpfen.

Das »Gericht« wird als despotisch, korrupt und schmutzig beschrieben; es beruft sich bei seinem Verfahren nicht auf Vernunft und Gerechtigkeit. Das Aussehen der von den Richtern benutzten Gesetzbücher, die ihm die Frau eines Dieners zeigt, ist symbolischer Ausdruck dieser Korruption (F. Kafka, 1965, S. 299f.): »Es waren alte, abgegriffene Bücher, ein Einbanddeckel war in der Mitte fast zerbrochen, die Stücke hingen nur durch Fasern zusammen. ›Wie schmutzig hier alles ist‹, sagte K. kopfschüttelnd, und die Frau wischte mit ihrer Schürze, ehe K. nach den Büchern greifen konnte, wenigstens oberflächlich den Staub weg. K. schlug das oberste Buch auf, es erschien ein unanständiges Bild. Ein Mann und eine Frau saßen nackt auf einem Kanapee, die gemeine Absicht des Zeichners war deutlich zu erkennen, aber seine Ungeschicklichkeit war so groß gewesen, daß schließlich doch nur ein Mann und eine Frau zu sehen waren, die allzu körperlich aus dem Bild hervorragten, übermäßig aufrecht dasaßen und sich infolge falscher Perspektive nur mühsam einander zuwendeten. K. blätterte nicht weiter, sondern schlug nur noch das Titelblatt des zweiten Buches auf, es war ein Roman mit dem Titel: *Die Plagen, welche Grete von ihrem Manne Hans zu erleiden hatte.* ›Das sind die Gesetzbücher, die hier studiert werden‹, sagte K., ›von solchen Menschen soll ich gerichtet werden.‹«

Die Korruption zeigt sich auch darin, daß die Frau des Gerichtsdieners von den Richtern und von einem der Rechtsstudenten sexuell mißbraucht wird und daß weder sie noch ihr Mann dagegen protestieren dürfen. K. begehrt dem Gericht gegenüber gelegentlich auf, während er für den Gerichtsdiener eine tiefe Sympathie erkennen läßt, als dieser, nachdem er K. »mit einem zutraulichen Blick« angesehen hat, »wie er es bisher trotz aller Freundlichkeit nicht getan hatte«, hinzufügt: »Man rebelliert eben immer« (a.a.O., S. 308). Aber K.'s Aufbegehren wechselt mit Unterwürfigkeit. Es kommt ihm nicht in den Sinn, daß das moralische Gesetz nicht von dem autoritären Gericht, sondern von seinem eigenen Gewissen repräsentiert wird.

Zu sagen, daß der Gedanke ihm nie käme, wäre freilich nicht ganz richtig. Einmal gegen Ende seiner Reise kommt er der Wahrheit näher als je zuvor. Er hört die Stimme des humanistischen Gewissens, das vom Geistlichen im Dom repräsentiert wird. Er ist zum Dom gegangen, um dort einen Geschäftsfreund zu treffen, dem er die Stadt zeigen soll, aber dieser hat die Verabredung nicht eingehalten, und K. findet sich allein im Dom, etwas verlassen und verwirrt, bis ihm schließlich, »eine Stimme, die keine Ausflüchte zuließ«, zurief: »Josef K.!«

»K. stockte und sah vor sich auf den Boden. Vorläufig war er noch frei, er konnte noch weitergehen und durch eine der drei kleinen, dunklen Holztüren, die nicht weit vor ihm waren, sich davonmachen. Es würde eben bedeuten, daß er nicht verstanden hatte oder daß er zwar verstanden hatte, sich aber darum nicht kümmern wollte. Falls er sich aber umdrehte, war er festgehalten, denn dann hatte er das Geständnis gemacht, daß er gut verstanden hatte, daß er wirklich der Angerufene war und daß er auch folgen wollte. Hätte der Geistliche nochmals gerufen, wäre K. gewiß fortgegangen, aber da alles still blieb, solange K. auch wartete, drehte er doch ein wenig den Kopf, denn er wollte sehen, was der Geistliche jetzt mache. Er stand ruhig auf der Kanzel wie früher, es war aber deutlich zu sehen, daß er K.'s Kopfwendung bemerkt hatte. Es wäre ein kindliches Versteckenspiel gewesen, wenn sich jetzt K. nicht vollständig umgedreht hätte. Er tat es und wurde vom Geistlichen durch ein Winken des Fingers näher gerufen. Da jetzt alles offen geschehen konnte, lief er – er tat es auch aus Neugierde und um die Angelegenheit abzukürzen – mit langen, fliegenden Schritten der Kanzel entgegen. Bei den ersten Bänken machte er halt, aber dem Geistlichen schien die Entfernung noch zu groß, er streckte die Hand aus und zeigte mit dem scharf gesenkten Zeigefinger auf eine Stelle knapp vor der Kanzel. K. folgte auch darin, er mußte auf diesem Platz den Kopf schon weit zurückbeugen, um den Geistlichen noch zu sehen. ›Du bist Josef K.‹, sagte der Geistliche und erhob eine Hand auf der Brüstung in einer unbestimmten Bewegung. ›Ja‹, sagte K., er dachte daran, wie offen er früher immer seinen Namen genannt hatte, seit einiger Zeit war er ihm eine Last, auch kannten jetzt seinen Namen Leute, mit denen er zum erstenmal zusammenkam, wie schön war es, sich zuerst vorzustellen und dann erst gekannt zu werden. ›Du bist angeklagt‹, sagte der Geistliche besonders leise. ›Ja‹, sagte K., ›man hat mich davon verständigt.‹ – ›Dann bist du der, den ich suche‹, sagte der Geistliche. ›Ich bin der Gefängniskaplan.‹ – ›Ach so‹, sagte K. – ›Ich habe dich hierher rufen lassen‹, sagte der Geistliche, ›um mit dir zu sprechen.‹ – ›Ich wußte es nicht‹, sagte K. ›Ich bin hierher gekommen, um einem Italiener den Dom zu zeigen.‹ – ›Laß das Nebensächliche‹, sagte der Geistliche. ›Was hältst du in der Hand? Ist es ein Gebetbuch?‹ – ›Nein‹, antwortete K., ›es ist ein Album der städtischen Sehenswürdigkeiten.‹ – ›Leg es aus der Hand‹, sagte der Geistliche. K. warf es so heftig weg, daß es aufklappte und mit zerdrückten Blättern ein Stück über den Boden schleifte. ›Weißt du, daß dein Prozeß schlecht steht?‹ fragte der Geistliche. ›Es scheint mir auch so‹, sagte K. ›Ich habe mir alle Mühe gegeben, bisher aber ohne Erfolg. Allerdings habe ich die Eingabe noch nicht fertig.‹ – ›Wie stellst du dir das Ende vor?‹ fragte der Geistliche. ›Früher dachte ich, es müsse gut enden‹, sagte K., ›jetzt zweifle ich daran manchmal selbst. Ich weiß nicht, wie es enden wird. Weißt du es?‹ – ›Nein‹, sagte der Geistliche, ›aber ich fürchte, es wird schlecht enden. Man hält dich für schuldig. Dein Prozeß wird vielleicht über ein niedriges Gericht gar nicht hinauskommen. Man hält wenigstens vorläufig deine Schuld für erwiesen.‹ – ›Ich bin aber nicht schuldig‹, sagte K., ›es ist ein Irrtum. Wie kann denn ein Mensch überhaupt schuldig sein. Wir sind hier doch alle Menschen, einer wie der andere.‹ – ›Das ist richtig‹, sagte der Geistliche, ›aber so pflegen die Schuldigen zu reden.‹ – ›Hast auch du ein Vorurteil gegen mich?‹ fragte K. ›Ich habe kein Vorurteil gegen dich‹, sagte der Geistliche. ›Ich danke dir‹, sagte K., ›alle anderen aber, die an dem Verfahren beteiligt sind, haben ein Vorurteil gegen mich. Sie flößen es auch den Unbeteiligten ein. Meine Stellung wird immer schwieriger.‹ – ›Du mißverstehst die Tatsachen‹, sagte der Geistliche, ›das Urteil kommt nicht mit einemmal, das Verfahren geht allmählich ins Urteil über.‹ – ›So ist es also‹, sagte K. und senkte den Kopf. ›Was willst du nächstens in deiner Sache tun?‹ fragte der Geistliche. ›Ich will noch Hilfe suchen‹, sagte K. und hob den Kopf, um zu sehen, wie der Geistliche es beurteile. ›Es gibt noch gewisse Möglichkeiten, die ich nicht ausgenützt habe.‹ – ›Du suchst zuviel fremde Hilfe‹, sagte der Geistliche mißbilligend, ›und besonders bei Frauen. Merkst du denn nicht, daß es nicht die wahre Hilfe ist?‹ – ›Manchmal und sogar oft könnte ich dir recht geben‹, sagte K., ›aber nicht immer. Die Frauen haben eine große Macht. Wenn ich einige Frauen, die ich kenne, dazu bewegen könnte, gemeinschaftlich für mich zu arbeiten, müßte ich durchdringen. Besonders bei diesem Gericht, das fast nur aus Frauenjägern besteht. Zeig dem Untersuchungsrichter eine Frau aus der Ferne, und er überrennt, um nur rechtzeitig hinzukommen, den Gerichtstisch und den Angeklagten.‹ Der Geistliche neigte den Kopf zur Brüstung, jetzt erst schien die Überdachung der Kanzel ihn niederzudrücken. Was für ein Unwetter mochte draußen sein? Das war kein trüber Tag mehr, das war schon tiefe Nacht. Keine Glasmalerei der großen Fenster war imstande, die dunkle Wand auch nur mit einem Schimmer zu unterbrechen. Und gerade jetzt begann der Kirchendiener, die Kerzen auf dem Hauptaltar, eine nach der anderen, auszulöschen. ›Bist du mir böse?‹ fragte K. den Geistlichen. ›Du weißt vielleicht nicht, was für einem Gericht du dienst.‹ Er bekam keine Antwort. ›Es sind doch nur meine Erfahrungen‹, sagte K. Oben blieb es noch immer still. ›Ich wollte dich nicht beleidigen‹, sagte K. Da schrie der Geistliche zu K. hinunter: ›Siehst du denn nicht zwei Schritte weit?‹ Es war im Zorn geschrien, aber gleichzeitig wie von einem, der jemanden fallen sieht und, weil er selbst erschrocken ist, unvorsichtig, ohne Willen schreit.« (F. Kafka, 1965, S. 429–431.)

Der Geistliche weiß, wessen K. in Wirklichkeit angeklagt ist, und er weiß auch, daß sein Prozeß schlecht ausgehen wird. Zu diesem Zeitpunkt hat K. noch eine Chance, in sein eigenes Inneres hineinzublicken und sich zu fragen, wessen er in Wirklichkeit angeklagt ist, aber seiner früheren Einstellung entsprechend interessiert er sich nur dafür, wo er noch weitere Hilfe erlangen könnte. Als der Geistliche mißbilligend zu ihm sagt, er suche zuviel fremde Hilfe, reagiert K. hierauf nur mit der Angst, der Geistliche könne ihm böse sein. Jetzt wird der Geistliche wirklich zornig auf ihn, aber es ist der Zorn der Liebe, den ein Mensch fühlt, der einen anderen fallen sieht und weiß, daß dieser sich selbst helfen könnte, daß ihm aber kein anderer helfen kann. Viel mehr kann ihm der Geistliche nicht sagen. Als K. auf den Haupteingang zugeht, fragt ihn der Geistliche: »Willst du schon fortgehen?« Obwohl K. gerade jetzt nicht daran gedacht hat, sagt er sofort: »Gewiß, ich muß fortgehen. Ich bin Prokurist einer Bank, man wartet auf mich, ich bin nur hergekommen, um einem ausländischen Geschäftsfreund den Dom zu zeigen.« – »Nun«, sagt der Geistliche, und reicht K. die Hand, »dann geh.« – »Ich kann mich aber im Dunkeln allein nicht zurechtfinden«, sagt K. (a.a.O., S. 439).

K. befindet sich in der Tat im tragischen Dilemma eines Menschen, der sich nicht allein im Dunkeln zurechtfindet und der darauf beharrt, daß nur andere ihn führen können. Er sucht nach Hilfe, weist aber die einzige Hilfe, die der Geistliche ihm bieten könnte, zurück. Aus diesem inneren Dilemma heraus kann er den Geistlichen nicht verstehen: »›Willst du nicht noch etwas von mir?‹ fragte K. – ›Nein‹, sagte der Geistliche. – ›Du warst früher so freundlich zu mir‹, sagte K., ›und hast mir alles erklärt, jetzt aber entläßt du mich, als läge dir nichts an mir.‹ ›Du mußt doch fortgehen‹, sagte der Geistliche. ›Nun ja‹, sagte K., ›sieh das doch ein.‹ – ›Sieh du zuerst ein, wer ich bin‹, sagte der Geistliche. ›Du bist der Gefängniskaplan‹, sagte K. und ging näher zum Geistlichen hin, seine sofortige Rückkehr zur Bank war nicht notwendig, wie er sie dargestellt hatte, er konnte recht gut noch hierbleiben. ›Ich gehöre also zum Gericht‹, sagte der Geistliche. ›Warum sollte ich also etwas von dir wollen. Das Gericht will nichts von dir. Es nimmt dich auf, wenn du kommst, und es entläßt dich, wenn du gehst.‹« (F. Kafka, 1965, S. 439f.)

Der Geistliche läßt deutlich erkennen, daß seine Haltung alles andere ist als autoritär. Er will zwar K. aus Liebe zum Mitmenschen helfen, hat aber auf den Ausgang von K.'s Prozeß keinen Einfluß. Nach Ansicht des Geistlichen handelt es sich ausschließlich um K.'s eigenes Problem. Wenn er es nicht einsehen will, muß er blind bleiben – weil niemand die Wahrheit erkennt, es sei denn, er selbst erkennt sie.

Das Verwirrende an dem Roman ist, daß nirgends gesagt wird, daß das vom Geistlichen vertretene moralische Gesetz und das vom Gericht vertretene Gesetz zweierlei sind. Ganz im Gegenteil ist der Geistliche in der manifesten Geschichte als Gefängniskaplan Teil des Gerichtssystems. Doch diese Verwirrung in der Geschichte symbolisiert die Verwirrung in K.'s eigenem Herzen. Für ihn sind beide Instanzen eins, und eben weil er nicht fähig ist, zwischen ihnen zu unterscheiden, bleibt er im Kampf mit dem autoritären Gewissen stecken und kann sich selbst nicht verstehen.

Ein Jahr ist vergangen, seit K. zum erstenmal von seiner Verhaftung erfuhr. Es ist der Vorabend seines einunddreißigsten Geburtstages, und er hat seinen Prozeß verloren. Zwei Herren kommen, um ihn zu seiner Hinrichtung abzuholen. Trotz seiner verzweifelten Bemühungen ist es ihm nicht gelungen, die richtige Frage zu stellen. Er hat nicht herausgefunden, wessen er angeklagt ist, wer ihn angeklagt hat und wie er sich hätte retten können.

Die Geschichte endet wie so viele Träume als ein gewaltsamer Albtraum. Aber während die Henker mit grotesken Formalitäten ihre Messer prüfen, kommt K. zum erstenmal die Einsicht, worin sein Problem bestand: »Ich wollte immer mit zwanzig Händen in die Welt hineinfahren und überdies zu einem nicht zu billigenden Zweck. Das war unrichtig. Soll ich nun zeigen, daß nicht einmal der einjährige Prozeß mich belehren konnte? Soll ich als begriffsstutziger Mensch abgehen? Soll man mir nachsagen dürfen, daß ich am Anfang des Prozesses ihn beenden wollte, und jetzt, an seinem Ende, ihn wieder beginnen will? Ich will nicht, daß man das sagt« (a.a.O., S. 442).

Zum erstenmal macht K. sich klar, wie habgierig und leer sein Leben war. Zum erstenmal kann er die Möglichkeit von Freundschaft und menschlicher Solidarität erkennen (a.a.O., S. 444):

»Seine Blicke fielen auf das letzte Stockwerk des an den Steinbruch angrenzenden Hauses. Wie ein Licht aufzuckt, so fuhren die Fensterflügel eines Fensters dort auseinander, ein Mensch, schwach und dünn in der

Ferne und Höhe, beugte sich mit einem Ruck weit vor und streckte die Arme noch weiter aus. Wer war es? Ein Freund? Ein guter Mensch? Einer, der teilnahm? Einer, der helfen wollte? War es ein einzelner? Waren es alle? War noch Hilfe? Gab es noch Einwände, die man vergessen hatte? Gewiß gab es solche. Die Logik ist zwar unerschütterlich, aber einem Menschen, der leben will, widersteht sie nicht. Wo war der Richter, den er nie gesehen hatte? Wo war das hohe Gericht, bis zu dem er nie gekommen war? Er hob die Hände und spreizte alle Finger.«

Sein ganzes Leben lang hat K. versucht, eine Antwort auf diese Fragen zu finden, oder – besser gesagt – sie sich von anderen beantworten zu lassen; in diesem Augenblick stellt er Fragen – die richtigen Fragen. Erst die Todesangst verleiht ihm Kraft, die Möglichkeit von Liebe und Freundschaft zu erkennen, und paradoxerweise glaubt er im Augenblick des Sterbens zum erstenmal an das Leben.

ANHANG

Literaturverzeichnis

Aristoteles, 1953: *Kleine Schriften zur Lehrkunde,* in: Über die Seele. Die Lehrschriften, herausgegeben, übertragen und in ihrer Entstehung erläutert von Dr. Paul Gohlke, Paderborn ²1953 (F. Schöningh).

Artemidor von Daldis, 1979: *Das Traumbuch,* deutsch von Karl Brackertz, München 1979 (Deutscher Taschenbuch Verlag).

Bachofen, J. J., 1926: *Das Mutterrecht,* in: Manfred Schroeter (Hrsg.), Der Mythos von Orient und Occident. Eine Metaphysik der alten Welt. Aus den Werken von J. J. Bachofen. Mit einer Einleitung von Alfred Baeumler, München 1926 (C. H. Beck'sche Verlagsbuchhandlung);

–, 1954: *Mutterrecht und Urreligion.* Eine Auswahl, herausgegeben von Rudolf Marx, Stuttgart 1954 (Alfred Kröner Verlag); engl.: *Myth, Religion and the Mother Right.* Selected Writings, herausgegeben von J. Campbell, Princeton 1967 (Princeton University Press).

Bergson, H., 1928: *Der Traum,* in: Die seelische Energie, Aufsätze und Vorträge, deutsch von Eugen Lerch, Jena 1928, S. 76–97 (Eugen Diederichs Verlag).

Briffault, R., 1928: *The Mothers. A Study of the Origins of Sentiments and Institutions,* 3 Bände, London 1928 (G. Allen & Unwin, Ltd.).

Cicero, 1947: *Über die Weissagung,* zitiert in: R. Wood, World of Dreams. An Anthology, New York 1947 (Random House).

Enuma Elish: *The Babylonian Genesis,* herausgegeben von Alexander Heidel, Chicago 1942 (University of Chicago Press).

Emerson, R. W., 1904: *Lectures and Biographical Sketches »Demonology«,* Cambridge/Boston, New York 1904 (Riverside Press – Houghton Mifflin Comp.).

Freud, S.: *Gesammelte Werke* (G. W.), Bände 1–17, London 1940–1952 (Imago Publishing Co.) und Frankfurt 1960 (S. Fischer Verlag);

–, 1900a: *Die Traumdeutung,* G. W. Band 2 und 3.

Fromm, E.: *Gesamtausgabe* (GA), herausgegeben von Rainer Funk, 10 Bände, Stuttgart 1980/81 (Deutsche Verlags-Anstalt);

–, 1934a: *Die sozialpsychologische Bedeutung der Mutterrechtstheorie,* in: Zeitschrift für Sozialforschung, Paris 3 (1934) S. 196–227;
- GA I, S. 85–109.

–, 1941a: *Escape from Freedom,* New York 1941 (Farrar & Rinehart);
- *Die Furcht vor der Freiheit,* Zürich 1945 (Steinberg); Frankfurt/Köln 1966 (Europäische Verlagsanstalt);
- GA I, S. 215–392.

–, 1947a: *Man for Himself. An Inquiry into the Psychology of Ethics,* New York 1947 (Rinehart & Co.);
- *Psychoanalyse und Ethik,* Zürich 1954 (Diana Verlag); Stuttgart 1979 (Deutsche Verlags-Anstalt);
- *Psychoanalyse und Ethik, Bausteine zu einer humanistischen Charakterologie,* GA II, S. 1–157.

–, 1949b: *The Oedipus Complex and the Oedipus Myth,* in: R. N. Anshen (Hrsg.). The Family: Its Functions and Destiny, New York 1949, S. 334–358 (Harper & Bros.)

–, 1950a: *Psychoanalysis and Religion,* New Haven 1950 (Yale University Press);
- *Psychoanalyse und Religion,* Zürich 1966 (Diana Verlag); Stuttgart 1979 (Deutsche Verlags-Anstalt)
- GA VI, S. 227–292.

Gifford, E. W., 1947: *Mohave and Yuma Indians,* zitiert in: R. Wood, *World of Dreams, An Anthology,* New York 1947 (Random House).

Guttmann, J., 1933: *Die Philosophie des Judentums,* München 1933 (Verlag E. Reinhardt).

Hegel, G. W. F., 1927ff.: *Sämtliche Werke,* Jubiläumsausgabe, neu hrsg. von H. Glockner, Band 1–26, Stuttgart 1927ff. (Frommann).

Hobbes, Th., 1978: *Leviathan,* deutsch von J. P. Mayer, Stuttgart 1978 (Reclam).

Jung, C. G., 1937: *Psychologie und Religion,* Terry Lectures 1937, überarbeitete deutsche Fassung, in: Gesammelte Werke Band 11, S. 1–117, Zürich/Stuttgart 1963 (Verlag Rascher).

–, 1968: *Über das psychologische Verständnis pathologischer Vorgänge,* in: Gesammelte Werke, Band 3: Psychogenese der Geisteskrankheiten, Zürich/ Stuttgart 1968 (Verlag Rascher).

Kafka, F., 1965: *Der Prozeß,* Frankfurt 1965 (S. Fischer Verlag).

Kant, I., 1922: *Träume eines Geistersehers,* in: Vorkritische Schriften, herausgegeben von Buchenau, Band II, Berlin 1922 (Cassirer).

Landtman, G., 1947: *The Kiwai Papuans of British New Guinea,* zitiert in: R. Wood, *World of Dreams. An Anthology,* New York 1947 (Random House).

Lincoln, J. S., 1947: *The Dream in Primitive Culture,* zitiert in: R. Wood, *World of Dreams. An Anthology,* New York 1947 (Random House).

Lukrez, 1960: (T. Lucretius Carus) *Von der Natur der Dinge,* deutsch von Karl Ludwig von Knebel. Leipzig 1831; der heutigen Schreibweise angeglichen, Frankfurt 1960 (Fischer-Bücherei).

Morgan, L. H., 1870: *Systems of Sanguinity and Affinity of the Human Family,* Publication 218, Washington, D. C. 1870 (Smithsonian Inst.).

–, 1877: *Ancient Society, Or Researches in the Lines of Human Progress from Savagery Through Barbarism To Civilization,* New York 1877 (H. Holt); deutsch: *Die Urgesellschaft,* Stuttgart 1891 (J. H. W. Dietz).

Nestle, W., 1910: *Sophokles und die Sophistik,* in: Classical Philology, Chicago 5 (1910) S. 129ff. (University of Chicago Press).

Nietzsche, F., 1960: *Jenseits von Gut und Böse,* in: Werke in drei Bänden, herausgegeben von Karl Schlechta, Band II, Darmstadt [2]1960 (Wissenschaftliche Buchgesellschaft).

Platon, 1931: *Phaidon,* in: Hauptwerke, ausgewählt und eingeleitet von Wilhelm Nestle, Leipzig 1931 (Kröners Taschenbuchausgabe 69).

–, 1939: *Der Staat,* übersetzt von August Horneffer, Stuttgart 1939 (Alfred Kröner Verlag).

Rattray, R. S., 1947: *Religion and Art in the Ashanti,* zitiert in: R. Wood, *World of Dreams. An Anthology,* New York 1947 (Random House).

Robert, C., 1915: *Ödipus,* Berlin 1915 (Weidmannsche Buchhandlung).

Schachtel, E., 1947: *Memory and Childhood Amnesia,* in: Psychiatry, Washington 10 (1947) No. 1.

Schmid, W., 1934: *Geschichte der griechischen Literatur,* 1. Teil, 2. Buch (= Handbuch der Altertumswissenschaft, herausgegeben von Walter Otto, 7. Abteilung) München 1934/1959 (C. H. Beck'sche Verlagsbuchhandlung).

Schneidewin, F. W., 1852: *Die Sage vom Ödipus,* (= Abhandlung der königlichen Gesellschaft der Wissenschaften zu Göttingen, Band 5), Göttingen 1852 (Dieterich Verlag).

Sophokles, 1968: *Tragödien,* herausgegeben und mit einem Nachwort versehen von Wolfgang Schadewaldt, Übersetzung von »Antigone« und »König Ödipus« durch Wolfgang Schadewaldt; von »Ödipus auf Kolonos« durch Ernst Buschor, Zürich 1968 (Artemis Verlags-AG).

Synesius von Cyrene, 1947: *On Dreams,* zitiert in R. Wood, *World of Dreams. An Anthology,* New York 1947 (Random House).

Talmud, Berachot: *Der babylonische Talmud,* herausgegeben von L. Goldschmidt, Band I, Den Haag 1933 (Verlag Martinus Nijoff).

Voltaire, 1973: *Dictionnaire philosophique,* Paris 1973 (Gornier).

Wood, R., 1947: *World of Dreams. An Anthology,* New York 1947 (Random House).

Register